生還

改題『死者として残されて』

LEFT FOR DEAD

MY JOURNEY HOME FROM EVEREST

ベック・ウェザーズ
ステファン・G・ミショー
山本光伸 訳

K&B
PUBLISHERS

日本の読者のみなさまへ　勇敢なる登山家《クライマー》・難波康子《なんばやすこ》さんを悼《いた》んで

あの恐ろしい嵐《ブリザード》で亡くなったクライマー仲間の中でも、私にとって特別中の特別の人、それが難波康子さんです。なぜなら私と彼女は、その日の夜、二人きりで身を寄せ合って、嵐と轟音《ごうおん》、そして凍《い》てつく氷雪の恐怖を共に味わったからです。

翌朝、一晩中雪に埋もれていた私たちは、救援隊によって発見されました。そのとき、二人はまだ息があったのです。しかし、いったん低体温昏睡《こんすい》に陥った者に蘇生《そせい》の可能性はないという慣習的な判断が優先され、なんと私たちはその場に置いていかれたのでした。不幸なことに、その判断は間違っていました。数時間後、私は再び目をひらき、自力でキャンプまでたどり着いたのです。いまさらどうしようもないのですが、救援隊がもう少し違った判断を下していたら、康子は助かっていたかもしれないと思わずにはいられません。

彼女の死の瞬間、私がまだ彼女の傍らにいたのは、せめてもの慰めでした。彼女は、氷原でたった一人ではなかったのです。

彼女は、もの静かで控えめな人でしたが、勇気を内に秘めた偉大な精神の持ち主でした。

康子さん、どうか安らかにお眠りください。本書が、日本で一人でも多くの人に読まれるとともに、難波康子の名がみなさまの胸に記憶されることを祈りつつ……。

二〇〇一年一二月一日　　S・ベック・ウェザーズ

この本を次の人々に捧げる。

エベレスト山中で幻となって現れ、私を死の淵から立ち上がらせてくれた妻ピーチ、息子ベック二世、娘メグへ。真の勇気とは何かを教えてくれたマダン・KCへ。エベレストの急斜面で一本のロープを共にしてくれたデビッド・ブレシャーズ、エド・ヴィースチャーズ、ロベルト・シャウアー、ピーター・アサンズ、トッド・バールソンへ。

そして、亡くなったアンディ・ハリス、ダグ・ハンセン、ロブ・ホール、難波《なんば》康子《やすこ》、スコット・フィッシャー、ナワン・トプチュ・シェルパ、チェン・ユナン、ブルース・ヘロッドを偲《しの》ぶとともに、その御遺族に心からお悔やみを申し上げる。

『生還』目次

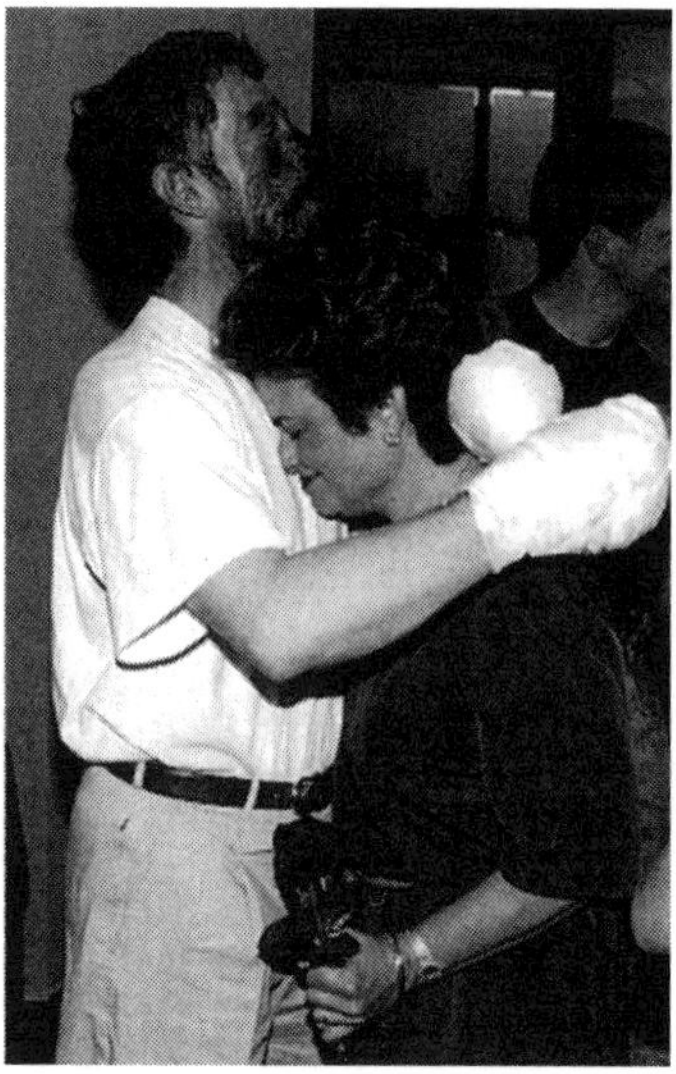

ダラスに帰還したベック・ウェザーズと妻マーガレット（ピーチ）

生還

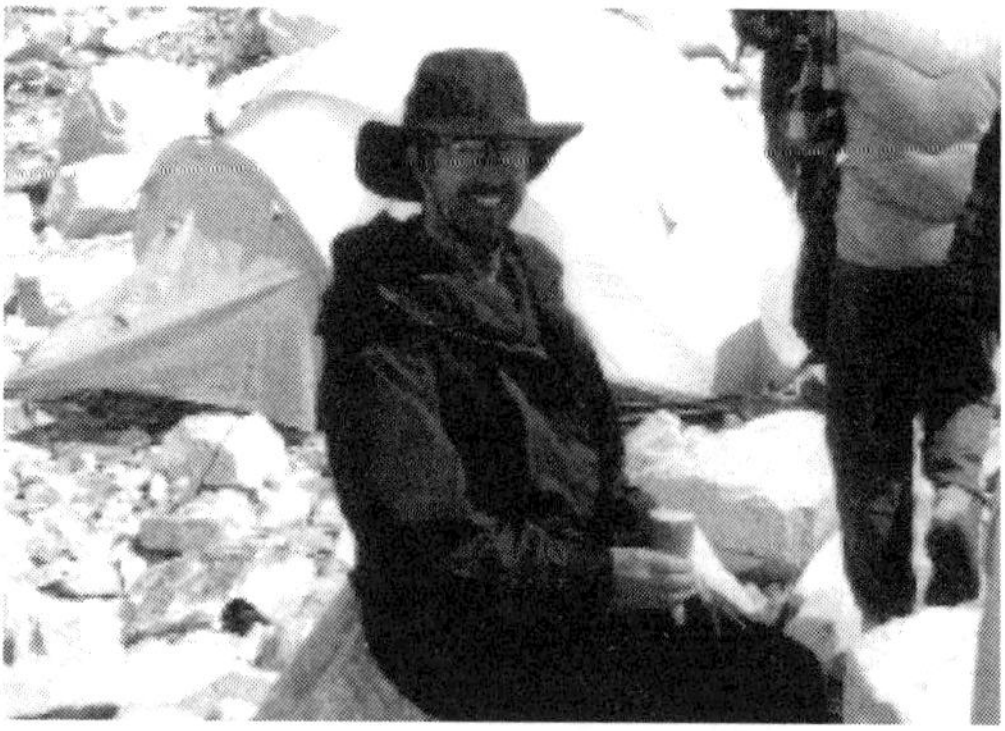

1996年4月、エベレスト・ベースキャンプでのベック・ウェザーズ

救助されたばかりのベックと弟ダン。米国行きの飛行機に乗る直前、ネパールで

I

一九九六年五月一〇日夕刻　サウス・コル

1

一九九六年五月一〇日、夕刻、標高八八五〇メートルのエベレスト山頂付近は、猛烈なブリザードに見舞われた。ちょうどそのとき、世界最高峰のいわゆる〝デス・ゾーン（死の地帯）〟にいた私を含む数十人の登山者が、この嵐に巻き込まれた。

ブリザードは初め、遠くの方で低く唸《うな》っていたが、突然、小石ほどの氷の塊を伴った真っ白な濃霧に発達し、あっという間に山頂付近の斜面を駆け上がって、私たちを呑《の》み込んだ。一瞬にして、自分の足元も見えなくなった。隣にいるはずの仲間の姿は、吹きすさぶホワイトアウトの中にかき消された。あの夜、風は秒速三六メートルで荒れ狂い、気温は摂氏マイナス五一度にまで降下した。

ブリザードが襲ってきたのは、私たちの一団が、頂上付近の稜線《りょうせん》から〝トライアングル〟と呼ばれる急斜面をやっとのことで下り終え、〝サウス・コル〟という平坦地にたどり着いたときだった。サウス・コルは、エベレストの頂上直下九〇〇〇メートル地点に広がる、岩と氷に覆われた荒涼とした鞍部《あんぶ》である。そこに第四キャンプ、つまり高所キャンプが設置されており、そのとき、私たちはそのキャンプまであと少しの地点まで来ていた。

その一八時間前、私たちは頂上を目指して高所キャンプを出発した。夜明け前の、雲一つなく穏やかに晴れ上がった空が、高みへ、高みへと私たちを誘《いざな》っていた。私たちは胸を躍らせながら登高を続け、ついに、世界の屋根に太陽が顔を覗《のぞ》かせる夢のような一瞬を目の当たりにした。

それから、混乱と悲劇が始まったのだ。

私の参加した商業公募によるエベレスト遠征隊には、八人の顧客と三人のガイドがいたが、私を含む五人は頂上に立てなかった。登頂を果たした残りの六人のうち、その後、四人はブリザードに巻き込まれ、絶命した。死亡者のなかには隊長のロブ・ホールも含まれていた。面倒見がよく、ひょうきんな三五歳のニュージーランド人で、卓抜した登山技術の持ち主だった。クライストチャーチの自宅にいる妊娠中の妻ジャン・アーノルドに、無線で悲痛な別れを告げてから、彼は山頂のすぐそばの雪洞《どう》《せっ》で凍死した。

もう一人悲惨な運命をたどったのが、四七歳の小柄な日本人女性、難波康子《なんばやすこ》だった。彼女の最期《さいご》に接した人間が私だ。あの恐ろしい夜、身を寄せ合った彼女と私は、ブリザードの吹きすさぶサウス・コルに置き去りにされ、しだいに凍りついていった。暖かく安全な高所キャンプから、わずか四〇〇メートルの地点だった。

この嵐では、ほかにも四人が犠牲となった。七五年前、勇猛果敢なイギリス人学校教師のジョージ・リー・マロリーが初めてこの山に挑戦して以来、一九九六年五月一〇日のこの日は、エベレスト登山史上最悪の日となった。

本来なら、その五月一〇日は、私にとって記念すべき日になるはずだった。その前日、私はあえぎながら、やっとの思いで高所キャンプにたどり着いた。超高所という肉体的にも精神的にも過酷な環境にあったにもかかわらず、私にはまだ頂上を狙える体力が残っており、頭も澄み切っていた。四九歳のアマチュア登山家にしてはいい状態だった。私はそれまでに、世界各地の八つの主だった高峰を経験していた。そして、何がなんでも究極の難関エベレストを征服したいという思いで、ここまでやってきたのだ。

エベレストを目指す登山隊のうち、登頂に成功するチームはその半分にも満たないし、成功したところで、実際に頂上を踏めるのは、ガイドであれ顧客であれ、たった一人だけということもよくある。それでも私は、選《え》りすぐられた登山家の仲間入りをしたかった――世界で五〇人ほどしかいない、世界七大陸の最高峰を全制覇した、いわゆる〝七大陸最高峰完登者《セブン・サミッツ・クエスト》〟の輪に入りたかったのだ。もし今回エベレスト登頂に成功すれば、私の場合、全制覇まであと一つを残すだけだった。

エベレストでは、これまでに、おもに雪崩《なだれ》が原因で約一五〇人が死亡している。何十人かの遺体は、いまも雪原や氷河に眠ったままだ。エベレストは、人間が智恵を絞った登山計画など、最初から無視していて、犠牲者が何人出ようといっこうに気にかけていない。やがて死者たちを呑み込んだ氷河は、きしみながら川となって溢《あふ》れ出し、変わり果てた死体を岩屑《がんせつ》同然に押し流し、砂粒となったそれは、何十年の歳月を経て、麓《ふもと》に沈積される。

登山において、死は突如として劇的に誰にでも襲いかかってくるものだが、きっと死ぬだろうと予想しながら山に登る者などいない。もちろん私もそうだった。しかし、妻があり、二人の子どもの父親でもある中年男が、こんな危険なことに首を突っ込んでいいのかと真剣に考えようとしなかったのも確かだ。私は登山を心から愛していた。仲間との連帯感、冒険、スリル、そして何より、登山の与えてくれる精神の高揚を、狂おしく求めていたのだ。

私が登山に出合ったのは三〇代後半になってからである。そのころ悩まされていたひどい鬱《うつ》状態を追い払おうと、なんとなく山に入り、それからのめり込んでしまった。鬱のせいで、もともと低かった自己評価はどん底まで落ち、私は絶望と惨めさの中でもがき苦しんでいた。おのれ自身と自分の人生に背を向け、あと一歩で自殺というところまで追い込まれていたのだ。

そんなとき、登山が〝救い〟として登場した。家族と共に休暇でコロラドを訪れたとき、山を登る厳しさと、それを補ってあまりある達成感に目覚めた私は、しだいにこのスポーツを現実逃避の手段として使うようになっていった。体づくりのために毎日数時間行なう筋力トレーニングは、暗い感情に引きずられそうになる私を救ってくれた。やがて、暗鬱たる日々はついに過去のものになった。同時に屈強な体と驚異的な忍耐力を手に入れた私は、初めて自分の心身に確たる自信を持てるようになったのである。

いったん山に足を踏み入れると、何ものにも心乱されず、私は登ることにだけ専念できた。目標の山が険しければ険しいほど、遠ければ遠いほど、ますます喜びは大きくなった。やがて私は、世界の名峰を征服することこそ、おのれの勇気と男らしさの証明だと信じるようになった。山仲間と荒涼とした景色のなかに立って初めて、友情、生きる喜び、そして人生に対する満足を感じたのだ。

だが、鬱から解放してくれた登山は、しだいに私の首を締め始める。暗い気分に襲われることはなくなったのに、私はトレーニングに次ぐ山行《さんこう》、山行に次ぐトレーニングの循環を止めなかった。高所登山と、それがもたらす新しい世界にすっかり取り憑《つ》かれてしまったのだ。ある日、妻のピーチに厳しく言われた。私の山に溺《おぼ》れていく血の通わない情熱は、いずれ私の人生を芯から腐らせていって、私たち家族の絆《きずな》までズタズタにしてしまうだろう、と。しかし、私は耳を貸さなかった。

登山熱は高じるばかりだった。自分だけの世界にのめり込んでいく一方で、私は、たとえ精神的な意味では家族を放っておくことになっても、物質的には何一つ不自由させていないのだから、妻、娘、息子への愛情は立派に証明しているではないか、と開き直るようになった。われながら、ひどいと思う。しかし、それでも私を見捨てなかった家族には、言葉に尽くせないほど感謝している。私は、登山中の万が一の事故を考えて保険に入っていたが、本当に家族に毒を盛られたとしてもなんの不思議もない状況だったのだ。

実際、山で過ごす時間が増えるにつれ、私が長年の問題に決着をつけようとしている、つまり、山に死に場所を求めているということがますますはっきりしてきて、ピーチは気も狂わんばかりになった。そして、ついにその日がやってきた。一九九六年五月一〇日、エベレストはその懐に私を抱き寄せ、私はゆっくりと力尽きていった。昏睡状態に引き込まれていくのは、それほど不快ではなかった。そして私は、サウス・コルに死んだものとして置き去りにされた。

翌朝、七時三〇分、妻ピーチは、ダラスの自宅で、私の死亡通知を受け取った。

しかしそれから、エベレストの標高七八〇〇メートル地点で奇跡が起こる――雪に埋もれていた私は、再び目を開いたのである。

一方、ピーチは、父親が山で死んだなどという悲惨な知らせを、なかなか子どもたちに伝えられないでいた。そこに二回めの電話が鳴り、彼女は、私が自力でキャンプに戻ったこと、だが危篤状態であることを知る。

ともかく私は、一人ぼっちで置き去りにされたサウス・コルで、昏睡状態から脱したのだ。なぜだかは、いまだによくわからない。ある強烈な幻覚を見たあと、完全に意識を回復し、自分の足で立ち上がることができたのだ。私は信心深い人間でも、特別に精神的なタイプでもない。しかし、これだけは言える。最後の最後で、私の内側にあった何か強いものが死を拒絶したのだ、と。

ほとんど目も見えず、ちゃんと歩くこともできなかった。それでもその不思議な力は、文字通り歩く屍《しかばね》となっていた私に、おぼつかないながら、キャンプに向かって生還への第一歩を踏み出させたのである。

2

エベレスト遠征は、三月二七日、ダラス発のフライトから始まった。途中バンコクで一晩、乗り継ぎの時間を過ごし、二九日、いよいよネパールの首都、埃《ほこり》っぽくせわしないカトマンズに到着した。

トリブヴァン国際空港で、私は入国カウンターの前に延びる列の中に、いかにもスポーツマン風の長身の男を見つけた。きっと遠征隊の仲間だろうと思い、近づいて、自己紹介した。思った通り、ルー・カシスキと名乗った彼は、ミシガン州ブルームフィールド・ヒルズから来た弁護士だった。

ルーと私はすぐに互いが、チームメイトの中でもいちばん共通点の多いことに気づいた。私たちは年齢も登山歴も同じくらいで、似たような社会的地位・収入の専門職についており、既婚で子どもがあり、どちらの妻も登山に反対していた。これからの数週間で、私たちは、遠征隊のテント仲間であると同時に、気の合う友人同士になれるだろうと思った。

空港の外で、ルー以外の何人かの遠征隊の人々と合流した。バンが一台私たちを待っていて、カトマンズの無秩序状態の道路を走り抜け、「ガルーダ・ホテル」に案内してくれた。風通しのいい広々とした快適なホテルだった。利用者の大半は登山客らしく、ロビーの壁は世界各地の有名な山々のポスターで埋まっていた。そして、階段のいちばん上に貼ってあるポスターの中から、にやにやしながらこちらを見下ろしていたのが、われわれの遠征隊の隊長、プロ・ガイドのロブ・ホールだった。

カトマンズは騒がしく、暑く、人なつっこい街で、観光客、ヒマラヤ歩きの人々《トレッカー》、そして私たちのようなヒマラヤ登山者《クライマー》で溢れかえっていた。私たちは少し街をぶらついたものの、本格的な観光はしなかった。子どもたちへの土産と、妻ピーチへのいつものご機嫌取りの〝貢ぎ物〟も買いそこねてしまった。買い物をする機会は、エベレストを下山したあとに、いくらでもあるだろうと思い込んでいたのだ。

二日後、ロブ・ホールは私たちを、おんぼろヘリコプター、旧ソ連製Mi17に押し込めた。巨大ヘリは危なっかしげに飛び上がり、標高二七六〇メートルにあるルクラという村に着陸した。そこからエベレスト山麓《さんろく》をトレッキングする予定になっている。

エベレストのような高山の頂上を目指すには、そのほんのスタート地点に立つまでに、小さな登山数回分の労力が要るのだ。

ルクラから、山石がごろごろしたクーンブ山域を越え、エベレストのベースキャンプに到着するには徒歩で約一週間かかる。このあたりは、山岳民族シェルパの地だ。二万人ほどのシェルパ族が、谷間や深い渓谷で、細々と昔ながらの農業、狩猟、遊牧を営んでいる。

しかし、最近は少し事情が違う。道は通じていないが、いまやクーンブは立派な観光地である。

一九九六年、ネパールに押し寄せた観光客は推計で約四〇万人、その大半がクーンブ地方を訪れている。国際的な信用力のある金をたっぷり持った人々が、食糧や宿や手回り品、娯楽を求め、世界各地からここに集まってくるのだ。こうした観光客の中でもとくに歓迎されるのは、たとえば私のように、懐に大金（シェルパの基準からするとだが）を抱えて、エベレスト目指して毎年殺到してくる外国人登山者たち——地元で〝天空の女神《サガルマータ》〟と呼ばれている——である。

実利家のシェルパたちは、農具や狩猟具を捨て、かわりに大きなリュックサックをかつぎ、各国の遠征隊のためにポーターとして働くようになった。近頃は、登山隊の滞在期間としてはもっとも一般的な二ヵ月間ほど遠征に同行し、荷物の揚げ下げをすると、一人のシェルパで二、三千ドル（約二、三〇万円）かそれ以上の稼ぎになるという。これは、ネパール人の平均年間収入の約一〇倍だ。

言うまでもないが、その半面、仕事は危険できつい。エベレストに向かう狭い山道の尾根沿いに積み上げられた慰霊の石塚《ケルン》を見れば、この山で死んだ者の三人に一人がシェルパだということに気づくだろう。

しだいしだいに標高の上がっていくクーンブ山域の山道を自分の足で歩くのは、体を高所に順応させるための第一歩だ。エベレストのような超高所では、単細胞生物以外の生存は容易でないから、徐々に体を希薄な空気に慣らしていかなければならない。とはいえ、高緯度の山道を歩くのはすがすがしいものだ。トレッカーや遠征隊のクライマー、この付近ではどこででも見られるヤクの隊列などで、道中、混み合っているが、このルートが素晴らしいトレッキング・コースであることに変わりはない。道を曲がったときは、しばしば、はるか彼方に、高さ九〇〇〇メートルにも及ぶあの巨大な〝岩壁〟が、周囲を圧して天空に聳《そび》え立っているのが見える。

晴れた日には、エベレスト山頂付近にたなびいている、二キロメートルほどの羽根飾りのような雪煙を見ることができる。コバルトブルーの空にまっ白に輝くこの雲こそ、あの有名なエベレストの旗雲だ。それは、頂上付近で時速二四〇キロから三二〇キロメートルのジェット気流が吹き荒れている証拠でもある。この烈風はほとんど一年中吹いているが、もちろんそんな天候のときに、あえて頂上へ挑もうとする者はいない。

ただ春と秋の一時期、雪煙が消えることがある。激烈な風がはたと止《や》み、エベレストはそのときだけその狭い門をわずかに開いてくれる。人々を招き、頂《いただ》きに誘《いざな》い、生きて再び下界の土を踏むという願いを叶《かな》えてくれるのだ。

クーンブの山道は、渓谷を抜けて森林限界を通り過ぎると、約一九キロに及ぶクーンブ氷河地帯の下部につながっている。この標高約四八〇〇メートル地点に、最後の人里である、前近代的で不潔きわまりない集落ロブジェがある。

無垢《むく》の高みに達するには、ロブジェのような汚ならしい場所を必ず通らなければならないというのは、登山に付きものの皮肉の一つだ。ここでは率直に、その不潔さについて説明させてもらおう。

ロブジェのような僻地《へきち》では、そもそも外からたくさんの人間が入ってくることを想定して作られた設備などはない。なにしろ、暖を取るための主な燃料が、干してから灯油に浸したヤクのフンである。公衆衛生などという言葉とまったく縁のない、昔ながらの寒村なのだ。そこに何百人もの登山者とヤクの群れが殺到したら、こんな状況になっても仕方ないのだろう。さらにこの村では、ヤクのフンを触ったその手のまま、私たちの食事を作ってくれるというスリルまで加わる。私たちはロブジェに入ってから出るまでの間、せめてひどい病気をもらわないように、ひたすら祈るしかなかった。

ロブジェに足を踏み入れたとたん、ここにはお世辞にも宿泊施設と言えるものはないと判断した私は、ルーと一緒にテントを張って外で寝ることにした。だが、汚物から離れていて、かつ、ヤクのフンを燃やす煙が流れてこない場所を見つけるのは一苦労だった。

さてその春は、ロブジェから一一キロ先にあるベースキャンプに向かう山道は、まだ深い雪に埋もれていて、われわれのヤクの隊列は最後の登りを突破することができなかった。とすれば、残りの数キロは、シェルパを中心に、自分たちで装備一式や食糧を背負って歩くしかない。山道は、ロブジェより低い所でさえ、急で、雪も深かった。一度、血だらけのヤクの脚が一本、雪の吹き溜まりから突き出ているのを見つけたことがある。雪の中をもがきながら歩いているとき、簡単にポキッと折れてしまったそうだ。

ロブジェで、上方のルートを偵察していたシェルパの一人がクレバスを四五メートルほど滑落し、脚を折ったという知らせを受け取った。ロブ・ホールとガイドの一人が現場に行き、シェルパの救出と搬送に当たっている間、私たちはロブジェに一日多く留《とど》まらなければならなかった。

本格的なエベレスト登山は、標高五二八〇メートルに位置するベースキャンプから始まる。起点となるベースキャンプでさえ、アラスカにある二峰を除けば、米国のどの山よりもずっと高い所に位置しているのだ。しかし面白いことに、そのキャンプからエベレストの頂上を眺めることはできない。まあ実際には、誰もがキャンプにたどり着くまでにすでに青息吐息だろうし、着いてからも、綿のように疲れているから、こんな調子で自分は生き残れるかどうかが心配で、景色どころではないのだが。

私たちがベースキャンプに到着したのは、四月七日だった。

ベースキャンプは、一言で言えば、三〇〇人ほどの人間がヤクの一群とともに短期的に滞在するための氷河上のテント村だ。一部を石で強化したテントもあるが、氷河が絶えず足の下を移動し続けるために、毎年春には張り直さなければならない。私の遠征隊では、炊事テント、食堂テント、そして物資貯蔵用テントの壁は石で作られていた。

また私たちの隊には、石で囲った素晴らしいトイレがあった。後ろの穴に排泄物が落ち、あとで汲《く》み取ることができるようになっている。山には人間の排泄物を残してはならないという新しい規則ができて以来、それは不可欠な設備だった。

もちろんこの規則が適用されるのは外国人だけで、シェルパは拘束されない。さらに言えば、規則の徹底のために見回りに来る屎尿《しにょう》処理パトロールの係官ですら、自然の欲求があるときは、手頃な大きさの岩陰にしゃがみ込み、いたっておおらかに用を足している。

私たちのトイレはベースキャンプの中ではもっとも豪華だったので、自然に闖入者《ちんにゅうしゃ》を招くことになった。やがて、私たち隊員以外の排泄物の量が見過ごせないほどになったので、トイレの前にベニヤ板で作った警告の札を立てることにした。

「そこの人、ちょっと待て！　ニュージーランド遠征隊でない者、このトイレ使うべからず。われわれはそろいもそろってものすごく量が多いんだから、あなたの分までもらわなくても足りています。悪しからず」そして最後には、〝大物より〟のサイン入り。この立て札のおかげで無断使用は激減した。文章は、ロブ・ホールに頼まれてジョン・クラカワーがひねり出した。

登山では、緊密な共同生活を強いられるのが普通だが、私たちの隊では珍しいことに、一人ひとりにテントが支給され、いささかのプライバシーが保証されていた。さらに、隊には太陽電池利用の衛星通信電話とファックスが備えられ、また、三、四回は屋外でシャワーまで浴びることができた。ちょろちょろとしか出てこなくても、温水で体を洗えるのは本当にありがたかった。

エベレストから私が家に送った一通めの手書きファックスを、ここで紹介しておこう。

「こちらにファックスを送る場合は、ダラス時間の午後一〇時以降にしてほしい。ここの機械は感熱式なので、それより前の時間だと寒すぎてプリントアウトできないから。ベースキャンプまではじつに長かった。……クーンブ渓谷よりも下の村はどこもいい感じだったが、奥地に入るにしたがって村々は未開度を増してきて、チームメイトの中には下痢をしている人もいる。私は幸運にも元気だ。……私の遠征隊は優秀なクライマーぞろいで、いい人たちばかり。私がみんなのお荷物になるんじゃないかと心配しているが、なんとか頑張ってやっている。毎日、きみと子どもたちのことを思っている。愛をこめて」

ピーチはタイプで打った返事をくれた。

「あなたへ。きのうの夜中、三時半ごろファックスを受け取りました。……デッキチェアの上にグレムリンがいると思い込んだスクーター（うちの犬）が、あんまりうるさく吠えるので、朝の五時にはとうとう廊下に出しました」

それから妻は、うちの車が追突されたこと、高校でフェンシングをやっている息子のベック二世（通称バブ）が、トーナメント戦で全国大会まで勝ち抜いたこと、娘のメグが歌のレッスンを始めたことなど、私の留守中に起こったことを細ごまと報告した。「みんな寂しがっているわ。愛とキスを送ります。ピーチ」と結んであった。

遠征中の食べ物のレベルは、それが調達可能か、あるいはそんな高い所まで運び上げてくれる人がいるかによって決まるが、エベレストのベースキャンプは、地元の人々にとっては、注文はうるさいものの、なかなか儲《もう》かる相手らしい。おかげで私たちは、毎朝、卵料理を楽しむことができた。だが、さらに高く登って、文明からはるかに遠ざかった地点まで来てしまうと、食べ物は必要に迫られて摂取するものとなり、もはや味などどうでもよくなってくる。

そして、ぎりぎりの高所にたどり着くころには、頭は食事のことなど考えるのを止めているだろうし、体も、単純な炭水化物類か、せいぜいスープで流し込むクッキーかクラッカーくらいしか受けつけなくなっているはずだ。

ところで、ベースキャンプ生活でいちばんやっかいなのは退屈である。そこでは何をするにも準備に多くの時間が取られ、その疲労から回復するためにさらに多くの時間が必要となる。というわけで、結局、何もせずにだらだらと長い時間を過ごすことになってしまうのだ。それまでの遠征経験でよくわかっていたので、私は暇つぶしに大好きな作家カール・ハイアセンのミステリーと、前からマスターしたら面白いだろうなと思っていた曲芸の入門書を持っていっていた。

こうして私は、すっかりキャンプ生活にも慣れ、テントの前をうろついて時間を過ごした。もっとも、この休息期間を利用して、私を始めとしてシェルパの名前がなかなか覚えられない者たちは、ポラロイドカメラで彼らの顔を撮り、なんとか顔を覚えようとしたりもした。

キャンプでは音楽も楽しみだった。毎朝、シェルパたちによる、ネズの木の小枝を燃やしながらの仏教の祈りが終わると、ロビン・ウィリアムズの「グッドモーニング・ベトナム」がキャンプサイトに響きわたり、私たちを寝袋から追いだした。そのあとは、一日中ロックンロールで、ときたまそこに、炊事テントからのインド音楽が加わった。

私たちの隊はしばしばパーティーを催し、とっておきのビールを開けた。しまいには、食堂テントの石のテーブルに飛び乗って踊り出す者まで出てきたが、あれは、ちょっとやりすぎだったかもしれない。

ところで、ベースキャンプといえば、絶対の存在感を持っているのが〝クーンブ・アイスフォール〟である。それは、ベースキャンプのつい四〇〇メートル先から始まり、そこから上は長さ三・二キロメートルにわたって山腹に広がる、標高差六〇〇メートルに及ぶ巨大な氷瀑《ひょうばく》だ。

アイスフォールは、クーンブ氷河の中央部を占める。ベースキャンプのすぐ上の下り勾配《こうばい》になっている所が、その巨大氷瀑の出発点だ。そこでは、断崖《だんがい》を乗り越えて押し出された氷河が巨大な氷塊となり、耳をつんざく大音響とともに崩落している。〝セラック（氷塔）〟と呼ばれるこれらの氷塊は、一個の大きさが小型のビルディングほどもあり、重さは数百トンにもなる。アイスフォール地帯では、その落下する氷塊の音が、唸るように、ときに雷鳴のように絶えず轟《とどろ》きわたっている。この危険地帯は、夏の時期には、一日に約一・二メートルずつ下方に移動しているという。

一九五三年、世界初のエベレスト征服への途上、このアイスフォールに出合ったエドマンド・ヒラリーの遠征隊は、変化に富んだ地形の特徴をうまくとらえて、さまざまな華々しい名前をつけた。たとえば、〝地獄の炎通り（ヘルファイヤー・アリー）〟〝ヒラリーの恐怖（ヒラリーズ・ホラー）〟〝クルミ割り器（ナッツクラッカー）〟〝原爆エリア（Aボム・エリア）〟など。

そして一九九六年、私たちの遠征隊は、アイスフォールの頂上にそそり立つ巨大なセラックを、〝ネズミ捕り（マウストラップ）〟と名づけた。みんなの願いは、いまにも崩れ落ちそうなセラックのネズミ捕りに押しつぶされて、ぺしゃんこにされないことだった。

ベースキャンプにいると、氷河が絶えず大規模な衝突を繰り返していることが、その大音響だけでなく、足下から伝わってくる振動からも感じられる。初めてエベレストに足を踏み入れた者は、テントのすぐそばで、大地震と列車転覆が同時に、しかも次々と起きているような錯覚に陥り、ひどく不安になる。

だが、それも音だけの話、些細《ささい》なことである。

クーンブ・アイスフォールの最大の問題点は、それがベースキャンプと頂上のあいだに横たわっているということだ。いざ頂上を目指すとなったら、製氷機の底を這《は》い回るアリのように、あの場所を二〇時間ほどかけて、少なくとも五回は往復しなくてはならない。

アイスフォールの踏破行でもっとも怖いものの一つが、軽量アルミニウムの〃はしご〃である。ツルツル滑る中空に張り出した氷壁や、深いクレバスをクリアーするには、どうしてもこのはしご式足場のお世話にならなければならない。しかし、刻々と移動する氷に固定した、お互いにぶつかり合うはしごは、見た目も使い心地も、いかにも間に合わせといった感じだ。アイスフォールを五回往復するには、このようなアルミのはしごの足場を、七〇〇回も渡らなければならないのである。

アイスフォールを初めてトラバースする者にとっては、それは一種の宗教的試練と言えるかもしれない。少なくとも、練習してどうなるといった性質のものではなかった。まず、出発は夜明け前でなければならない。周りの氷壁や氷原が、太陽からの強烈な光線を直接アイスフォールに反射すると、はしごを固定してある氷が解けて移動する危険があるし、また乱立するセラックが暖まり、溶けて傾いたり滑り出したりして、崩壊の危険がますます増大するからだ。

五月、快晴の日には、ベースキャンプ付近はたいへんな高温になることもある。ヒラリー遠征隊は、日向《ひなた》に置いた温度計が摂氏六六度になっていたと伝えている。

アイスフォールの先には、そこからは隠れて見えないが、高度差約六〇〇メートルの〝ウェスタン・クウム〟という渓谷が、ゆるやかな起伏を描いて延びている。そしてクウムの上空に、壮大な円形劇場のごとく天に向かって屹立《きつりつ》しているのが、向かって左から八八五〇メートルのエベレスト、八五〇一メートルのローツェ、七八六一メートルのヌプツェの三高峰である。

クウムとはウェールズ語で渓谷を意味するが、この名前はで一九二一年にジョージ・マロリーによってつけられた。その年、彼は初めて、チベット側ルートから三人でエベレストに挑戦した。マロリーは、なぜエベレストに登るのかと訊かれたとき、「そこに山があるからだ」と答えた人だ。そしてもしかしたら彼こそが、世界で最初にエベレストの頂上に立った人間だったかもしれないが、それについてはいまだに定かではない。

一九二四年六月八日、三八歳のマロリーは、二二歳のパートナー、アンドリュー・サンディ・アーヴィンと共に、エベレスト頂上直下二七〇メートルを力強く登高していた。その姿は、遠征隊のメンバー、ノエル・オーデルによって目撃されている。それから二人は、突然現れた雲に包まれて見えなくなり、その後行方不明となった。

マロリーが登頂に成功したかどうかは、七五年間謎《なぞ》のままだった。一九九九年五月、米国の特別調査隊が、山頂から六〇〇メートル下の地点で、この有名な英国人登山家の凍りついた遺体を発見した。マロリーがその箇所まで滑落したのは明らかだ。しかし、転落前に頂上を踏んでいたかどうかは、やはりわからずじまいだった。遺体からは高度計、イニシャルを縫い取りしたスカーフ、手紙数通、ポ

ケットナイフが出てきたものの、マロリーとアーヴィンが登頂を記録するために持っていったという
コダックのカメラは発見されなかったし、アーヴィンにいたってはその遺体も見つかっていない。
ここで、エベレスト遠征のための私の装備についてちょっと触れておこう。私は今回の遠征のために、七年間使ったものに替え、新しい登山靴を用意していた。長年愛用してきたものと同じメーカーで、サイズもぴったり同じのはずだった。

登山靴を替えたときは、必ず履き慣らしてから使わなくてはいけないという意見を、私は信用していなかった。馴染《なじ》む靴は、初めてでも馴染むし、馴染まないときは最初からあきらめた方がいいというのが私の考えだった。それに、古い登山靴には、向こうが覗けるほどの大きな穴が開いていて、もう一回遠征をこなせるとはとても思えなかったのだ。

不幸にも新しい靴は、私の両脚の脛《すね》をこすり続け、そして擦り傷はまもなく化膿し始めた。高所で傷をつくると、なかなか治らない。下山するまで、この傷は癒《い》えないだろうと私は観念した。

対策として、靴をゆるめに履いてみたりした。しかし何をやっても、むだだった。一足踏み出すたびに痛みを感じることには変わりない。どうしようもないので、脛に包帯を巻いて我慢しているうちに痛みにも慣れた。いまさらどうにもならないことを嘆いても、何にもならないではないか。

ところで、ベースキャンプに到着して真っ先に気づくのは、体を動かすたびに、全身から酸素がしぼり取られるような感じがするということである。人間の体が高所環境に適応しようとするメカニズムについては、まだ完全には解明されていないが、高所順応のための技術はいくつか考えられている。

もしも人間が、魔法か何かでエベレストの頂上に瞬間移動されたとすると、その人は数分で失神し、次の数分で絶命するだろう。突然酸素の薄い環境に置かれると、体の生理的な働きが追いつかず、シ

ヨック死するのだ。

高山登山をする者は、私たちが数週間やったように、ベースキャンプを起点に、上部キャンプとのあいだを登ったり下りたりし、その間休養を取るという過程を繰り返さなければならない。とりわけエベレストでは、体が高度に順化するまで、あるいは順化したと本人が感じられるまで、毎回、前回よりやや高い地点まで距離を伸ばし、何度も何度も繰り返すことが肝要だ。つまり自分の体にはっぱをかけてやるのである。「いいか、私はこれからこの山に登る。おまえも一緒に来るのだから、しっかり準備をしておけよ」と。

しかしあわててはいけない。急に高度を上げると〝高所性肺水腫（HAPE）〟にかかる危険性を高めてしまうからだ。これは肺に水がたまる高度障害で、急いで下山しないと命にかかわることもある。だがもっとも恐ろしいのは〝高所性脳浮腫（HACE）〟だ。こちらは脳が水分で膨張する病気で、ただちに下山しないと、昏睡状態に陥る可能性が大きい。

自分が高度障害にかかりやすい体質かどうかを、事前に知る方法はない。三〇〇〇メートル以下の山でそういう状態になる人もいるし、一度も高度障害にかかったことのないベテランのクライマーがなんの前触れもなく、突然こういう危険な状態に陥ることもある。

同様に予測不可能で、もっと頻繁に見られるのが、脳に送られる酸素の不足が原因で起きる〝低酸素症〟という高度障害だ。軽い状態なら、これにかかった人は無性《むしょう》に幸せな気分になり、間抜けなことをやったりする。だが症状が進むと判断力が奪われ、当たり前のこともできなくなり、高所では手に負えなくなってしまう。クライマー仲間ではこれを、〝高所バカ（HAS＝ハイ・アルティテュード・ステューピッド）〟と呼んだりしている。

妻もまた、〝ナッツ（NUTS＝ナッシング・アンダー・ザ・サン、バカの意味もある）〟という、なかなか説得力のある略語を考え出した。「太陽の下、新しいものは何もない」という聖書の言葉の頭文字を合わせたものだが、こんな言葉を思いつくぐらいだから、彼女は簡単に天国に入らせてもらえるだろう。

それはさておき、高度順化の訓練は生き残るために絶対不可欠であり、しかもエベレスト山頂近くのような超高所でなくとも、それが必要な場合もある。実際クーンブ山域では、ほんの二〇年前まで、毎年五〇人に一人の割で、トレッカーが高度障害で死亡していた。

一口に高度障害と言っても、なかにはきわめて稀《まれ》な症例があり、思いがけず私が経験したものもその一つだ。そのために私はほとんど死んだも同然になったが、あるいは、だからこそ生き返ることができたのかもしれない。そこはよくわからないところで、今もさかんに議論が交わされている。

高所環境への体の生理的順応でもっとも重要なのは、慢性的な低酸素状態に対応して、骨髄が赤血球を猛烈な勢いで作り出すという点である。平常時より大幅に増えた赤血球は、体のすみずみまで酸素を運ぼうと必死に動き回る。それでもなお超高山では、体はもっと空気を必要とする。ただ呼吸するだけで、総エネルギー消費量の四〇パーセントが失われるのだ。そして毎日、両肺からだけでも、なんと七リットルもの水分が蒸発するという。

こういうわけで、つねに体は脱水状態にある。そのうえ高所では、眠ることも食べることもままならない。実際、標高七五〇〇メートル以上の「死の地帯」、いわゆる〝デス・ゾーン〟と呼ばれる場所では、食べ物のことを考えただけで、たいていの人がむかつきを覚える。なんとか一口だけでも食べたり飲んだりしようとしても、体が受けつけないのだ。そのくせ、黙っていても人間の体は一日一二〇〇キロカロリーを消費する。

ロブ・ホールについて今でも忘れられないのは、人生を山に賭けてきた人間特有の皺《しわ》が刻まれた、みごとなほどつやつやした顔だ。こちらが泣きごとや不満の一つもこぼそうかという様子を見せると、ロブは気取ったポパイみたいに眉根を寄せて、ニュージーランドなまりでこう言った。「まさかきみは、こんなことでへこたれるような人じゃないだろう?」それには当然こう答えねばなるまい。「もちろんだよ、ロブ。へこたれるなんて、まさか、とんでもない!」

ロブのほかに、私たちの遠征隊にはガイドが二人いた。オーストラリア、ブリズベーン出身の配管工マイク・グルームと、ロブと同じニュージーランド出身の三一歳のアンディ・ハリスだ。アンディは世界に一四座ある八〇〇〇メートル級の超高山に登ってガイドするのは、今回が初めてだった。その一四座はすべて、エベレストから数百キロの対流圏内に位置している。

高所キャンプの様子をちょっと見てみれば、高山登山はけっして華麗なスポーツではないということに気づくだろう。実際、登山者の大半は、まるで湯気のたった大鍋に群がるホームレスのように見える。だがアンディは違う。この屈強でハンサムなスポーツ万能の青年は、世界最高峰の山々に登った経験こそなかったものの、正式のガイドの資格を持つ登山の専門家だった。

さて、それでは、チームメイトである遠征隊の顧客を紹介しておこう。まず四二歳のジャーナリスト、ジョン・クラカワー。今回の遠征に同行して、後にベストセラーとなった『空へ』(山と渓谷社刊)を書いた。

次に、すでに紹介した四七歳の難波康子。今回登頂に成功すれば、エベレストの頂上を踏んだ最高齢の女性、また二人めの日本人女性になるはずだった。さらにここを征服すれば、七大陸最高峰完登者《セブン・サミッツ・クエスト》の仲間入りもする。こうした栄誉のため、彼女は後に高い代償を払うことになる。

それはダグ・ハンセンも同じだった。シアトルから来た四六歳の郵便局員は、この前年、山頂まで垂直距離であと九〇メートルと迫りながら撤退を余儀なくされた。だから、今年こそはなんとしてでも頂上を極めてやると息巻いていた。

また、私たちのチームでいちばん若いのが、カナダ出身の心臓外科医で三五歳のスチュアート・ハッチスン。香港の出版業者である五三歳のフランク・フィシュベックは、昔気質《かたぎ》の紳士だ。にぎやかな連中ぞろいの私たちの遠征隊に、彼は一種の礼儀正しさと品位を与えてくれていた。

そしておそらくチームのなかでいちばん誰からも好かれていたのが、五六歳のドクター・ジョン・タスキだろう。マイク・グルームと同じオーストラリア出身で、麻酔専門医だった。頭の回転が速く、あけっぴろげで愛想のいいジョンは、陸軍の高級将校で、普通の軍医とは異なり、軍隊生活の厳格な面が気に入っていた。水中に爆弾を仕掛ける教練を始めとして、危険な任務ならどんなものにでも熱狂した。さらに彼は、精鋭ぞろいの英国陸軍特殊空挺部隊（ＳＡＳ）に配属された経験の持ち主でもあった。軍医としては初の特殊部隊入りだったという。

ジョンはうまいジョークを言ったが、ジョークを受け流すのも上手だった。ダグ・ハンセンと私はよく、〝バターカップ（キンポウゲのこと、女役のホモの意味がある）〟と名づけたヤクといい仲だと、ジョンをからかった。ヤクはどこにでもいたから、ジョンと色っぽいバターカップの仲について、冗談のタネが尽きることはなかった。彼自身も気にすることなく、私たちと一緒になって、このきわどいジョークを楽しんでいるようだった。

本当にこのオーストラリア人には、人を笑わせる才能があった。ある日彼は巨大なソンブレロをかぶり、どう見ても靴下としか思えない赤と白のシマシマの服を着て、テントから飛び出してきた。その姿は登山家というよりマンガの登場人物そのもので、シェルパたちは靴が脱げるほど笑いころげた。あんな格好で人前に出られるようになれば、誰だって人生怖いものなしにちがいない。

　頂上攻撃《アタック》の直前、高所訓練が完了したころ、ドクター・タスキが、ハーバード・ツーステップ・テストという、心拍数の変化を調べる実験を遠征隊のメンバーに行なった。チームメイトがこの短いテストでどういう反応を見せるのか、私たちは互いに興味津々《しんしん》だった。

　テストは、約一分間、高さ六〇センチの踏み板を昇り降りすることによって行なわれる。心拍数はテスト開始前、テスト中、テスト後に分けて測定される。私は、訓練を積んだスポーツ選手ほど、負荷が加わっても数値の変化は小さく、すぐさま通常値に回復するのだろうと思っていた。

　マイク・グルームとルー・カシスキの二人は、まさに私が思っていた通りのパターンを示した。しかし、それとは異なる反応でも問題はないということを知った。たとえばジョン・クラカワーの安静時の心拍数は約一一〇、運動を開始すると一気に約六〇まで落ち、すぐ一四〇くらいにはね上がり、運動をやめると、また六〇に落ちてから一一〇に戻る。

　私の場合、安静時の心拍数は約九〇。運動開始時に、一気に一七〇か一八〇まではね上がって、運動の間中その状態が続き、運動をやめると、六〇まで落ちてから九〇に戻った。

　私の示したパターンはシェルパの反応に似ているとのことだった。いずれにせよ、高所で受けるストレスへの反応については、まだまだ解明されていない部分が多い。

　ところで、五月一〇日の悲劇には別の遠征隊が大きくかかわっていた。スコット・フィッシャーの率いるマウンテン・マッドネス隊だ。シアトル出身のスコットは、長い髪を首の後ろでゆわえた、自由奔放でカリスマ的なプロ・ガイドだった。〝山狂い《マウンテン・マッドネス》〟という隊の名前に、登山に対する彼の考え方がよく表われていた。

彼のパーティーには、ほかにガイドとして、航空宇宙工学のエンジニアで、プロの登山ガイドではないニール・バイドルマンと、高所登山のスペシャリストとして世界的に有名なロシア人のプロ・ガイド、アナトリ・ブクレーエフがいた。

またマウンテン・マッドネス隊の顧客として、有名なジャーナリストで、ニューヨーク社交界の花形でもあるサンディ・ヒル・ピットマンが参加していた。彼女は登山装備一式を身につけて、ファッション誌「ヴォーグ」に登場してから、ジェット機でエベレストに駆けつけ、登高中の様子を逐一インターネットでNBC放送に配信していた。おそらく彼女は名声を求めてこの遠征に参加したのだろうが、手にしたのは反対に悪い評判ばかりだった。

遠征を終えてニューヨークに戻るや、サンディはマスコミからさんざん叩かれ、品性のかけらもない浅薄な人間だと決めつけられた。しかしそれはフェアではない。彼女自身は実力のある、意志的な登山家だったし、一緒にいて楽しい仲間だった。こんな惨事が起こったのは彼女のせいではない。すべてあのブリザードが悪いのだ。

さらにマウンテン・マッドネス隊には、コロラドのスキーパトロール隊員、ティム・マッドセン、そして彼の恋人シャーロット・フォックスがいた。私はこの凛々《りり》しい女性が大好きだった。高所登山は男だけに許されたマッチョなスポーツだという観念をくつがえす、優秀なクライマーだ。

私は南極遠征でシャーロットと出会って以来、彼女をとても尊敬している。その理由の一つとしては、そのとき絶好のコンディションだった私の先を、彼女は軽々と登り、私よりずっとマッチョであることを示したからだ。

ここでもう一度、家に送ったファックスを紹介しよう。

「いまベースキャンプに戻ってきた。ここで三日間過ごし、栄養を取り、休養する。……体調はいいものの、ちょっと空咳《からせき》が出る。でも感染症や下痢にはなっていない。……ロブ・ホールの用意した安全対策や登山計画は、キャンプ一と感心するばかりだ。みんなに会いたい。愛をこめて」

妻からのタイプ打ちの返事。「若い人たちに交じって、素晴らしい体験をしているようね」それから、息子のバブがインフルエンザにかかったので、カンザスシティでのフェンシングの試合に出場できないかもしれないこと、娘メグの部屋の模様替えがまだ終わらないこと、というのは犬のミッシーが、ペンキ屋の置いていった壁紙にオシッコしてしまったから、と報告してくれた。「くれぐれも気をつけて。愛とキスを送ります。ピーチ」

私の最後のファックス。

「あさって頂上を目指す。明日だったらまだファックスを受け取れる。返事をください。バブとメグも何かひとこと書いてくれたらうれしい。……愛をこめて」

私の要望は息子には丁重にはねつけられたものの、妻と娘は返事をくれた。

ピーチからのファックス。

「長年の夢が叶ってよかったわね。なるべく持病が出ないように祈っています。いま修理の人たちが来ているの。エアコンのドレーンパイプが詰まってしまったので。……愛をこめて。ピーチ」

メグからのファックス。

「ハーイ、パパ、あたしたちはどうしているでしょう？　あたしはやっと少し機嫌を直したところ。……今日はミセス・ポーターのおばさまの誕生パーティーだったの。九〇歳になったんですって。このパーティーとピアノの発表会のせいで、あたしは獣医さんに連れて行かれたミッシーみたいに、ぶるぶる震えっぱなしでした。……それから髪をばっさり切りました、濡れていると肩の上、乾くと耳の少し下くらいの長さ。……ママが晩ごはんよ、と言ってる。行かなくちゃ。じゃあね。メグ」

3

五月九日、私たちは正念場を迎えた。それまでに、クーンブ・アイスフォールをなんとかやり過ごし、ウェスタン・クウムを切り抜け、いよいよ〝ローツェ・フェース〟と呼ばれる、かなり傾斜のきつい一二〇〇メートルの青い氷壁を半分まで登ってきた。このあたりをトラバースするときは、とにかく細心の注意を払わねばならない。

そのためには、まずこうした氷雪面の物理的な特徴を理解しておく必要がある。斜面で転倒すると、普通は氷雪の表面と体の間に起きる摩擦で、落下は途中で止まる。だが、ローツェ・フェースで見られるような固く氷結した傾斜面では、摩擦がほとんど生じないため、足を滑らせたが最後、落下は止まらず、あとは死ぬしかないのだ。五月九日の朝、台湾隊の一員チェン・ユナンは、この恐ろしい事実を身をもって証明することになった。

ローツェ・フェースはどこも勾配がきついので、ここに第三キャンプのテントを張るには、氷の斜面を切り崩して土台を作らなければならない。そしてやっとテントが張れたころには、みんな消耗し、なんでもいいから早く休みたいと思っている。しかしどれほど疲れていようと、こういう急斜面ではけっして忘れてはならない基本的なことが二、三あるのだ。

その中でもっとも大切なのが、不注意にテントの外に出て歩き回ってはならないということ。そして朝目を覚ましたら、何はさておき、一二本のスパイクのついたアイゼンを登山靴に装着しなければならないということだ。急斜面に足場を刻んでくれるのは、アイゼンしかないのである。

チェン・ユナンはこれを忘れていた。インナーブーツのままテントから出てきて、二歩踏み出したとたん、足を滑らせ、そのまま勢いよくクレバスまで落下し、死亡した。

ところで、私たちの登頂作戦は単純なものだった。日の出と共に起床し、ずっと登高を続け、その日の午後遅くサウス・コルの高所キャンプに到着する。そこで三、四時間休養してから、再びキャンプを後にし、夜通し登り続け、翌日五月一〇日の正午までに頂上を征服しようというのだ。そしてこの登頂時間は、絶対に午後二時より遅くなってはならない。

午後二時の下山時刻厳守――この数週間、みんなの頭に繰り返し叩き込まれていたのは、この一点だった。二時までに登頂できるペースで登れないなら、山が暗闇に包まれる前にキャンプに戻ることもできないのだ。

私たちは予定通り、その日の午後遅く高所キャンプに到着した。キャンプの置かれているサウス・コルは南東稜の下に広がる平坦地で、ネパールと中国領チベットを分かつ大ヒマラヤ山脈の分界線上にある。「コル」とはラテン語で「首」の意味だ。あとで人数が多すぎたとわかったのだが、そのときサウス・コルには、最終アタックに向け、四つの遠征隊がビバークしていた。私たちのホール隊、スコット・フィッシャー隊、台湾隊、そしてその夜は頂上攻撃に出ない予定の南アフリカ遠征隊だった。あたりにはたくさんのテントが立ち並び、キャンプのすぐ近くには、おびただしい数の空の酸素ボンベや、以前の遠征隊が捨てていった、風でズタズタになった装備が散乱し、さらには、遭難者のカチカチに凍りついた遺体の一部まで発見されていた。

サウス・コルでは、北に行きすぎると、カンシュン・フェースをまっさかさまに二一〇〇メートル落下して、中華人民共和国まで行ってしまう危険があり、同様に南に行きすぎると、ローツェ・フェースを約一二〇〇メートルも勢いよく滑り落ちることになりかねない。

私たちが高所キャンプにたどり着いたときには、かなり激しい風が吹いていた。寒かった。こんな悪条件で頂上を目指すはずはないから、私は内心、ほっとしていた。相当にバテていたのだ。今夜ちょっと休めば、明日にはきっと、ずっと体調もよくなっているはずだ、と自分に言い聞かせた。

だが、これはとんだ思い違いだった。肝心なのは、高所キャンプに到着した時点で、山頂まで登ってから、さらに五体満足でそこから帰還できるだけの体力を維持していることなのだ。あんな超高所で体力が回復するはずがない。むしろ、長く留まるほど衰弱するばかりなのである。高所キャンプはいわゆるデス・ゾーンにあった。七五〇〇メートル以上の超高所が〝死の地帯《デス・ゾーン》〟と呼ばれるのは、テントの中であれ外であれ、そこに留まっているかぎり、人は徐々に死んでゆくしか道はないからである。

とにかく、私たちは高所キャンプに入った。ダグ・ハンセン、ルー・カシスキ、アンディ・ハリス、私の四人が、同じテントで寝袋を並べ、風の咆哮《ほうこう》に耳を傾け、休養を取った。その夜一〇時ごろ、ぱったりと強風が止んだ。極寒ながら、デス・ゾーンは申し分のない穏やかな天候に恵まれた。

「ようし」ロブ・ホールが、私たちのテントに首を突っ込んで言った。「準備しろ！ 出発するぞ！」

私は装備を身につけながら思った、いいぞ、これならなんとかやれそうだ、確かに上々の気分とは言えないが、心配していたよりずっとマシじゃないか。

だが、私はチームメイトの二人がとても気がかりだった。そしてこの嫌な予感は当たることになる。まず、私のすぐ左隣に寝ていた、ダグ・ハンセンだ。彼はずっと調子が悪かった。登高中の足取りも重く、ピッケルに振り回されているようなありさまだった。また、多少なりともみんなそうだったとはいえ、彼は隊員のなかで一番食欲がなく、水分も取っていない。頂上まで引っぱっていってくれるはずの体力が残っているようには見えなかった。

その前年、山頂まであと一歩の地点で下山を余儀なくされたときの思いは、ダグをがっちりとつかまえ、一瞬たりとも脳裏から去らなかった。何があろうとも今度こそ必ず登ってみせると誓い、一九九六年、彼は戻ってきたのである。

私も登山には相当入れ込んでいたが、彼ほど狂信的ではなかった。頂上に立てるかどうかはそのときの運であって、下山だけは何があろうと果たさなければならないという常識的な登山理念に従っていた。

また、私はほとんどのクライマーと同じく、登山はおのれ自身との闘いだと思っていた。ネパールに到着するまで、私はサウス・コル到達を個人的な目標としていた。とにかくそこまでは来たのだ。今回登頂を逃しても、エベレストに来てよかったと思えるにちがいない。ダラスを発つ前、私は同僚にこう言った、エベレスト登山がどういうものなのか、ただ身をもって体験してみたいだけなんだよ、と。いまこそ、あの気持ちを思い起こさなければならない。

山に入ったら、誰でも謙虚におのれに問いかけなければならないことがある。これは同時にチームメイトへの人間としての責任でもあるのだが、この一足を踏み出してもまだ、自分には余力が残っているかという質問だ。このまま歩き続けても、無事に引き返してこられるだろうかとつねに自問していなければならない。

あのときの、ダグは、そんなことも忘れ、どうでもいいと思っているようだった。

もう一人心配だったのは難波康子だ。風に吹き飛ばされそうなほど彼女は小柄だったし、体重もせいぜい四〇キロくらいしかなかったにちがいない。だがそんなか細い体でも、みんなと同じ重さの装備を背負わなければならなかった。果たしてこんな小さな体で、康子の思い描く壮大な夢が実現できるのか、私は疑問だった。

テントから出ると、私たちは旧ソ連ミグ戦闘機装備の買い上げ品である酸素マスクを装着した。突如としてみな、ホームレスとなったトップガン・パイロットに変身した。また私たちは、子どものころ雪遊びのときに母親に着せられたような、ぶ厚いダウンスーツも着こんだ。それを着ると、たちまちよちよち歩きになった。

最初にキャンプを出発したのは私たちの遠征隊だった。マウンテン・マッドネス隊と台湾隊は約一時間遅れであとに続いた。みごとに晴れわたった夜空の下、私たちは頂稜の基部になっている斜面に向かって、サウス・コルの平坦地を進んだ。はるか彼方《かなた》にそびえ立つ八四七〇メートルのマカルー（世界第五位）の頂上に、月が小さく浮かんでいた。

無風。気温はマイナス二三度、こんな高山では珍しいほどの暖かさだ。

額にともるヘッドランプを除いて、周囲にはなんの明かりもなかったから、頭上の満天の星が信じられないほど明るく瞬《またた》いているのがよくわかった。足元の青い氷にまで、星影が映っている。天に向かって手を伸ばし、空から一つずつ星をもぎとってポケットにしまい、記念に持って帰れそうなほど星が近かった。

私たちはゆっくりとリズミカルに前進した。それまでの山行で繰り返してきたように、私は規則正しく歩を進めた。一歩足を前に出すと、アイゼンのスパイクがしっかりと氷雪面を嚙《か》み、カシッと独特の音をたてた。体重を移しかえ、もう片方の足をさし出すと、凍《い》てついた大気のなかにまた氷雪を刻む音が響き、背中のリュックの締め紐《ひも》が小さくきしんでこれに応えた。

私たちはサウス・コルを抜けて、〝トライアングル〟と呼ばれる頂上斜面に取りついた。このあたりには本当に何もない。ひたすら登るのみ。頼りになるのは、足元をわずかに照らすちっぽけなヘッドランプの明りだけ。まるで月面に置き去りにされたように、周囲には茫漠《ぼうばく》とした空間が広がっているばかりだ。一歩登り、休み、また一歩進み、また休み、何時間も何時間も、私たちは気の遠くなるほど登り続けた。やっと斜面の真ん中あたりまできて、そこから大きく左へ回り込んでいく。

そもそもトラバースしていること自体、危険な斜面を登っていることを意味するが、もっとむずかしいのはそのルートから外れないことだ。次はどこに自分の足を置くべきか、いつも見きわめていなければならない。そして、それが私には困難な作業になっていたのだった。

斜面を登り始めたとき、私はクライミング・シェルパのリーダー、アン・ドルチェ、マイク・グルーム、ジョン・クラカワーの次、四番めについていた。この数週間というもの、私は体力の温存に努めてきた。動きが少しばかり緩慢であってもそれはかまわない。初日だけ元気溌剌《はつらつ》では、なんにもならないのだ。だから、斜面を登り始めたときにはまだまだ余力があった。ところが、私はしだいに困感じ始めた。どうも私の目には、足元の斜面がはっきり見えていないようなのだ。そしてこうなってきた理由も、だんだん思い当たってきた。

私はもともとひどい近視なので、長年の山行のあいだ、良好な視界を得るためにいろいろなものを試してきた。特殊レンズやコンタクトレンズはすぐに凍りついてしまい、どれも役に立たなかった。そこでエベレスト遠征の一年半前、登山中支障が出ないように視力の矯正手術を受けたのである。

それはレーザーによる角膜切開手術で、角膜にきわめて微細な切り込みを入れて、焦点距離を調節し、視力を改善するものだった。ところが、私にはもちろん、世界中のどんな眼科医にもまだ知られていないことだったが、エベレストのような超高所では、そういう手術を受けた角膜は平らに伸びて肥厚し、焦点距離が縮まり、物がゆがんで見え、結局見えないも同然になってしまうのである。一九九六年五月一〇日未明、高所キャンプの上方四五〇〇メートル地点で私に降りかかったのは、そういう事態だった。

最初はそれほど心配しなかった。過去の登山でも、あるいはもっとも最近では、このベースキャンプ、さらにはアイスフォールを通過しているときでも、焦点が合わなくて、物がゆがんで見えるという症状は起きていた。それに私は、夜間と、サングラスが必要なほど太陽がまぶしくなる前の早朝の時間帯に視力が落ちる夜盲症だった。

だが、視野がゆがんでも単に歩きにくい程度だったので、誰にもこのことは言わなかった。そしてあの日、八二五〇メートル地点の暗闇でまたこの症状が出たときも、私はあわてなかった。確かに物はゆがんで見えたが、あと数時間もすれば太陽が出て、この問題は解決できるとわかっていたからだ。

このような超高所で見る太陽は、巨大な光の球といった感じで、強烈な太陽光線は口や鼻の内側まで焼いてしまう。もしも保護眼鏡を外したら、わずか一〇分足らずで、網膜は火傷《やけど》を負い、完全に失明してしまうだろう。

だから太陽がすっかり顔を出したら、保護眼鏡のまっ黒なレンズをかけていても、肥厚した瞳孔《どうこう》は収縮し、焦点は明確に結ばれ、再びはっきり見えるようになるだろうと私は思っていた。間違いない、必ずそうなるはずだと確信していた。

夜明け前にあたりがうっすら明るくなっても、しかし、視力は戻らず、私はそれ以上登れなくなった。そこで私は脇にどき、後続の人たちに先に行ってもらい、それまでに三十数人にまで膨れあがっていた行列の四番めから、いちばん後ろに回った。みんなが重い足取りで私を追い越すのを見ても、格別いやな気分はしなかった。私は列の外に立ち、ディスカウントストア「ウォルマート」の顧客係よろしく、にこにこしながらみんなに声をかけ、太陽があたりを照らし出すのを待った。

思ったとおり、太陽が昇ると視界はまた鮮明になった。アイゼンのフロントスパイクを突き立て、頂稜を目指して私は猛然と斜面を登り始めた。そのとき、またトラブルが起こった——ガチガチに凍った手袋で顔を拭《ぬぐ》ったとき、手袋についていた鋭い氷片が私の右目の角膜をこすったのだ。右目は完全にぼやけ、まったく距離感がつかめない。えらいことになった。左目はややぼやけているものの、なんとか物は見られる。だが視力が改善されない限り、それ以上登るのは無理だと思った。そのとき私たちは、〝バルコニー〟と呼ばれる、リビングルームほどの広さの隆起部まで来ていた。頂上直下四五〇メートルの地点だった。

視力が戻るかもしれないとなお信じつつ、私はロブに事情を打ち明けた。「きみたちは先に頂上に向かってくれ。私は目が見えるようになったら追いかける」

それが午前七時三〇分だった。

「ベック」ロブはまぎれもないニュージーランド訛《なまり》で答えた。「それはどうかと思うな。三〇分あげよう。三〇分で視力が回復したら、先に進んでいい。だけど、もし見えないままだったら、登ってほしくない」

「そうだな……」踏ん切りがつかなかったが、私はとうとう答えた。「……ああ、そうしよう」つらく、悲しい選択だった。頂上をあきらめるには、あまりにも近いところにいる。だがロブ・ホールの言うことがもっともだと理解できるほど、私はまだ理性的だった。ただしその後、取り返しのつかない愚かな行動をすることになるのだが。

私は、「三〇分はずいぶん短いけど、その間に視力が回復しなかったら登るのはあきらめて、目が見えるようになりしだい、すぐ高所キャンプに戻ることにするよ」とロブに提案した。

彼はこれにも頭を振った。

「やっぱりそれにも賛成できない。ぼくが頂上から下りてきたときに、ここできみを見つけられなかったら、きみが無事にキャンプに戻ったのか、二四〇〇メートル下に落ちたのかわからないじゃないか。だから約束してほしい。とても大事なことなんだ。ぼくが戻ってくるまで、絶対にここから動かないでもらいたい」

私は答えた。「わかったよ、ロブ。何があっても、誓って、ここから離れない」

彼が戻ってこないかもしれないなどと、どうしてあのとき想像できただろう。

その午前中、私はバルコニーでずっと待っていた。素晴らしい天気だった。空には雲ひとつなく、無風。荘厳な峰々が、見える方の目の視界いっぱいに連なり、足元では地平線がゆるやかにカーブを描いていた。

　正午までに、スチュアート・ハッチスン、ルー・カシスキ、ジョン・タスキがバルコニーまで下りてきた。フランク・フィシュベックはもっと前に下山していた。三人は、山頂のすぐ手前の稜線上にある最後の難所、〝ヒラリー・ステップ〟と呼ばれる場所で渋滞が起きていると言った。あそこで何十人も数珠《じゅず》つなぎで順番を待っている限り、下山時刻の二時までには登頂できないと気づいたという。

　そこでこの三人は登頂をあきらめて下山の決心を固め、バルコニーまで下りてきたのだ。一人きりで冷え切っていた私を見て、彼らは「さあ、一緒にキャンプに戻ろう」と誘った。「いやあ、それがそういうわけにはいかなくてね」と私は答えた。「絶対にここから動かないとロブと約束したんだ。ガイド以外は無線を持っていないから、下りると知らせる方法もないし。第一、そんなことをしたら、大切な約束を簡単に踏みにじる奴だと思われる。もう少しここで待ってみるよ」

　三人は手を振って、下りていった。まさに三賢人だ。つくづく、彼らと一緒に下山していればよかったと思う。だがあのときの私は、自分の命が刻一刻と危うくなっていることに気づいていなかった。なにしろ申し分のない天候だったのだ。そしてまた、私はあきらめ切れずにいた。自分は登頂できないのだと頭でわかっていても、敗北を自ら認めるような気がして、三人について下ることができなかったのだ。

　ところで、ルー・カシスキは無事にキャンプに戻ったが、そこで恐ろしい思いをすることになった。頂上アタックのとき、長いあいだ保護眼鏡を外していたせいで、キャンプに着いてから雪盲《せつもう》になったのだ。ここで、ルーと私、ダグ・ハンセン、アンディ・ハリスが、高所キャンプで同じテントだったことを思い出してほしい。猛吹雪に襲われたその夜、雪盲で視力を失ったルーは寝袋に横たわり、いまにもテントを吹き飛ばそうとする烈風に一人で耐えていた。ほかの三人はどうして帰ってこないのだろうと案じながら。

4

三時までに、ロブは下りてくるだろうと思った。しかし三時が過ぎ、四時を回り、五時になっても彼は下山してこなかった。さすがに心配になってきた。太陽はまだ私の味方だったものの、西に傾くにつれ、影が長く伸び始めた。それと共に、しっかり焦点を結んでいた私の瞳孔は再び開き出し、間もなく視界は閉ざされた。

山が眠りにつこうとしているのが感じられた。太陽の光は勢いを失い、気温も少し下がり、風が出てきた。雪が舞い始めたとき、私は長居しすぎたことに気づいた。抜け出せなくなっていたのだ。

私は錯乱し始めた。ずっと酸素を吸っていたから、低酸素症にはなっていなかったものの、ろくに体を動かすことなく、一〇時間もひとところで立つか屈むかだけしていたのだ。寒気が精神に麻酔のような作用を及ぼし始めていた。幻覚を見た。目の前に一群の人々が現れ、通り過ぎ、消えた。

今でこそわかるが、あのときの私は死にかけていたのだ。寒いのを通り越して、体が凍りつき、すべての感覚が麻痺《まひ》し、死が迫っていることに気づかなかった。ダウンスーツの胸に入れておいた水筒の水まで、ガチガチに凍っていた。もしあのままだったら、まったく無抵抗のまま、私はゆっくりと凍死していただろう。

下山してきたジョン・クラカワーの姿を目にして、私はっと我に返った。明らかに憔悴《しょうすい》していた彼と短く話した。クラカワーによれば、ロブはまだ頂稜上におり、少なくともあと三時間しないとこまで下りてこられないだろうという。あの約束は反古《ほご》になったのだ。さらに三時間も待てるわけがない。そのうえ私は、サポートなしで下りることはできなくなっていた。

ガイドの一人、マイク・グルームがあと二〇分ほどでここに到着する予定だったにもかかわらず、クラカワーは親切にも、自分がサポートするから一緒に下りようと申し出てくれた。しかし私は彼に迷惑をかけたくなかったので、丁寧に断わり、グルームを待つと答えた。クラカワーとしても、おおいにほっとしたことだろう。

それから約三〇分後、マイク・グルームが康子を伴って下りてきた。彼女は疲労のあまり一人では立っていられず、さながら歩く屍となっていた。そこに、フィッシャー隊の顧客、サンディ・ピットマン、シャーロット・フォックス、ティム・マッドセンらと共に、彼らのガイド、ニール・バイドルマンも下りてきた。全員登頂したせいで、疲労は極限に達しているようだった。

それでもいちばん手がかかったのは、康子と私だった。ニールが彼女を引き受け、二人はトライアングルと呼ばれる斜面を下り始めた。そしてマイクは、音から察するに、ほとんど目の見えなくなっていた私の体に短くロープを渡したらしい。ロープの端が先を行く私の腰に巻かれ、反対の端を握ったマイクが、六メートル後ろから全身でふんばりながら私を確保する。こうして二人で斜面を下りだした。

そろそろ午後六時だった。

山では、登路より下りの方がずっと危険だ。死亡事故は、往々にして下山中に発生する。私の場合、疲労と目の見えない状態に加え、アイゼンが問題になってきた。私のアイゼンは登山靴に内蔵された、いわゆる飛び出し式で、斜面の登攀《とうはん》には威力を発揮したものの、ベタついた雪質だと雪がはさまりやすいという欠点があった。そのときもスパイクのあいだに雪が入りこみ、入り込んだ雪がさらに雪を呼び、登山靴はたちまちスキー靴のような厚い靴底になってしまった。

それでも進まなければならない。地面に間違いないと思った場所に足をさし出し、体重をかけ、踏みしめる。だが、はずれた。足は虚しく空《くう》を蹴り、私は顔を斜面に打ちつけ、転倒する。短くつないだロープがぴんと張り、後ろのマイクが足をすくわれる。二人の体が斜面を落下し始める。私たちはピッケルを振りかざし、氷雪面に打ち込み、体を回転させながらそれに全体重を乗せ、やっとのことで落下を食い止める。

こんなことを数回繰り返しながら、なんとか斜面を下り切った。マイクはあとでこのときのことを「結構ハラハラした」と言っていたが、彼もそのときはまだ、目前に迫っているものに気づいていなかった。

ダウンスーツのあちこちに穴があき、プライドもぼろぼろだったが、私はたいした怪我もなく、何より心からほっとしていた。私たちはサウス・コルまで下りたのだ。いちばん危険な箇所は脱した。これからこの平坦な雪原を一時間ほど進めば、キャンプに戻れる。寝袋に滑り込み、暖かいお茶で一息つき、この長く過酷な一日を終わらせ、やっと眠ることができる。

しかし、サウス・コルに足を踏み入れたそのとき、突然、ゴロゴロという不気味な音が山から湧き起こった。次の瞬間、私たちはブリザードに包囲されていた。雷はあっという間に耳を聾《ろう》する大音響に発達し、ぶ厚い壁のような白い雲が押し寄せ、何もかもがそのまっ白な濃霧に呑みこまれた。ただ互いのヘッドランプの明りだけが、逆巻く波間に漂うように頼りなくぼんやりと見えていた。ニール・バイドルマンはこのときのことを後《のち》に、まるで牛乳瓶の中で溺《おぼ》れたみたいだったと語っている。

それから、信じがたいような寒気が襲ってきた。

私はマイクの袖を握りしめた。彼は私の目だ、どんなことがあろうとはぐれてはならない。そこにいた者たちは、仲間から離れまいと自然に身を寄せ合った。そして、サウス・コルの切れ落ちている箇所に気をつけながら、キャンプの明りを求めてさまよい始めた。こっちの方向だと思って行くと、違った。いや、きっとこっちだと進んでみるが、やはり違う。わずか数分で、私たちは完全に方向を失った。氷雪を伴った烈風が、すさまじい音をたてて荒れ狂うサウス・コルで、すっかり迷ってしまったのだ。

私たちはひとかたまりになって歩き続けた。突然、ニール・バイドルマンが立ちすくんだ。すぐそばに死の危険が潜んでいることを、長年の経験と直感が彼に告げたのだ。

「違う、ここじゃない！」彼はブリザードに負けじと声を張り上げた。「止まれ、止まるんだ！」賢明な判断だった。そのとき私たちは、二一〇〇メートル下まですっぱり切れ落ちているカンシュン・フェースの断崖から、わずか七・五メートルのところにいたのである。立ち止まった場所からでも、氷雪面が鋭く断ち切られているのがわかった。あのまま行けば、私たちはあと数歩で全員転落していたに違いない。

足が止まったのと同時に、私たちの〝内燃機関〟の動きも止まった。あのような状況下では、体温を保つためにたえず体を動かしていなければならない。静止したら凍え死ぬのだ。私は、まさにその状態に近づきつつあった。

私の右手にはもはや感覚がなく、動かすこともできなかった。しかし、これは酷寒の高山ではよくあることで、普通なら簡単に解決できる問題だった。三枚重ねにしている手袋のうち、外側の二枚を脱ぎ、凍えた手を、ダウンスーツの中の胸にじかに押し当て、温める。そして十分に温まったら、元通り手袋をつける。そうすればまた使い物になるはずだ。

それまでにも私は、極寒の場所をいくつか経験していた。だが、さすがにエベレストの寒気は衝撃的だった。右手のアウターの手袋を二枚脱ぐと、まだ遠征用のぶ厚い手袋をしていたにもかかわらず、手と手首の皮膚が一瞬で凍結したのだ。激痛が全身を走った。そのショックで、思わずアウターの手袋をつかんでいた左手がゆるんだ。強風がそれをぱっと引っつかみ、手袋は闇の彼方に消えた。

背中のリュックには予備の手袋が入っていた。しかしそれは、ダラスの自宅のベッドの下に置いてあるのも同じだった。こんな烈風の中では、背中からリュックを降ろして下に置き、中から物を引っぱり出すなど到底不可能だった。風は私を体ごと持ち上げ、吹き飛ばそうと、すさまじい勢いで吹きつのっている。実際、一度吹き倒された。

むき出しになった右手と右前腕部がこれからたどる運命、また片手の病理学者としての将来――そんなことを考える物理的な時間も、心の余裕もあのときはなかった。凍えたナポレオンのように私はまた右手を、ダウンスーツの胸にさし入れた。

いまや問題は死ぬか生きるかに絞られてきた。そして生き残る可能性は、刻一刻と少なくなっている。

そんなとき、押し寄せていた厚い雲が切れ、つかのま、空の片隅に北斗七星がのぞいた。マウンテン・マッドネス隊の顧客クレヴ・シェーニングが叫んだ。「あの星には見覚えがある。これでキャンプの位置がわかるぞ！」

一縷《いちる》の望み。

急遽《きゅうきょ》、私たちは作戦を練った。バイドルマンとシェーニングを含め、まだ体力のある者がキャンプまで大急ぎで戻ることにしたのだ。シェーニングが正しくキャンプのある方向に進み、ブルーのテントを発見できれば、ほどなく後に残る私たちも救出されるだろう。

もし彼らがキャンプにたどり着けなければ、私たちも死ぬ。

私はマイク・グルームと話し合った。まだ自力歩行はできたものの、目が見えないから、私はマイクの腕にすがらなければならない。それでは彼の歩くペースが落ちる。どちらにせよ、誰かがキャンプに戻り、そこから救援を出してもらわなければ凍死するだけなのだから、私は残ることに同意した。シャーロット、サンディ、康子は問題にならなかった。三人ともサポートなしでは歩けない。私とこの三人が残ることになった。みんなが歩き出したとき、ティム・マッドセンが耐え切れずに立ち止まった。

「シャーロットを置き去りにはできない」彼は言った。「きみたちは行ってくれ。ぼくは彼女のそばにいる」

それは確かに覚悟のいる決断だった。みな口にこそ出さなかったが、居残り組の三人の女性と私――そしていまやティムが加わった――の五人が生き残る可能性は、万に一つもないことは明らかだったからだ。それはまさに、愛の力だった。

ニール・バイドルマン、グルーム、シェーニングらが、烈風の中をよろめきながら歩き出した。康子は声もたてず、必死にニールの腕にすがりついていたが、すぐにその手はニールの腕から滑り落ち、そのうち彼らの姿は見えなくなった。残された私たちは氷面に座り込み、じゃれあう犬のように、背中をこすり合わせたり、腹と腹をぶつけ合ったりして、それ以上体温が失われないように必死に動き続けた。

　こんな場合、絶対に眠ってはならない。寒さに身をゆだねたらあとは死ぬだけだということは、クライマーなら誰でも知っている。例外はない。体の中心部の温度が急激に下がり、心臓が停止するのだ。だから私たちは互いに大声をかけ、相手を引っぱたき、蹴り、眠らないためにはどんなことでもした。

　シャーロットが泣きだした。「もうどうだっていい！　早く死にたい！」

「違うだろ！」ティムが大声で励ました。「そうじゃない、シャーロット。足を動かせ！　手もだ！　がんばれ、がんばるんだよ！」

シャーロット・フォックス

　私は凍死しかかっていました。辛《つら》くて辛くて、早くケリがついてほしいと願うだけでした。

^^

　やがてサンディ・ピットマンが錯乱し始めた。

^^

「死にたくない！」彼女はわめいた。「死にたくない！　私の顔、凍ってる！　手も凍ってる！　いやだ、死にたくない！」

^^

　私は黙っていた。ひとつにはサンディが、私の言いたいことを十分に代弁していたからだ。私も彼女とまったく同じことを思っていた。

ところで、サンディが後で話してくれたところによると、こうして凍死の恐怖と闘っているあいだ、彼女は庭園でのどかにお茶を飲む夢を見ていたそうだ。そしてなぜかその夢の中で、私はフルートを吹いていたという。夢に登場させてもらえただけでも光栄だが、思い返してみると、私はそれまでに一回だけフルートを習おうと思ったことがある。まあ、実現は来世《らいせ》になりそうだが。

サンディが叫びだしてから翌日までの私の記憶はあいまいで、ほとんど何も覚えていない。全身が凍りついていくのがわかったが、不快ではなかった。かえって暖かくなったようだった。それから浮遊感を味わった。誰かに氷原を引きずられていくような感じがした。だがそのような感覚の実体については、はっきり認識できなかった。

シャーロット・フォックス
すごい風でした。私は顔のまわりにしっかりフードを引き寄せていたので、周囲のことはよく見ていません。でも、ティムが、岩の上に立ち上がったベックの姿を目撃しています。ベックは両腕を前に出し、「よーし、全部わかったぞ」と言ったそうです。そして岩からころげ落ちました。ティムがベックの姿を見たのはそのときが最後でした。

5

その夜、ニール・バイドルマン、マイク・グルーム、クレヴ・シェーニングらは、なんとか高所キャンプまでたどり着いた。だが、精根尽き果てた彼らには、余力のかけらも残っておらず、誰も私たちを救いに戻ってこなかった。したくてもできなかったのだ。キャンプにいたシェルパたちは頑《かたく》なに動こうとせず、救出に立ち上がる者は誰もいなかった。フィッシャー隊のロシア人ガイド、アナトリ・ブクレーエフを除いては。

その日、彼はガイドとしての任務を放棄していた。頂稜上の登降に難儀し、あるいはヒラリー・ステップの渋滞で身動きできなくなっていた顧客たちを尻目に、ブクレーエフは単独、無酸素で山頂に向かったのだ。早いペースで登り切り、頂上にタッチするとさっさと下山した。酸素を使用していないため、長時間寒気の中にいられず、すぐさまキャンプに引き返さなければならなかったのである。

こうしてアナトリ・ブクレーエフは、自分のテントで数時間体を休めていた。もしあの晩、それっきり彼がテントから出てこなかったら、間違いなく彼は登山界から追放されていただろう。山仲間はそうそう寛大ではない。

だがブクレーエフは、ほかの誰もできなかった、あるいはしようとしなかったことをした。合計三回ブリザードをついて、スコット・フィッシャーと私たちを捜しに、山中に向かったのだ（スコットは後に、サウス・コルの上方三六〇メートル地点で凍死体となって発見されている)。ブクレーエフは烈風と酷寒の前に、二度までもキャンプに退却せざるをえなかったが、三回め、南東斜面の近くで身を寄せ合っていた私たちを発見した。そしてフィッシャー隊の顧客三人、サンディとシャーロットとティムが救出され、ロブ・ホール隊の康子と私は取り残された。

シャーロット・フォックス

気がつくと、アナトリ・ブクレーエフが目の前にいました。まず私が彼につかまれ、立ち上がった私は、彼の手にすがって歩きだしました。次に彼はサンディとティムを救出しました。ベックと康子をどうするか、話した覚えはありません。

⩘　⩘　⩘

ブクレーエフは後に、サウス・コルでのいきさつについて、少なくとも三つの異なった話をしているが、どれが真実だったのかは問題ではない。間違いなく死ぬしかなかった三人は、彼のおかげで命を救われたのだ。こうしてブクレーエフは英雄になった。

しかしその彼も、その一年半後、一九九七年のクリスマスの日、アンナプルナで雪崩《なだれ》に巻き込まれて死亡した。

ところで、私の遠征隊のほかの仲間はどうなっただろう。ロブ・ホール、ダグ・ハンセン、アンディ・ハリスの三人だ。

ダグ・ハンセンは、前にも書いた通り、調子の悪いまま登り続けていた。前年、頂上の目前まで迫っていたときは足取りも軽かったのに、今回の彼は力不足で、時々引っぱり上げてもらわねばならなかった。

山では、登るのは体ではない。心が体を連れていくのだ。頂上に達する何時間も前から、体はへたばっている。それでも人は、意志と情熱と集中力で登り続ける。だがそうした緊張が途切れると、とたんに体は言うことをきかなくなり、その場に崩れ落ちてしまう。

ダグは午後二時を回ってもまだ登っていた。三時になっても、四時になっても、危険を顧みず登高し続けていた。なぜロブがそんなことを許したのかわからない。だが、ついに、ダグは頂上を極め、一九九五年の雪辱《せつじょく》を果たした。このために彼はエベレストに戻ってきたのであり、それこそが彼のすべてだった。

そのあとで、ダグに付き添っていたロブ・ホールもろともブリザードに巻き込まれたのだ。ロブ自身、もはやダグをサポートしたり救出できる状況ではなかった。ダグは自力で下山しなければならなかった。

ロブは無線でベースキャンプを呼び出した。ベースキャンプは彼に話しかけた。「ロブ、辛いことだが、ダグはあきらめろ。こんな状態で彼を助けるのは無理だ。きみ一人で下山しろ」

だが、ロブがそんなことのできる人間でないことは誰でも知っていた。ダグ一人を残し、自分だけ下山するなんてできるわけがない。仮にそんなことをしたら、彼は二度と自分の顔をまともに見られなくなる。

こうして、もうすぐ父親になる予定の男は、にっちもさっちもいかない状況に追いつめられた。彼は無線に答え、「こちらは絶望的だ」と救援を求めた。このやり取りを、高所キャンプまであと三分の一まで引き返していた一番若いガイド、アンディ・ハリスが傍受した。

アンディはロブジェでもらった菌で下痢になり、もともと体調が悪かった。さらに登頂の疲労が重なって、すっかり消耗していたが、このやり取りを耳にすると回れ右をし、重い足を引きずり山頂に戻り始めた。途中で貯蔵場所に寄り、数本の酸素ボンベを担い、頂上近くで動けなくなっていたロブとダグに届けた。その後のことははっきりわかっていない。しかしながら、アンディとロブは、ナイフのように鋭い頂稜からダグを下ろそうと数時間奮闘した。

二人はなんとか〝南峰〟まで下りたものの、もうダグは一緒ではなかった。彼は途中で足を滑らせたらしい。アンディはその夜のある時点までロブと南峰に留まっていたが、体力と気力を使い果たしたのだろう、突然ブリザードの闇の中に飛び出していき、二度と戻らなかった。

後にアンディのピッケルがロブの遺体のそばで発見されたことから、彼が極限状態に達していたのがわかる。山に登る者は、よくよくのことがない限り、けっしてピッケルを離さないものなのだ。

ロブはその夜をなんとか生き抜いた。だが翌日の午後、再び山にとばりが降りるころ、もはや彼の救出は不可能だと知ったベースキャンプは、ニュージーランドにいる彼の妻ジャンに電話をかけ、無線のロブとつないだ。あの日エベレストにいた人たちは、みな無線機の前でおし黙り、夫婦の最期《さいご》の交信を聞いた。瀕死のロブは気力をかき集め、妊娠中の妻と相談し、生まれてくる赤ん坊の名前はサラにしようと決めた。

ジャンはロブに言った。「あなたは一人ぼっちじゃない。いま、私のエネルギーを全部、あなたに送っているところよ」

ロブは妻に話しかけた。「愛しているよ。しっかりお眠り。ぼくのことはあまり心配しないでおくれ」

二人とも来たるべきものがよくわかっていた。交信を終えると、ロブはもはや気丈でいられなくなった。無線から、死にゆく彼のすすり泣きが聞こえてきた。無線機のスイッチがまだ入っていることにさえ、彼は気づいていなかったのである。

6

一一日の朝、嵐はいくぶんおさまり、風は秒速一五メートルまで落ちた。チームメイトの心臓外科医スチュアート・ハッチスンが、三人のシェルパを伴い、康子と私を捜しにやってきた。サウス・コルで彼らは、雪と氷にすっかり覆われた私たち二人が、並んで倒れているのを発見した。

ハッチスンはまず康子に手を伸ばし、ダウンスーツを引っぱって、雪の中から彼女を持ち上げた。彼女の顔には八センチほどのぶ厚い氷が張りついていた。それを剥《は》がすと、磁器のように白い顔が現れた。両目は見開かれていたが、それでもまだ息があった。

続いて彼は私を雪の中から引っぱり上げ、目と口髭のまわりについた氷を払いのけ、私の顔を見た。康子同様、私も辛うじて虫の息を保っているばかりだった。後にハッチスンは、ほとんど死んでいるのに、まだ呼吸している人間を見たのはあれが初めてだと言っている。心臓の専門家がそう言うのだから、この言葉は素直に受け取っておこう。

なんにせよ、あんな状況下では、できることは何もなかった。迷信深いシェルパたちは、死体や瀕死の人間に近づくのを嫌がり、私たちのそばに寄ろうとしなかった。しかしハッチスンに迷いはなかった。取るべき道はただ一つ——このままにしておこう。超高所で低体温の昏睡状態に陥ったら、二度と目覚めることはない、それが登山者の常識だ。康子も私もそのうち息絶える。そんな私たちを救出しても、ほかの人たちの命をいたずらに危険にさらすだけだ。

置き去りにされたことについて、私自身は恨んでいない。だが、康子をキャンプまで連れ戻すのはどれほどたいへんだったというのだろうか？　彼女はあんなに小柄だったのだ。せめてテントの中で死なせてあげたかった。冷たい氷の上に一人ぼっちにせず、仲間たちに見守られながら、息を引き取らせてやりたかった。

キャンプに戻ったハッチスンとシェルパは、私たちは二人とも死んでいると報告した。隊員たちはベースキャンプを呼び出し、ベースキャンプはクライストチャーチにあるロブのオフィスを通して、このニュースをダラスに送った。晴れた暖かい土曜日の朝、わが家の電話が鳴った。受話器を取ったピーチは、ロブ・ホールの会社アドベンチャー・コンサルタンツのマネージャー、マデリーン・デビッドからこう告げられた——ご主人は頂稜から下山中、亡くなりました、と。

「生きている可能性は？」ピーチは訊いた。

「ありません」それが答えだった。「残念です。ご主人だと確認されたのです」

同じ日、エベレスト時間の午後四時ごろ、ブリザードが吹き荒れてから二二時間たった山中では、奇跡が起きていた——私は、閉ざされたまぶたを再び開いたのだ。そしてこのあと、誰に言っても信じてもらえそうもないことが次々と起こるのである。私は雪の上に立ち上がり、自力でキャンプに戻り、その翌日再び自分の足で歩き、ローツェ・フェースの急斜面を下り、エベレスト登山史上最高所まで飛んできたヘリコプターに救出されることになる。こう書くとなんとなく華々しい感じがするが、奇跡は静かに起きた。

私はそっと目を開け、生き延びるチャンスを与えられたことを知った。

最初、意識の混乱していた私は、自分がテキサスの自宅でぬくぬくとベッドにおさまり、窓からはさんさんと太陽が差し込んでいると思っていた。だが頭がしっかりしてくるにつれ、顔のすぐ前に手袋をしていないむき出しの右手があるのに気づいた。土色で、まったく生気が感じられなかった。

私はその手を氷の地面に打ちつけた。それは木片のような鈍い音をたてて、はね返った。これで一気に目が覚めた。おまえはベッドで寝ているのではない、エベレストにいるのだ、それもルートを踏み外したままで。視界は遠くまではきかなかったが、自分一人だということはわかった。

ゆっくりと前夜の記憶が蘇《よみがえ》ってきた。すっかり思い出すと、ほかのみんなは救出されたが、なんらかの理由で自分だけは見落とされて、取り残されたのだろうと考えた。それとも、それは私の思い過ごしだろうか？

救援隊は来ないと本能的に思った。来るものなら、とっくに着いているはずだ。私は一人ぼっちだった。

いまだによくわからないのは、なぜ私が康子の隣にいなかったかということだ。彼女はあの朝、スチュアート・ハッチスンとシェルパが私たち二人を発見し、放置した場所で後に発見されている。だがあの日の午後、昏睡状態から目覚めた私は、そこからかなり離れたところに倒れていたのだ。だとすれば、その朝から午後にかけ、私は半覚醒状態で、五〇メートルほどキャンプ側に歩き、また倒れ込んだとしか考えられない。

続いてまた、驚くべきことが起こった――天啓のように突然、家族が目の前に現れたのだ。ピーチ、バブ、メグ――彼らに間違いなかった。それは記念写真や旅行で撮ったスナップ写真の類《たぐい》ではなかった。私が無意識のうちに呼び出した家族そのものだった。彼らはいまにも話しかけてきそうなほど鮮明だった。その瞬間、私はゆるぎない確信を持って悟った――いま立ち上がらなかったら、永遠にここに取り残されることになる。

私はずっと、山こそ自分の死地だと思ってきた。山で死を迎えるのは、どこか詩的で崇高だとさえ思っていた。死ぬ覚悟はできていた。だが、いまはまだその時機ではなかった。

私はやっとのことで両足で立ち上がると、背中からリュックを降ろし、ピッケルと一緒にそれを捨てた。一か八かの賭けだった。キャンプにたどり着けないなら、あとは死ぬだけ、こんな装備は要らなくなる。それに荷物があれば早く歩けない。このリュックとピッケルが、この世で最後の持ち物だったということになるかもしれない、そんな思いがちらっと脳裏をかすめた。

と同時にそのとき私は、メジャーリーグ級の尿意を催した。まあいいか、とダウンスーツの中に放尿した。一時的にしろ、それで体は温まった。

手始めに、周辺を四角く歩いてみた。見覚えのある地形や、自分の位置を知る手がかりのようなものを探したが、すぐにそれではらちがあかないことがわかった。

ふと私は、前の晩、誰かが嵐の中で怒鳴《どな》っていたことを思い出した。「キャンプへはどっちから風が吹くんだ?」誰かがこう答えていた。「風は南東斜面を吹き上げ、キャンプを通って、サウス・コルを吹き抜けていく」ということは、もし風向きが変わっていないなら高所キャンプは風上にあるはずだ。

私はそちらに向かって歩き出した。その方向でも、残りの三五九度のどの方向でも、たいした違いはないと腹をくくりながら。倒れれば、決然と立ち上がった。また倒れると、また立ち上がった。倒れたまま二度と立てなくなるか、うまくキャンプにたどり着けるか、あるいは断崖から足を滑らせるか、いずれにしろ私はずっと歩き続けるつもりだった。

両手は完全に凍りつき、顔は凍傷で破壊され、深刻な低体温状態が続いていた。三日前から何も食べていないし、この二日は水も飲んでいない。自分がどこにいるかもわからず、目もほとんど見えていない。

些細なことでくよくよするな、私は自分に言い聞かせた。いまはただ、しなければならないことに気持ちを集中し、やり遂げるのみだ。

私はしだいに、体力を消耗しない、単純な動きを繰り返しながら進むようになった。どうすればいいのかは体の方がわかっていた。やがて地面がでこぼこになってきた。一五センチから二〇センチくらいの窪みが点在する岩棚に変わっていたが、午後ののっぺりした光では、私の目にははっきり見えなかった。

うっかり窪みに足を取られるたびに、私は転んだ。初めは、転倒の衝撃を和らげようと、無意識のうちに両手をついていたが、凍傷を負った手にさらにダメージを与え、悪化させたくないと思ったので、両手を体に引き寄せ、背中や横腹で倒れるようにした。こうして、私は氷結した地面に何度となくしたたかに打ちつけられた。転ぶたびに、頭の中で小さな火花が飛び散った。それでも立ち上がり、歩き出した。

そのころには、体のあちこちが麻痺し始め、痛さも感じなくなった。前日の午後のバルコニーでの状態とまったく同じだった。太陽はどんどん傾き始めている。日が沈んだら、この命もそれまでだ。私の視界は再び閉ざされ、気温は急激に低下するだろう。もうすぐ、転んだまま起き上がれないときがくる。這いつくばって、沈みゆく太陽を眺めるしかない時がやってくる。

だが、じきに死ぬとわかっていても、驚いたことに、私は少しも怖くなかった。いよいよその時が近づいてくれば、特別に勇敢な人間でない私はきっと取り乱すだろうと思っていたが、感じていたのはそんなものではなかった。

心に湧き上がってきたのは、深い、圧倒的なもの悲しさだった。家庭に別れの言葉も言えない。妻に愛していると二度と囁《ささや》くこともできない。子どもたちを再び抱きしめることさえできない。そんなことは絶対に嫌だと思った。

「進むんだ」私は声に出して、何度も何度も自分を励ました。

再び幻覚が現れた。あまりにも生々しくて、気が狂いそうだった。視界がぐるぐる回り始めた。そのとき、前方で岩のようなものが二つ、青くぽうっと光っているのが目に飛び込んできた。一瞬思った、テントだ！　だが次の瞬間には、早まるな、と自分に言い聞かせていた。喜び勇んで駆け寄ってみても、それはただの岩かもしれない。そしたらきっとがっかりして、二度と歩けなくなる。焦るな！　このまま落ち着いてあそこまで行き、あれがなんなのか確かめよう。急いだところでなんの違いもない。

きっとキャンプだ、いやそんなはずはない——二つの思いに引き裂かれながら、私は青いぼんやりした光に向かって慎重に歩きだした。そこまで三〇メートルと近づいたところで、ふいに人影が現れた！　トッド・バールソンだった。まだ高所キャンプには登ってきていないはずの遠征隊の隊長だった。彼は夕闇のなか、奇怪なものがよろけながら近づいてくるのに気づき、テントから出てきたのだ。

バールソンは後にテレビインタビューに答えて、最初に私を見たときのことをこう語っている。

「自分の目が信じられませんでした。なにしろ、その人には目鼻立ちらしきものがなかったのです。顔面は黒焦げのパイ皮のように、びっくりするほどまっ黒でした。ダウンスーツのファスナーが腰まで開きっぱなしになっていて、そこに雪が詰まっていました。手袋をしていない右手は凍りつき、頭に貼りついていました。それを頭から剥がすのが一苦労でした。手は大理石のようでした。白く固くなっていて、一滴の血も通っていなかったのです」

7

トッド・バールソンがあれほど驚いたのは、もちろん、私の容貌がすさまじかったからだが、もう一つには、私を含め、キャンプ上方の山中にいた者は全員死亡したと聞かされていたせいでもあった。

バールソンはすぐさま落ち着きを取り戻し、私の腕を取ると、第一テント、つまり亡くなったスコット・フィッシャーのテントに私を連れていき、寝袋を二重にして私を寝かせ、両腕の下に熱い湯たんぽを入れて、脚にステロイド剤を射った。

「いったい誰が歩いてキャンプに戻ってきたと思う?」高所キャンプの隊員たちが、無線で知らせた。ベースキャンプの返答は、「そりゃあ、すごい。だが事態に変わりはない。彼はじきに死ぬ。下山させる必要はない」だった。

幸いにも、誰もこのことは私に話さなかった。

定説では、いったん低体温症に陥ると、私のように奇跡的に生き返ったとしても、遅かれ早かれ死は免れないことになっている。彼らはピーチに連絡を入れた——死んだと思われていたご主人は生きていた。だが危篤状態だと。いたずらに希望を持たせたくないとの配慮だった。こうして彼女は、思ってもみなかった知らせを受け取ったのである。

ところで私は、こうした悲観的な見方は承服できなかった。キャンプまで戻ってきたのだ、だから生きて下山するつもりだった。どういうわけか、とにかくも低体温障害は乗り切ったらしい。あとは無事下界の土を踏むまでだ。だが、ふとクーンブ・アイスフォールのことに思い至った。あそこを手を使わずに突破するのは絶対に不可能だ。そうするとこの山から脱出するには、なんらかの方法、かつて誰も試みたことのない特別の作戦が必要になる。

その晩、私はスコット・フィッシャーのテントに、たった一人で放っておかれた。すぐに死ぬと思われていたのだ。何度かテントの中にまで、〝死んだあいつ〟をどうするか、みんなで話し合っている声が聞こえてきた。おいおい、勝手に殺さないでくれよ、うつらうつらしながら、私は憤《いきどお》っていた。

悪いことは重なり、その夜、またブリザードが前夜に劣らぬ勢いで吹き荒れだした。烈風がテントと私を激しく揺さぶり、私はテントごと宙に持ち上げられそうになった。ふとスコットが、新しいテントを実験中だと話していたのを思い出した。軽量で、よくしなるニューモデルなんだよ。とすると、いま自分の寝かされているテントがそれだろうか？　もしそうだとしたら、これは地面にしっかり固定されているのだろうか？　私はハラハラし始めた。風は私をテント付きで、またサウス・コルに送り返してやろうと猛《たけ》り狂っている。

さらに、突風が吹きつけるたびにテントが垂れ下がってきて、私は胸と顔が圧迫され、息ができなくなった。突風の短い合間に、体の向きを変え、横になった。その姿勢だと、テントに押しつけられてもなんとか呼吸できた。

こうしているあいだにも、右手とその前腕部はますます役に立たなくなっていった。腕時計をした手首から先の部分がむくみ出し、変色し始めたのだ。私は必死で腕時計を食いちぎろうとしたが、このセイコーはまったくよくできた代物《しろもの》で、結局あきらめざるをえなかった。

外ではブリザードが吹き荒れ、テントの中はひどい状態だったにもかかわらず、その夜私は何度も意識を失ったようだ。風雪がテントの入口から吹き込み、テントの内部を雪だらけにしていたのに、私はそのときのことを覚えていない。それに、烈風が私の体を寝袋から吹き飛ばしたことも記憶にない。だが、夜明けに目覚めたとき、確かに体は寝袋の中になかった。

ピーチ

どうしてベックや康子を救出できなかったのか、また誰一人その気持ちになれなかったのか、私にも理解できるような気がします。それに、ベックはどのみち助からないだろうから高所キャンプに放置せよ、というベースキャンプの医学的判断も仕方ないと思います。だけど、どうしてあの晩あの人たちは、ベックをテントに一人ぼっちにしておいたのでしょう？

隊医の指示を理解できるほど頭がしっかりしている人たちなら、瀕死の人間を一晩中ほったらかしにしておくなんてできなかったはずです。せめて、夜中に何度か様子を見に行くぐらいしてもよかったのではないでしょうか？

何度考えてもわからないのは、思いやりというごく当たり前の気持ちはどこにいってしまったのかということです。ベックと同じテントで一晩過ごしても、誰も危険な目に遭わなかったはずです。むしろもうじき死ぬとわかっていれば、なおさらそばにいて、彼の最期の言葉を聞き、家族にそれを伝えてくれたら、残された者はどんなにありがたいと思ったことでしょう。

⋀⋀　⋀⋀　⋀⋀

日の出とともに、ほとんどの人たちがキャンプを撤収し、下山を開始した。みんな、それは静かに出発したので、私には何も聞こえなかった。あとには私のほか、ジョン・クラカワー、トッド・バールソン、そして彼と同じ遠征隊のガイド、ピート・アサンズだけが残っていた。

テントの外で物音がした。

「おーい！」私は怒鳴った。「誰かいないか？」やはり下山の用意をし、各テントを見回っていたクラカワーが、私のテントに頭をつっ込んだ。そして、顎《あご》が胸に届くほどあんぐり口を開けて、絶句した。とっくに死んだと思っていた男が生きている！

「ちょっと頼みごとがしたいだけなのに、いったいどれだけ叫ばなきゃならないんだい？」と憎まれ口を叩いてから、私はクラカワーに「ジョン、すまないが、ピート・アサンズにここに来てくれるよう言ってくれないか？　話があるんだ」と頼んだ。

以前の遠征から知り合いだったアサンズは、テントに呼ばれ、私がまだ生きているのを自分の目で確かめた。私はすっかり下山の装備を身につけていた。登山靴も履いたままだった（こういう場合、足がむくんで二度とはけなくなるかもしれないから、靴はけっして脱いではいけない）。だから、自分の足で立つのは比較的簡単だった。それからピートとトッド・バールソンの助けを借りて、登山靴にアイゼンをつけ、二リットルのお茶を流し込んだ。

こうして死んだはずの男は下山準備を整え、ローツェ・フェースに向かった。

保護眼鏡を装着しているあいだに、私はまたダウンスーツの中に小便をした。私の前にピート、後ろにハーネス（確保用ベルト）をしっかり握りしめたトッドが控え、私たちは〝イエローバンド〟と呼ばれる、もろい岩場に向かう斜面を四分の一ほど下りた。そこで、アイマックス（IMAX）撮影隊の二人、米国最強の高所登山家エド・ヴィースチャーズと、オーストリアの写真家で著名な登山家ロベルト・シャウアーに出会った。さらにこの二人の力を得て、私たちは残りのルートを下降し、七〇二〇メートルにある第三キャンプに到着した。

第三キャンプで、アイマックス隊の監督兼写真家、そして世界最高の登山家であるデビッド・ブレシャーズと合流した。私はテントに潜り込み、とにかく眠りたいと思っていたが、デビッドはだめだ、もっと下まで降りなければならないと言う。

私は答えた。「わかった、デビッド。きみが請け合ってくれるんだ、きっとまだ歩けるよ」

短い休憩にお茶を飲んで、私たちは出発した。今度はウェスタン・クウムの中ほどにある六三九〇メートルの第二キャンプまで、きわめて急峻《きゅうしゅん》な斜面を下らなければならない。私たち四人は本当にくっつき合って下りていたから、これが故郷のジョージアだったら結婚しなくちゃなるまいよ、と私は軽口を叩いた。

そのときの私は、目の前を歩くデビッド・ブレシャーズのリュックの背に片手を置き、彼が氷雪面につけた足跡に自分のアイゼンを滑り込ませていた。後ろでは、エド・ヴィースチャーズとロベルト・シャウアーが私のクライミング・ハーネスを握っていてくれる。こうして、私たちはゆっくりと急勾配を下っていった。

彼らは三人とも、世界の登山界でも屈指の、精強で熟練した登山家だ。救いようのない愚かなアマチュア登山者が、その登山歴の最後で、突如登山家のドリームチームに囲まれている——さすがにこみ上げてくるものがあった。これもまた人生の皮肉と言えようか。

このように、デビッドほかアイマックス隊のメンバーは、命懸けで私をローツェ・フェースから助け下ろしてくれたが、今回の非常事態で彼らがしたことはそれだけではなかった。遭難事故が発生したと知るや、アイマックス隊はサウス・コルの高所キャンプを呼び出し、足りないものは——酸素ボンベ、燃料、食糧、バッテリーなんであれ——必要なだけ、いくらでも自分たちのテントから持っていってくれと、物資の提供を申し出たのだ。自分たちの生命の危険も顧みずに、エベレスト山中で私とロープを結び合ってくれたばかりか、七〇〇〇万ドルの映画撮影がふいになるかもしれないのに、彼らはやっと運び上げた貴重な資材・装備を、惜しげもなくさし出してくれたのだ。

映画撮影が成功して、本当によかったと私は思っている。

ローツェ・フェースの急勾配を下降しながら、私はデビッドに、景気づけにみんなでちょっと歌でも歌わないかと提案してみた。彼は私が狂ったと思ったろう。だがすぐに全員で、アレサ・フランクリンの「チェーン・オブ・フールズ」を歌い始めた。〝鎖につながれた愚か者〟とはなんとぴったりな曲だろう。それから私は、みんなにもうひと踏んばりしてもらおうと、プロ並みのジョークまで披露した。

「今回の遠征は、ものすごく高くついた（英語では一本の手と一本の脚で支払うと言う）ことになるかもしれないが」私は臆面もなくデビッドに話しかけた。「いまのところ、そこまではいっていないだろう？　まだ私の足は大丈夫なんだから」

狭苦しい第二キャンプのテントは、野戦病院に早変わりした。ニューヨーク出身の手専門の外科医ケン・カムラーと、デンマーク人の内科医、ヘンリク・ジェセン・ハンセンが、歩いてやってきた重症患者を診てくれた。

そこにはすでに、台湾隊の隊長、ガウ・ミンホー（高銘和）――ニックネーム〝マカルー（世界第五位の高峰マカルーから）〟――も収容されていた。彼もまた下山中ブリザードに襲われたが、なんとかサウス・コルの上方三六〇メートルの、スコット・フィッシャーが避難している場所まで下った。そこにスコットを助けにきたシェルパが三人現れ、すでに昏睡状態に陥っていたスコットは取り残され、彼が救出されたのだ。

第二キャンプで、医師らは私の着ているものをすべて――セイコーの腕時計も含めて――脱がせ、数分で、私はすっ裸で床に寝かせられた。まわりにはもちろん女性たちもいたが、彼らが私のヌードショーのチケットを売り出したとしても、さすがにあのときばかりは気にしていられなかったろう。

私はようやく寝袋に入れられた。それから湯の入ったボウルに片手ずつ浸し、手の解凍が始まった。その後、手に硝酸銀が塗られた。これは火傷の治療にも使われるものだし、殺菌力が強い。それからキャッチャーミットのように両手を包帯でぐるぐる巻きにされ、鎮痛剤のアドヴィルと血管拡張剤、それにスープも少し与えられた。

右手には生理食塩水の点滴が開始された。第二キャンプはとても寒かったので、彼らは薬液のチューブをコイル状にし、湯にくぐらせて温めてくれたものの、点滴液が静脈に入ると、心臓に氷が突き立てられたように全身に激痛が走った。

このとき私は、ヘリコプターが救出に来るらしいとのうわさを耳にした。ピーチの見えざる手のなせる業《わざ》だという。夢物語のようだった。そんなことはかつてなかったし、これから先だってないだろう。エベレストでは、一番低いところにあるキャンプでさえ、派遣されてくるヘリコプター――ネパール王国陸軍のアメリカン・ユーロコプター・スクウィレル機――の飛行高度限界をはるかに超えている。これほどの高度だと、大気は非常に希薄で状態も不安定なので、なかなか揚力《ようりょく》が得られず、墜落する可能性が高いのだ。

しかし、ピーチにこういう事情を話す者はいなかった。そしてほとんど不可能だと知らなかったからこそ、彼女には手配できたのだ。北テキサスの元気のいい女性グループ――「フォーチュン」誌の企業番付に載るような大会社ですら、キッチンから牛耳ることができそうなパワフルな女性ぞろい――に助けられ、ピーチとその友達は米国中に電話をかけまくった。もしもあなたが彼女たちからの電話を受けなかったとしたら、そのときあなたは外出中だったのだろう。

彼女らは、テキサス州上院議員ケイ・ベイリー・ハッチスンと、民主党の上院議員で、少数派閥の院内総務トム・ダシールに協力を求めた。ダシールが国務省の重い腰を上げさせ、国務省はカトマンズの若き米国大使館駐在員デビッド・シェンステッドに連絡し、シェンステッドは同僚の美しいネパール人女性イニュ・KCに相談した。KCはカトリ・チェットリの略だ。チェットリとは、ネパールのカースト制度のなかで、最高位のバウン（司祭）に次ぐ武人階級であることを表わす。そしてKCを名乗る彼女は、名門の軍人階級に属していた。

KCの一員であるということは特別なことだ。一般人よりずっと厳しい行動規範に従って生きていかねばならない。何人ものパイロットに救助要請を断わられると、イニュはシェンステッドにこう言った。「自分こそ真に勇敢なパイロットだと自負している人がいます。けれど、その人はまだ本当に困難な任務についた経験がなく、自分が勇敢かどうか確信できずにいるのです。彼に頼んでみましょう」

そのころ、四二歳のマダン・KC中佐は、ロイヤル・ネパール・ゴルフ・クラブの一番ホールでセカンドショットを打っていた。ほかの人のように危険すぎるからと断わる代わりに、彼はこのむずかしい任務を即座に引き受けた。「わかった。そのベックという人の救出は、私に任せてもらおう」

エベレスト山中から負傷者をヘリで救出するという、危険きわまりない作戦が可能になるのは、唯一早朝の時間帯だけだ。問題のクーンブ・アイスフォールでは、太陽が昇ると周囲の空気が熱せられ、大気がさらに希薄に、不安定になるから、ますます飛行は困難になる。

翌朝、私たちは五時三〇分に起床し、第二キャンプから、高度差六〇〇メートルのウェスタン・クウムを下り、アイスフォールの突端にある第一キャンプまで移動した。キャンプに到着すると、無線にベースキャンプからの一報が入った。「ヘリは現在ここにいる。パイロットはこれからウェザーズ救出に向かうと言っている。待機しろ。乗れるのは一人――一人だけだ」

米国大使館が、ベック・ウェザーズという負傷した米国人は六〇〇〇メートル付近で待機している、と知らせてきました。そんな高度を飛行した経験がなかったので、われわれはためらいました。しかもそのあたりはきわめて危険で、風も激しい箇所だったのです。しかし、私はいったん救助を引き受けた以上、その人を救出するまでけっして引き下がらないことを信条としています。

私は大使館に「やってみよう」と答えました。

その朝六時にカトマンズから離陸する計画でしたが、「風が非常に強い、出動を控えるように」という連絡がカトマンズ空港に入っていました。そのあとでやっと風がややおさまり、出動できるようになりました。

われわれは離陸しました。とにかくやってみようとは思ったものの、さほど自信はありませんでした。これほどの高度を飛んだことは一度もなかったし、ウェスタン・クウムまで行くにはクーンブ・アイスフォール上空を飛行しなければなりません。そこでは揚力がほとんど得られないのです。慎重のうえにも慎重にならざるをえません。なにしろ、限界高度より上を飛ぶのですから。

⋀⋀　⋀⋀　⋀⋀

無線で連絡を受けたちょうどそのとき、シェルパの一団がクウムを下って、私たちの方へ走ってくるのが見えた。彼らは何かを引きずっていた。台湾隊のマカルーだった。彼は両足を凍傷でやられて、立つことができなかったのだ。

私たちは頭を抱えた。話し合いの末、私はみんなに、マカルーを残して自分だけヘリに乗ることはできないと言った。あの状況では当然のことだ。しかし私は、そうしたいと願って言ったわけではない。あのときあんなことをしなければと、後悔しながら残りの人生を送るのはごめんだと思ったから、そう言ったのだ。

　上空にスクウィレル機が見えた。緑色の機体を輝かせ、まっすぐ私たちの頭上にやってきてから、クウムの方に移動し、またこちらに向けて上昇したかと思うと、斜面の向こうに見えなくなった。

　私は、あのパイロットは馬鹿ではないのだと自分に言い聞かせた。愚にもつかない考えが湧き上がってくる。よく確かめもせずにヘリを着陸させたら、二度と離陸できなくなって自分自身も死ぬかもしれないということを、パイロットは理解しているのだろうか？　あのパイロットは民間人の服装をしていた。登山家ではないから、十分な装備もないだろう。これほどの高所を飛んだ経験もなく、どれだけの力量があるのかもわからない。高度差六〇〇メートルの、世界中でもっともたちの悪いクーンブ・アイスフォール上空で、身動きが取れなくなるかもしれないし、アイスフォールから抜ける前に、高度障害でやられるかもしれない。いったい彼にはそれがわかっているのだろうか？

マダン

　われわれは最初、第一キャンプまで飛びましたが、人影は見当たりませんでした。普通救出が行なわれる場合には、目印の旗などが立てられているはずなのですが。それで第二キャンプまで上昇し、折り返したところで、何人かの人たちが負傷者を引っぱっているのが見えました。いかにも重傷そうでした。

　ヘリコプターの重量を考えると、あの高度では救出は不可能でした。副操縦士が「無理だ、引き返しましょう」と言いました。

私は「いや、ちょっと待て」と答えました。

とにかく決断を迫られていました、やるのかやらないのか。ぐずぐずしていたら、失敗する可能性が高くなるばかりです。私は決心しました。「よし、私一人でやる」

そこでわれわれはベースキャンプに引き返し、副操縦士と装置、燃料などを降ろし、私一人で改めてヘリに乗り込みました。燃料はわずかに二〇分間分。第一キャンプ付近を通過する際に、地上三〇センチまで機体を降ろしてみました。新雪が巻き上がるかどうか確認したかったのです。もしそうなら着陸はできません。一回めのときに着陸していたら、ヘリは二度と離陸できず、私も死んでいたと思います。気温はマイナス九度でした。

ᨓ　ᨓ　ᨓ

再びヘリコプターが見えた。乗っているのは一人だ。パイロットは慎重に微妙なバランスを保ちつつ、こちらに接近してきた。そして、氷雪面に着陸用のそりを降ろしたものの、地表にヘリコプターの全重量がかからないようにしていた。そこが固く氷結しているのか、シフォンケーキのようにふんわりしているのか、確かめようとしていたのだ。ヘリからでは、いま自分がクレバスの上にいるのかどうかさえわからないだろう。

ヘリはパワーを全開にしている。パイロットは操縦桿《かん》を握りしめ、頭が左右に振られないようにしていた。へたに頭を動かすと、距離感に誤差が生じるからだ。仲間たちが芋袋のようなマカルーの体を引っつかみ、ヘリに向かって走り、操縦席の後ろに彼を乗せ、機体のドアを閉めた。ヘリの尾翼が持ち上がった。ヘリ自体はすぐに上昇せず、そろそろとアイスフォールに向かって進み、下降したかと思うと、ぱっと視界から消えた。一瞬、心臓が持ち去られたような気がした。ヘリは二度と戻ってこない、そう思ったからだ。

マダン

第一キャンプ上空にさしかかると、彼らが布切れを巻きつけたピッケルで風向を示し、着陸可能地点に目印をつけてくれたのがわかりました。後で知ったのですが、その印は清涼飲料水クール・エイドでつけたのだそうです。白い雪原に小さなシミがはっきり見えました。そこはとても傾斜のきつい箇所だったので、少し左に寄せて着陸することにしました。うまくいくようにと神に祈りました。

着陸地点は、巨大なクレバスとクレバスのあいだの狭い氷河上で、機体の左右にはどちらも一メートルほどの余裕しかありませんでした。ゆうに家の一軒でもおさまりそうなクレバスが、眼下でほの暗く青く光っていました。負傷者は二人待機していましたが、そちらに注意を向けることはできませんでした。操縦桿から手は離せないし、頭も動かしたくなかったのです。そんなことをすると判断が狂ってしまいます。私が「一人だけだ」と大声で言うと、彼らはやっと了解しました。

私はヘリをうまく離陸させ、負傷者をベースキャンプに降ろしました。ところがそれはベックではありませんでした。そこで私はもう一度救出に向かったのです。

この作戦はベック・ウェザーズ救出のため、特別に要請されたものだったからです。きわめて危険で困難な任務でした。わずかなミスでも、ヘリコプターは墜落してしまうかもしれません。激しい風が吹いていました。それも扱いにくい追い風でした。揚力を得るのに必要なのは向かい風なのです。

さらに私は、できるだけ彼らの近くに着陸しなければなりませんでした。たった五〇メートル離れた場所に降りても、彼らがそこまで移動するのに一時間かかるかもしれません。しかも私には、数分間分の燃料しか残されていませんでした。

⩕

　私たちは五分ほど立ち尽くしていた。誰も何も言わなかった。言うべき言葉はなかった。そのときだった、私はそれまでの人生でもっとも美しい音を耳にしたのだ。トルッ、トルッ、トルッ――まぎれもなくヘリコプターのローター音だった。機影はまだ見えなかった。しばらくのあいだ、六〇〇メートルの高度差を昇ってくる回転翼の音だけがあたりに響き渡っていた。やっと機体が見えた。パイロットはさっきと同じで、一人。彼は自信に溢れた様子で、こちらに接近してきた。

　そして先ほどと同じ完璧な手際で、着陸そりをそっと氷雪面に置いた。待ち切れず、私はヘリに向かって走りだし、後部座席に飛び乗った。ドアが閉められた。再びヘリは尾翼を上げ、目の下に広がるアイスフォールのクレバスと懸崖《けんがい》に向けて、そろそろと進み始めた。

　ヘリはアイスフォールの上空をかすめ飛び、懸命に回転翼を旋回させながら、揚力を与えてくれる濃密で安定した寒気をとらえようと降下しだした。突然、機体は上昇に転じた。うまく風をとらえたのだ。ヘリは無事アイスフォールを脱出した。

　私たちはベースキャンプでマカルーを収容し、後部座席に乗せた。副操縦士もそこから乗り込み、途中で降ろされた装備品もすべて積み直した。そのとき私は気づいたのだった、マダン中佐が私の救出のため引き返してきたとき、燃料はあと七分間分しか残っていなかったということに。

　マダン中佐はこうして、私にとってかけがえのない存在となった。見ず知らずの私を、彼は命懸けで救ってくれたのだ。私の家族のことも彼は知らなかった。彼自身に家族があり、生計を担《にな》っているのは彼一人だ。互いに言葉も、文化も、宗教も違うし、住む場所は地球の反対側だ。それでも私たちは、人間愛という絆《きずな》で固く結ばれた。

この偉大な人物は、これからの人生で、二度と自分自身にこう訊ねる必要はない――自分は本当に勇敢だろうかと。

マダン

カトマンズに向かうヘリの中で、私はベックと話しました。彼はとても感激して、涙ながらに私の背を何度もさすりました。そしてまた泣きながら、「あなたは命の恩人だ」と言いました。

^^^

ピーチはマダン中佐に礼状を出して、夫を険しい山中から救出してくれた勇敢な行為に心から感謝していると書いた。その後マダン自身から、それまで何百回となくヒマラヤ山中で遭難者の救出に当たってきたが、こんなに感謝されたことは一度もなかったと聞かされた。

私たちはみな、英雄というものを軽く見すぎてはいないだろうか？

8

エベレストの急斜面を下降しているとき、デビッド・ブレシャーズらにこう言われた、今回の遭難死亡事故と、まさかの生還を果たした私のことは、世界的な大ニュースになるだろうと。はたして、シーボン・ベック・ウェザーズのよれよれの顔写真は、「ニューヨークタイムズ」五月一四日号の表紙を飾った。

しかし、今回の悲劇が山の外でどう扱われ、家族以外にはどう思われているのかに私が初めて気づいたのは、トリブヴァン空港に到着してからだった。私たちの乗ったヘリが停止したとたん、レポーター、とくに日本人記者たちが、機体をガンガン叩きだし、カメラのフラッシュがものすごい勢いで焚《た》かれたのだ。

私にはマスコミの前に出る用意がなかった。そのときの私は、まるですえたゴミ箱のように見るからに不潔で、悪臭をプンプンさせていたし、それにまだ自分自身でも起こったことがよく呑み込めていなかった。そのうえ、むし暑いカトマンズの朝、登山靴にダウンスーツというむさくるしい山男姿で、記者諸氏の前に現れるのはおおいに気が引けたのだ。

ほっとしたことに、ヘリコプターのドアに最初に手をかけたのは、米国大使館からきたデビッド・シェンステッドだった。彼は自己紹介すると、私をせき立て、カメラとマイクの砲列の前をすばやく突っ切り、カトマンズ市内のシウェック・クリニックに連れていってくれた。そこで私は、米国人の医者デビッド・シュリムの診察を受けた。

クリニックで、ようやくピーチに電話する機会を得た。私が電話で説明して初めて、妻はこちらで起こったことの詳細を知った。また私は自分の状態について、かなりくたびれているが命に別状はないとも話した。私の弟で、内科医のダンがこちらに向かっているとピーチが言った。ダンは、私が務めているダラスのメディカル・シティ・ホスピタルの救急処置室勤務の医師だ。これは予想外の吉報だった。両手が使えないのに、どうやって家に帰ろうかと思案していたところだったのだから。

ピーチ

私は夫を深く愛しているし、その気持ちはずっと変わりません。でも、一九九六年三月、ベックがエベレストに発ったとき――彼は私たちの二〇回めの結婚記念日をあちらで迎えました――私は、彼を遠征に送り出すのはこれを最後にしようと決心しました。ベックが山に取り憑《つ》かれたままでは、先々私たちの仲が修復される望みはまったくなかったからです。こんな人生はもうたくさんだと思いました。

あのころのベックの頭には、自ら命を絶つか、どこかで事故に遭って死ぬという、まったく自分勝手な考えしかありませんでした。絶対に認めたがらないでしょうが、あの人は、ひょっとしたら死ねるかもしれないと思ってエベレストへ行ったのです。彼はずっと怯《おび》えていました。ダラス空港でもそうでした。あんなに怯えている夫の姿は見たことがありません。口に出さずとも、そういう気持ちは、ちょっとした仕草や顔の表情から自然にわかるものです。

ベックはそれまで登山で遠くに出かけても、遠征先から連絡をくれたことは一度もありません。何週間もなしのつぶてなのです。たとえテキサスの私たちの家がトルネードに巻き込まれても、彼にはけっしてわからなかったでしょう。

でも今回だけは、彼は便りを欠かしませんでした。五月四日には直接電話してきて、山で一ヵ月過ごして体が慣れたので、これから頂上に向かうと言いました。私と娘のメグが電話口に出ました。

ファックスは少なくとも一晩おきに届きました。自信のなさそうな口ぶりでした。彼はそれほど遠征を楽しんでいなかったのです。ときどき愚痴をこぼしたり、弱音を吐いたり……。怖いもの知らずのベックも、さすがに怖じ気づき、誰かにわかってもらいたいと願っていたのです。家にいるときはろくに口もきかないのに、なぜそんな遠くの山に行ったとたん、声が聞きたいなんて言い出すのだろうと私は思いました。なんとも納得がいかないではありませんか?

ファックスの返事がすぐ届かないと、彼は心配そうに「返事がこないけど、どうしたのだろう?」と言ってきました。私は必ず返事を出していたのですが、時にはちゃんと届いていないこともあったようです。

そもそも初めから、彼がこんなに弱気だったこと自体おかしかったと思います。

ベックの留守のあいだ私はテレビのチャンネル13で、ヒマラヤで死亡したスコットランド人女性の番組を見ました。遭難の後、彼女の夫は二人の子どもを連れて山に行き、母親の死んだ場所を見せました。

あのとき私は思ったものです、四歳と二歳の子どもに、「ママはあの雲の中にいるんだよ」なんて聞かせたところで、いったいなんの役に立つのだろうと。

確かに残された子どもたちは少しは励まされるでしょう。「ママはすごく勇気のある人だったんだね」、と。だけど、子どもたちがころんで膝を擦りむいたとき、その場にいちばん必要な人はもうい ないのです。

五月一〇日金曜日の夜、ニュージーランド隊のマデリーン・デビッドから短い電話をもらいました。遠征隊のほかのメンバーと共にベックは登頂を断念した、でも元気で、ただいま全員が下山中だと。そう話す彼女の口調には、なんの切迫したところもありませんでした。でも、その電話の後、私は眠れなくなりました。寝室からリビングルームに移り、その夜はソファに横になりました。

翌朝、彼女からまた電話があり、ベックが死んだと告げられました。ただただ衝撃でした。もっとも怖れてきたことが現実になったのです。しかし、私は反応することができませんでした。脚を骨折したときと同じように、何も感じず、泣くこともできなかったのです。頭だけが、どうしよう、どうしたらいいのと働き続けていました。しかし、子どもたちは突然、片親だけになってしまったのだ、そう思うと初めて怒りのような感情がこみ上げてきたのでした。

そのとき、ハイスクール三年生の息子のベック（バブ）は自分の部屋で眠っていました。八年生の娘メグは、前の晩学校に一泊して小さい子どもたちのお守《も》りをしていたので、留守でした。

どんな顔をして、娘や息子に、パパは死んだのよなんて言えばいいのか。子どもたちに伝えるのは後回しにしようと思いました。まだ眠っているバブを起こして悲しいニュースを聞かせるかわりに、私はまず、あちこちに電話をかけ始めたのです。

大惨事が降りかかってきたときは本能に従えばいいと言いますが、その朝、本能は、私の持てる力をいっぱいに引き出してくれました。初めにアトランタにいる私の長兄ハワード、ダラスの友達、テリーとパットのホワイト夫妻、ギャレットとセシリアのブーン夫妻、ジムとマリアンヌのケチャシド夫妻、それにリンダ・グラベル、ビクトリア・ブライハンに電話しました。それからベックの弟ダンにも連絡しました。すぐにほとんどの友達が家に駆けつけてくれました。午前中ずっと、私は親しい人たちの電話番号を回し続けました。そばにいてくれる友人が必要だったのです。

こうした人たちは私とベックの共通の友人で、ここ一〇年、何回となく私たちを励まし、力になってくれていました。二人にとって、大切な存在だったのです。

友達に囲まれると、ぐずぐずしている理由がなくなりました。私は息子の部屋に行き、息子を起こし、パパがエベレストで死んだわと言いました。バブは「冗談じゃないの?」というようなことを口走りましたが、涙は見せませんでした。泣くだろうと思うときには泣かないで、後になって、お葬式のときに泣くような子なのです。

バブ

エベレストになんか行ったら、パパは怪我をするんじゃないかと大勢の人たちが心配しましたが、ぼくはそれほど気にしていませんでした。パパが海外登山に行くのは今度が初めてじゃないし。確かにちょっと嫌な予感はしましたが――エベレストは並みの山とは違うから――白状すれば、おめでたいことに、ぼくは何もわかっていなかったのです。

そしてあの朝、目を覚ますとママが言いました、「パパが死んだわ」と。それだけ言うと、ママはすぐ部屋を出ていきました。

きっとこれはたちの悪い夢だ、ぼくはそう思いました。それから、やっとママの言葉の意味がわかってきました。頭の中がまっ白でした。何かを感じるというより、感情そのものがなくなったようでした。ぼくが部屋から出ていくと、ママの友達がたくさん来ていて、話し合っていました。ぼくは午前中ずっと呆然《ぼうぜん》としたまま、むやみに家の中を歩き回りました。こんなことは嘘だと思っていたのではなく、何も感じられなかったのです。

妹にどうやって知らせるか、みんなで相談しました。ぼくやママがハンドルを握ることには誰も賛成しなかったので、ママの友達のリンダ・グラベルが、メグの学校までぼくらを乗せていってくれました。

メグ

いつもより一時間早く、化学の先生があたしを立たせ、「お母さんがお迎えにいらしているわよ」と言いました。

あたしは帰り支度をし、階段を下りました。みんながもの珍しそうにあたしを見ていました。あたしはなんだろうと思い、校舎を出ました。そこでママが待っていて、「パパが死んだわ」と言いました。ショックでした。夢を見ているんだわと思いました。それから涙が溢れ出し、あたしは手に持っていたものを全部落として、しゃがみ込んでしまいました。お兄ちゃんがそれを拾い、ママがあたしを車に乗せました。

家につくと、リビングの椅子に座らされました。夢の中にいるみたいでした。そこにいたのは本物のあたしじゃなくて、あたしを見ている別人なのです。そのうち、親友のキャサリン・ブーンやほかの友達もたくさん家に集まってきて、みんなであたしの部屋に行きました。それからあたしは大声でわめきだしたのです。「だから行かないでって言ったのよ！ おうちにいてって、エベレストになんか行かないでって、あんなに頼んだじゃない！」

しばらく友達のマリアナ・ピカーリングと話していると、電話口のママの声が聞こえてきました。

「本当？　本当に確かなんですか？」そして受話器を置くと、ママが言ったのです。「ベックは生きているんですって」

また涙が溢れ出しました。あたしって本当に泣き虫なんです。パパは生きている！　だけど今度は喜びの涙です。パパのことならあたしにはなんでもわかります。どんなにむずかしいことでも、最初の試練を乗り越えられたら、あとはずっとがんばれるって。頑固者同士だからわかるんです。エベレストの山の中で一晩耐え抜いたんだったら、きっともう大丈夫、そう思いました。

^^　^^　^^

私がエベレストで死んだはずの土曜日は、メグの本格的な初デートの予定の日でもあった。かわいい娘をよその男に取られてなるものかと画策《かくさく》する父親がいる。私にも多分にその傾向があるが、私のやり方はいつも徹底しているのだ。

9

ピーチ

いまから考えてみると、マデリーン・デビッドは、どっちにしろ死亡の知らせが届くだろうから覚悟しておくようにと言いたかったのだと思います。生還したとはいえ、ベックが助からないのは誰の目にも明らかだったのでしょう。でも私は希望を捨てませんでした。ほっと胸をなで下ろしたのもつかの間、私たちはすぐに、「では、どうやって彼を安全な場所まで救い出すか？」という問題を話し合い始めました。

喜んだり、不安がったりしている暇はありませんでした。とにかく私はいかに夫を救出するか、そのことだけに集中し、そのためだけに動き続けていました。本当は理性などかなぐり捨て、叫びだしたかったのです。部屋に閉じこもり、感情に身をゆだねてしまいたいと思いました。でも私がそんなことをしたら、子どもたちまでどうしていいかわからなくなったでしょう。だから私は堪えました。

セシリア・ブーン

その日、ウェザーズ家には人が溢れかえっていました。子どもからお年寄りまで、大勢の人が出入りしていました。常時、二五人から三〇人はいたと思います。そんななか、ピーチはなんと、何枚もの絞り染めのTシャツを洗っていました。

じつはそれらのTシャツは、朝メグが学校から持ち帰った自主研究の課題とかで、冷水にさらす必要があったのです。まわりで友達が電話に答えたり、いい方法はないかとあちこちに問い合わせているあいだ、ピーチは絞り染めのTシャツを洗濯機で洗っていました。

ピーチ

私たちは、ベックを山から救出すること自体については何も心配していませんでした。そんなに危険でむずかしいこととは思ってもみなかったからです。わかっていたのは、彼が重体ということで、そしてネパールではたいした治療は期待できないから、別のところで診療してもらわなくてはならないだろうということ、それだけでした。

土曜日から日曜日——たまたまその日は母の日でした——にかけて、みんなで精力的に電話をかけまくりました。血液と癌の専門家であるテリー・ホワイトと、ベックの同僚の病理学者ジョン・エスバーは率先して、米国仕込みの医者がそろった、ネパールにいちばん近い総合病院を探してくれました。それはシンガポールにありました。

また、ベックはひどい凍傷を負っているだろうと思われたので、テリーが凍傷の専門家も探し出してくれました。その道で世界一の権威はアラスカにいるそうで、そこならシンガポールのあとに立ち寄れそうでした。

ベックの救出作戦は、テキサスの共和党の上院議員で、知人でもあるケイ・ベイリー・ハッチスンに相談することから始めました。彼女の事務所は、親身に私たちの相談にのってくれました。

友人のリンダ・グラベルは、テキサス州知事ジョージ・W・ブッシュ（後の第四三代アメリカ大統領）に電話してくれました。うちの娘はブッシュ氏の双子の娘さんと同じ学校に通っていたことがあり、リンダの娘、グウィネスもそうだったからです。

リンダ・グラベル

プライベート専用の回線でオースティンのブッシュ邸に電話すると、娘さんのジェンナが出ました。私が「お父さんとぜひお話したいの」と言うと、彼女は「パパはいまジョギング中よ」とかなんとか答えました。そこで私は、緊急を要する事件が起きたので、どうしてもお父さんから折り返し電話をもらいたいとことづけました。

ブッシュ氏は電話をくれたものの、これは国レベルの話だから、州知事の自分ではどうにもならないと言いました。私は「信じられないわ！　友達が頼んでいるのに、助けてもくれないのね！」と叫んでしまいました。

彼は「どうしようもないんだ。本当にすまない」と言うばかりでした。

私はひどく頭にきました。それ以来彼と顔を合わせても、この件については話さないことにしています。

そんなとき、誰かが言いました。「この件は民主党に手伝ってもらおう」と。

ピーチ

友人のキャピーとジャニーのマクガヴ夫妻は、上院の少数派閥指導者トム・ダシールと親しくしていました。二人はその朝、議員の自宅に電話して、相談しました。ダシール氏はすぐさま国務省と連絡を取り、国務省はカトマンズの大使館とコンタクトし、この件はデビッド・シェンステッドに一任されて、こうしてマダン中佐が命懸けでベックを救出してくれることになったのです。

日曜日の夜、ダラス時間の午後一〇時、ニュージーランドのマデリーン・デビッドから電話があり、ベックはヘリコプターで無事山中から救出された、あと一時間ほどでカトマンズに到着すると聞かされました。私は翌日の夜八時二〇分発の、ネパール行きの航空機を予約していましたが、ベックは救出されたし、彼の弟のダンが間もなく現地入りするところだったので、私のチケットはマデリーンにキャンセルしてもらいました。私があちらに飛んでも、ベックやダンとすれ違いになりそうだったからです。

それから三時間後、月曜日の深夜一時半ごろ、カトマンズからベックが直接電話してきました。昔はよく、そんな夜遅くに彼の声を聞いたものです。結婚する前、彼がまだ医学生だったころ、しばしば真夜中に電話をくれたことを思い出し、なつかしくなりました。

でも、私と話をしたい、心から言葉を交わしたいという切実な気持ちがこれほど溢れた電話は、後にも先にももらったことがありませんでした。同時に私は、口には出しませんでしたが、すぐに夫がとても変わったことに気づいたのです。まったくの別人になっていました。そのときはまだ理由がわかりませんでしたが、死線をさまよったときの経験が彼を変えたのです。夫は昔に戻っていました。

ベックは、自分は大丈夫だ、シュリム医師に診てもらっていると言いました。彼が電話で説明してくれるまで、私は救出作戦が実際どんなもので、どれほど危険だったかまったく知りませんでした。そして、翌日のＮＢＣのモーニングショー「トゥデイショー」のインタビューを聞くまで、彼が〝神秘的な体験〟をしたことも知らなかったのです。

その番組で彼は、エベレスト山中で、私と子どもたちの幻を見たと言いました。私はこれを聞いて、とても驚き、同時に切なくなりました。そんな幻覚を呼び起こさずにいられないほど、彼は過酷な状況にいたのです。目を開ける前は、死んでいたも同然だったのです。

^^ ^^ ^^

シュリム医師に両手の包帯を取り替えてもらい、抗生物質を受け取ると、私は彼の診療所から歩いて一ブロックほど先にある、カトマンズの高級ホテル「ヤク&イェティ」に一人でチェックインした。ところで読者は自分こそは、至れり尽くせり、すべてにサービスの行き届いたホテルを知っていると言うかもしれないが、サービスの本当の意味がわかれば意見が変わると思う。ヤク&イェティは、私の絶望的な状況を見て取ると、特別に手伝いの者をつけましょうと申し出て、私の部屋のドアの前に若者を一人配置してくれた——必要なときにはお尻を拭《ふ》いてさしあげようというのだ。これこそが本当のサービスというものである。だが、私は若者の手を煩わせることはなかった。幸いにも、ここ数日間何も食べていなかったからだ。

それから私は部屋で横になり、生と死が入り乱れていたここ数日のことを思い返していた。ふいに、ドア口に弟のダンが現れた。ありったけの薬と、救急処置室で使う医療用具を詰め込んだスーツケースも一緒だった。心臓を摘出したり移植したりできそうなほど、さまざまな薬や器具をそろえていた。

そのうえ、ありがたいことに弟は着替えも持ってきていた。

私は小躍りして弟を迎えた。弟もまたかなり気が昂《たかぶ》っているようだった。まともに言葉も交わさないうちに、ダンが爆発した。「いいかい。これからは、テレビに出なくちゃならないようなことだけはしでかさないでくれ！」

ダン

私はこれまで、何百回となく、胸のつぶれるような事実を患者さんやその家族に知らせてきました。でも、その種の知らせを自分が受け取ったことは一度もありません。受け手に回るのは、まるっきり違う体験でした。

土曜日の朝七時二二分に、家の電話が鳴りました。私はまだ眠っていて、受話器を取る前に、ボイスメールが作動しました。ピーチからだとわかり、すぐ隣の部屋に行き、彼女に電話しました。するとピーチはだしぬけに、「ベックが死んだわ」と言い、あとでまた連絡すると言って電話を切りました。

私は悲鳴をあげました。その声で妻のブレンダも目を覚ましました。妻と息子のロバートと私は床にへたりこんで、何時間も泣きながら祈りました。それから私はベックに手紙を書きました。「兄さんを失ってどんなにショックか、言葉では言い表わせない。くじけそうになったり、挫折したとき、兄さんはいつでもぼくのそばにいて、元気づけてくれた……それも何度も何度も。ぼくがいちばん影響を受けたのも、兄さんだった。兄さんの愛と支えがあったからこそ、ぼくはどんなことでも乗り越えられた」

以上は手紙の一部ですが、私はあとでこれを兄に渡しました。

その後、ピーチから二回めの電話がきて、兄は生きているものの重体だと知らされました。私はただちに現地に向かうことにしました。

ベックと私は、一六ヵ月しか歳《とし》が離れていません。私たちは一五年も一六年も同じ部屋で寝起きし、大学と医学校のときは一緒にアパートメントも借りました。言葉では説明しにくいのですが、たとえ多くを語り合わなくても、私たち二人は特別気の合う兄弟でした。私は兄を敬愛していたのです。

いますぐ兄のそばに飛んでいきたいと思いました。兄がどこにいるかなんて、問題ではありません。実際私には、兄の居場所も、そこまでどうやって行くのかもよくわかっていませんでしたが、きっと出会えると信じていました。

ネパールで十分な手当てを受けているとは思えなかったので、私はスーツケースを持って勤務先の緊急処置室に駆け込み、婦長に何が起こったかを打ち明け、このカバンに詰められるだけの医療品を持っていきたいのだと言いました。看護婦たちはただちに、静脈注射器、骨折用の添え木、包帯、カテーテル、各種の医薬品をそろえてくれました。それから私は薬剤部に走り、モルヒネと鎮痛剤のデメロールを手に入れました。

ダラスとネパールを結んでいる航空会社はルフトハンザだけでした。その代理店は、予告もなくいきなりカトマンズ行きの片道チケットが欲しいという私に、なかなか席を取ってくれませんでした。気楽な観光旅行ではないのです。山で遭難した兄を捜しにいくのだと責任者に説明して、ようやく土曜日の夜七時の、ダラス発のフライトが取れました。

まずドイツのフランクフルトに飛び、そこで六時間待ち、ドバイ行きに乗り換え、それからカトマンズに入りました。全部で三〇時間以上かかり、カトマンズに到着したのは月曜日の正午を回ったころでした。ベックがヘリコプターで救出されてから、約一時間後のことだったと思います。

兄がどこにいるのか、まったく見当もつきません。最初に私は、空港の税関で、所持品について、ここまで来た理由、そしてこれからどうしたいのかを説明しました。係官はとても親切に精一杯のことをしてくれました。一週間のビザをもらった私は、現地のホテルに向かいました。チェックインすると、驚いたことに、私を探している人がいるとホテルの従業員が言うのです。ロブ・ホールの主宰するアドベンチャー・コンサルタンツ社のスタッフ二名でした。彼らに案内されて、私はデビッド・シュリム医師の診療所に行きました。すべてがあっという間のことでした。カトマンズに到着して一時間もたたないうちに、私はシュリム医師と話していたのです。

彼はたいへん感じのいい人でした。台湾人クライマーのマカルーも診たが、ベックの方がまだ状態はいいとのことでした。そして、ベックの全身状態に問題はないものの、指先の傷は三度の真皮深層凍傷、あるいは四度の皮下凍傷という最悪の状況であること、それでも、左手はなんとかなるかもしれないと話してくれました。

三〇分ほど話した後、シュリム医師が先に立ち、私を診療所のすぐそばにある「ヤク&イェティ」というところに連れていってくれました。兄は入院しているものだとばかり思っていた私は、シュリム医師が一人の若者の控えている部屋の前で立ち止まり、ドアを開けたときに初めて、ここは病院じゃない、ただのホテルだと気づいたのです。

ベックは登山靴は脱いでいましたが、まだ、ダウンスーツを着たままで、火傷患者特有の臭いをさせていました。長年こういう患者を診てきた経験から、私にはすぐそれが、壊《え》死《し》した細胞の発するものだとわかりました。

ところで、はなから、ベックと私の現状認識はひどく食い違っていました。

彼はただもう幸せそうでした。上機嫌で、生還したことを手放しで喜んでいるばかりです。でも私は、彼の両手から目を離すことができませんでした。きわめて深刻な状況でした。

切除は免れない、それだけは確かだと思いました。右手は完全に壊死し、すでに骨のまわりの肉が後退し始めていました。焼却炉に投げ込まれ、放置されていたも同然だったのです。

私はたくさんの鎮痛剤を持参していましたが、ベックには不要でした。重篤な火傷あるいは凍傷は、ある程度時間がたつとあまり痛まなくなるものなのです。神経組織が全滅してしまうからです。

左手はまだまともなようでした。こちらの方は、指先、つまり指の末端骨の切除だけですむかもしれないと思いました。

両手が使えないので、ベックは一人では何もできませんでした。そこで私たちは、それまでやったことのないタグマッチを組みました。私が彼の手になり足になり、体中の面倒をみました。看病ができて幸せでした。兄は見る影もなくやせ細っていました。

〻　〻　〻

その午後、日本大使館の係官が訪ねてきて、難波康子の家族に会ってほしいと言われた。気まずい会見になるだろうとわかっていながら、私は喜んでと答えた。その大使館員は、お会いできて光栄だと、小さなチョコレートの箱を置いていった。その夜、ダンと食事を終え、部屋に戻る途中、ホテルの正面玄関のそばのテーブルで日本人が何人か待っているのに気づいた。一目で康子の遺族だとわかった。彼女の夫と弟と友達二人だった。

彼らはエベレストでの康子、そして彼女の最期について知りたがった。なんと答えたらいいのか、まったくわからなかった。必死に慰めになるような言葉を探した。ふだんはあれほど口数の多い私なのに、そのときばかりは簡単な言葉さえなかなか出てこなかった。康子は死んでしまったのに、自分は生き残っている、それが申しわけなく思われ、結局私には、まともにお悔《く》やみを言うことさえできなかった。

10

ダンとカトマンズで過ごした二日間でいちばん心に残ったのは、すべてがいかにも対照的だったことである。

まずひとつは、ついさっきまで、氷結した不毛の高山に死んだも同然でうち捨てられていたのに、今はこうして、生命の満ち溢れるむし暑いカトマンズで安穏としているという点だった。

私が宿泊していた一階の部屋からは、ホテルの美しい庭園が見渡せた。そこでは、さまざまな花が咲き乱れ、鳥が楽しげにさえずり、エベレストとは正反対の光景がくり広げられていた。しばらくして、ある晩、盛大なディナーパーティーが催され、庭はたくさんのライトできらびやかに輝いた。そんな華やかな宴に目を細めながらも、私の心は繰り返し繰り返し、山中で凍死した五人の仲間のもとへと戻っていくのだった。

もう一つ対照的だったのは、私の外見に対する周囲の反応だった。私はB級ホラー映画の怪物そのものだった。両手はぐるぐる巻きの包帯で巨大なボールのように膨らみ、顔は赤く腫《は》れ上がり、鼻と頬は乾燥痂皮《かひ》と呼ばれる、凍傷の後にできるまっ黒なかさぶたで覆われていた。

カトマンズに来ていた日本人たちは、そんな私を完全に無視した。毛筋一本の位置に至るまで、おかしなところは少しもないというように徹底的に黙殺していた。そうかと思うと、部屋に戻ろうとホテルの廊下を歩いていたときのことだ。廊下をモップで拭いていたネパール人の掃除婦が、私を一目見るなり、凍りつき、口をあんぐり開け、モップを床に落とすということもあった。

またカトマンズでの二日め、大使館で米国のテレビのインタビューを受けた後、私はグルカ兵を引き連れたネパール政府の高官と会った。彼はいっぺんで私に魅了されたらしい。あるいは不快に思ったのかもしれないが、とにかくそのおエライさんは、私の鼻先まで顔を寄せ、まるで珍種の人類でも見るように、頭から爪先まで眺め回し、少なくとも好奇心だけは隠そうとしなかった。

出国前にもう一度、シュリム医師に診察してもらった。その診療所で、私は、オンボロのフォルクスワーゲンで駆けつけてきたエリザベス・ホーリーから、根掘り葉掘り尋問された。彼女は地元ではよく知られたネパール登山史の研究家で、ヒマラヤ山中でなんらかの目に遭ってきた者は誰でも、彼女に詳しい状況を報告しなければならないのだ。

いよいよ故郷に向かうルフトハンザ機に乗った。私たちは奮発してファーストクラスを取った。帰路は長いばかりで、とくにどうということもなかったが、ダンと私は狭い機内洗面室に入りこみ、大人二人の洗面所入室の高所記録を何度も更新した。乗り換えのため立ち寄ったフランクフルトでは、ジャーナリストであるダイアン・ソーヤーの番組担当の若い女性記者が待ち受けていて、私たちを驚かせた。いますぐ衛星生中継で、ソーヤーのインタビューを受けてもらえないかと言う。私はろくに考えもせずに承諾した。断わる理由などまったく思い浮かばなかったのだ。

とうとうダラスに着陸。飛行機が到着ゲートに向かってタキシングしているとき、飛行中からずっと飲みっぱなしだった乗客が大声で吠え始めた。「オレは二度と外国になんか行かないぞ！　何があっても絶対に行かないからな！」ずいぶんと威勢がよかった。

私は、それはオレのセリフだよと言ってやりたくてうずうずしていた。

飛行機から降りるとき、私たちはすぐにタラップに近いドアに案内された。乗務員が、車椅子に乗って到着ラウンジを通れば、待ち構えている報道陣を簡単にやりすごせると教えてくれたので、そうすることにした。

記者たちと会ったのはほんの短いあいだで、息子のバブが代表して、家族が用意しておいた声明文を読み上げた。私は、やっと戻ってこられて、とにかくうれしくてたまらなかった。マスコミにはここそ我が故郷だと言った。

ピーチはＶＩＰラウンジで待っていた。ルフトハンザでもらった一輪のバラを、私は妻の手に置いた。彼女の瞳には愛があった。同時にその目は、家に戻ったらどうなるのか覚悟しておきなさいとも言っていた。だがあのときは、ただただ妻を抱きしめたかった。ほかのことは頭になかった。彼女の髪の匂いをかぎ、その頬を自分の胸に押しつけたいと思った。私はついに戻ってきた。旅は終わったのだ。

ピーチ

夫が帰ってきて、どんなにほっとしたかしれません。その姿を見ても、それほどショックは受けませんでした。ひどい変わりようでしたが、ベックに間違いないのですから。危機的問題は一度に一つずつ片づけなければなりません。なるほど彼は怪我をしている、まずはその問題に取り組もうと思いました。きっとまだ愛情が残っていたのでしょう。

ベックは、いつだってきみを愛していると言いますが、私の愛の定義には、私たち、とりわけ子どもたちに彼がしたようなことは含まれていません。もし本当に私を愛しているなら、あんな仕打ちができるはずはないのです。

⋀⋀　⋀⋀　⋀⋀

以前から私は、自分の生き方さえ変われば、家族との関係は修復可能だと信じてきた。登山優先の生活さえやめれば、きっとやり直せると思っていた。山に溺れていた時代は終わった。いよいよこの考えが正しかったかどうか、確かめるときがきたのだ。

生還の感激は、故郷に向かう飛行機の中でゆっくりと、山を下りて、家に帰れるという安堵感に変わっていった。だがそこに不安がきざした。傷ついた両手、私の将来、そしてピーチとの関係はどうなるのだろう？　その時点では何もわからなかった。

私は自分に自信のない人間だ。そして人生の大半を、そのことで悩みながら過ごしてきた。だが、山をうろついているときだけは、この問題に直面せずにいられたのだ。

突然、将来がとてもあやふやに思われてきた。私はあやふやな状態に置かれるのが得意ではない。肢体不自由になるとしても、どの程度不自由になるのだろう。もう以前と同じように仕事はできないのだろうか？　ピーチの言葉が蘇ってきた、そのうちあなたは山で命を落とすか、ひどい怪我をすることになるわよ。そう、たしかにその通りになった私がいた。

そして、話は思ってもいなかった方向に進んだ。

家に戻った最初の夜、ピーチは私にこう言ったのだ。あなたが山に取り憑かれていたここ数年のうちに、私と子どもたちの心はあなたから離れてしまった。我慢できることは全部我慢してきたけど、あなたがエベレストに行っているあいだに結論を出したの、あなたがダラスに戻りしだい、離婚しよう、そしてここを出ていこうと。

それから、「こんなことを言わせるなんて、全部あなたのせいよ」とも。

私は妻に言った。みんな自分が悪いとわかっている、どんなことでも甘んじて受け入れるつもりだ。私がこんな状態になったからといって、心配してそばにいてくれる必要はない。きみが出ていきたいなら、私は身を引くだけだし、けっしてきみの決断を非難したりしない。

すると彼女は言った。「違うわ。あなたにチャンスをあげることにしたのよ。一年たってあなたの態度が改まっていたら、そのとき考え直しましょう」

これを聞いたとたん、私は強く決心した、誠心誠意すべてを傾け、なんとしてでも、一年後には違う人間に生まれ変わっていようと。そして、彼女の愛情だけでなく、私への信頼も取り戻そうと。そんなときでさえ、私はピーチの愛を疑っていなかった。だが彼女の傷ついた瞳は、もうあなたのことは信じていないとはっきり語っていた。

自宅で迎えた最初の夜、友人のダン・ルイスが差し入れてくれた上等のシングルモルト・ウイスキーを一口すすった私は、なんとも言えない喜びに包まれた。翌日、私はブルーベルの（フランス製ではないが）ホームメイドのバニラアイスクリームを、小さなボウル一杯分食べた。すごくうまかった。自宅療養の一週間めには、エイリアンが地球を侵略するという映画『インデペンデンス・デイ』をバブとメグと一緒に観《み》にいった。二人の子どもにはさまれ、映画館のうす暗がりの中に座り、スクリーンに見入っている彼らの顔をじっと眺めていると、これ以上の幸せはないとつくづく感じた。

ところで、ピーチはまったくひどい目に遭っていた。過去に一度でも私たちに会ったことのある人たちが、ここぞとばかりに電話をかけてきて、彼女を質問責めにし、今回の話に一枚加わろうとしていた。生活のペースを取り戻すためにそっとしておいてほしいという私たちの願いは、彼らにはわかってもらえなかった。

やがて私は、誰かに引きずり回され、袋叩きにされている気分になってきた。エベレスト遠征のためにトレーニングで増やした体重は、増えた一四キロ分そっくり減った。全身が衰弱し始めた。エベレスト登山の置き土産と言おうか、右手がひどい感染症に侵されたのだ。山で打たれた点滴液に菌が混じっていたらしく、右手はみるみる膨らみ、痛みだした。病原菌はなかなか突き止められず、さまざまな抗生物質を試みた結果、やっと有効なものを見つけた。

弟ダンの警告にもかかわらず、当初私は、切除するのは右手の指先だけで、左手の損傷は微々たるものだろうとたかをくくっていた。それに切除するといっても、指の第一関節か、悪くてもつけ根からで十分だろう。切断しても、左手はなんとか動かせるだろうし、右手には少なくともまだ何かが残っているはずだ。

そんなふうに楽観していられたのは、しかし、手専門の外科医マイク・ドイルから、壊死した両手のCTスキャンの結果を見せられるまでのことだった。どちらの手にも、まったく血が通っていなかった。それから間もなく、右手の指が自然に脱落し始めた。形成外科医のグレッグ・アニギャンに、このままだと手の腱が切断されるおそれがあるから、早急に手術が必要だと言われた。

私は急速に弱り始めた。大量の薬が投与された。どうやら両手の切断は避けられそうにもない。もしかしたら働けなくなるかもしれない。そうなればどうやって家族を養っていけばいいのだろう？ 家族を扶養するということは、私にはとりわけ重要だった。なぜなら、それこそ私の存在意義だったからだ。エベレストに行く前の私は、立派に家族を食べさせているんだから、少しぐらい好きなことをしてもいいはずだと自分に言い訳していたのである。

ピーチ

両手を切断することになりそうだとわかると、ベックは私に訊《たず》ねました。「そうなれば、きみもいろいろと考えるだろうね？」

「そんなことないわ」と答えましたが、私としても、自分の気持ちに自信は持てませんでした。

＾＾　＾＾　＾＾

私は塞《ふさ》ぎ込むようになった。といってもそれは例の鬱とは違い、精神科医が言うところの〝反応性鬱〟、つまり、難題にぶつかったとき、誰もが見せるごく自然な反応だった。

施設か病院で、一人ぽつねんと昼間からテレビの前に座り込んでいる自分の姿が目に浮かんできた。なんと寂しい人生。手の不自由な人向けの商品のカタログをもらった。それには、歯でページをめくる読書用の補助道具が載っていた。両手で持ったハンバーガーにかぶりつく日はもうこないのか？ ストローで流動食を吸入する日々が死ぬまで続くのか？ それに私は以前に二度深刻な鬱状態を経験していたので、またあの暗い気分に襲われるのではないかとびくびくしていた。

確かにそのころの私は、物事の限られた一面しか見ていなかった。

やがて、自分のしなければならないことがわかってきた。ひとつには、けっしてヤケを起こしてはならないということ。毎日生きがいを見いだしながら、心して暮らしていくこと。そして未来を少しでも予測可能なものにするため、一つ一つの問題を具体的に解決していくこと。

こうして私は、いくつかの誓いを立て、自暴自棄になることだけは避けようと思った。どんな状況でも、自分を憐《あわれ》れむのはやめよう。そして自分のしたことや、自分のせいでうまくいかなくなったことに対しては、堂々と責任を取ろうと決めた。間違っていたのは私なのだ。もしもそれが可能なら、ピーチの目に映る自分を変えたい、どんなことをしてでも必ずそうしようと、私は心に誓った。

そのときの私には、最終的に起死回生の道が開かれていることに気づく余裕はなかった。同時に、私たち夫婦の前には、さまざまな試練が待ち構えていた。じつは私が生還したあの初夏、ウェザーズ家にはまた一つ、生死にかかわる重大問題が降りかかったのだ。ここでは、その件に対処することで、私はやっと過去の過ちのなにがしかを償うことができたとだけ言っておこう。

1951年、
ダン、ベック、キットの
ウェザーズ兄弟

1951年、
ハワード、ピーチ、ウェインの
オルソン兄妹

1979年、
ベックとピーチ、
ベック二世（バブ）と

II

回顧――「救い」との出会い

11

より高く、より危険な山へ……。私をエベレストへと駆り立てたものは、少年時代に、すでに私の心の中に芽生えていたのかもしれない。

私は一九四六年一二月一六日、ジョージア州アトランタの南方約四八キロにあるグリフィンで生まれた。グリフィンは、私の母——結婚前の名前をエミリー・ウィリアムズ・ベックという——の出身地である。母の家系は六代にわたってそこに住んでいる。人口約二万五〇〇〇人のグリフィンは繊維業が中心の町で、そのむかしは花卉《かき》栽培で知られ、みずから〃世界一のアイリスの都〃と名乗っていたこともあったという。最近では、一九九〇年のアカデミー賞受賞映画『ドライビング・ミス・デイジー』の舞台になったことで有名だ。

私たち南部の人間は、犬にばかりいい名前をつけると言われているが、それはとんだ言いがかりだ。私の父アーサー・キッチングス・ウェザーズは、息子たちにはそれぞれちょっと風格を感じさせるファーストネームをつけようと決めていた。そこで長男は、父親の名前をもらい、アーサー・キッチングス・ウェザーズ・ジュニア、次男の私は母の姓と祖父の名をもらい、シーボン・ベック・ウェザーズ、三男はジェームズ・ダニエル・ウェザーズと名づけられた。三人ともいまは、それぞれキット、ベック、ダンの呼び名で通っているが、それは父の責任ではない。

父は、エジプトのカイロと同じ綴《つづ》りで、ケイロと読ませるジョージア南西部の片田舎で生まれた。父の父ジェシ・シーボン・ウェザーズは、その町で、教育長、郵便局長、弁護士として働いていた。父はアトランタのエモリー大学で政治学と法学を専攻し、一九四〇年に卒業すると、国立青年管理局の役人としてグリフィンに赴任した。それは若者に教育の機会を与えるため、ニューディール政策の一環として作られた部局だった。グリフィンで父は、仕事の合間に飛行機の操縦を学び、民間人パイロットのライセンスを取った。

一方、母のエミリーは一九四〇年、ジョージア大学を生物学の学位を取って卒業し、故郷のグリフィンに戻り、高校の教師になった。グリフィンで行なわれたあるパーティーで、母はパイロット志望の未来の夫に出会い、一九四二年五月の土曜日の夜、二人は結婚した。第二次世界大戦中のことである。父は結婚式もそこそこに、フロリダ、オキャラの陸軍飛行学校に入隊した。

父は戦線に送られるかわりに飛行学校の講師に任ぜられ、戦争の残りの日々を、若い者たちに各種戦闘機、とくにP38ライトニングの操縦法を教えて過ごした。心優しい父にとっては、戦場で敵を撃墜しろと命令されなくて、本当によかったと思う。

終戦後しばらく、父はジョージアのオールバニーで生命保険の外交員をしながら、母の叔父のレンタカー会社でも働いた。一九四八年、当時のソ連が西ベルリンを封鎖したとき、父の人生に転機が訪れ、同時に私たち家族の運命も大きく変わった。ウェザーズ中尉は、再編成された米国空軍に召集されたのだ。ベルリン大空輸のため、父はドイツに派遣される予定だったが、土壇場で占領下の日本に送られることに決まった。こうして一九四八年八月、父は日本へ発ち、その一週間後、弟のダンが誕生した。

日本での断片的な思い出は省略するとして、一九五一年、私たちはＥ・Ｄ・パトリック号で米国に戻った。父の次の任地は、アトランタのドビンズ空軍基地だった。私たち一家は小学校の向かいにアパートメントを借り、五歳の私はその小学校に入学した。

本当ならまず幼稚園に通うべきだったのだろうが、私は幼稚園なんかでなく、本物の学校に行きたかった。ところが、目の発育不全のため、私は読書の授業についていけなかった。そこで読書力補強のクラスに入れられた。この特別クラスにはワクワクした。それから私は読書が大好きになり、たくさんの本を読むようになった。

一九五四年、我がウェザーズ家はまた荷物をまとめ、テキサス州サンアントニオの近くにあるブルックス空軍基地に移ることになった。文明世界の最果ての地に行かなければならないなんてと、母はすっかり怯《おび》えていた。小学校二年生の私は、二学期の途中だったにもかかわらず、これで自分の子馬が持てると喜んでいた。映画で見たように、毎日馬で学校に通い、授業のあいだは、手綱《たづな》を牧場の柵にしばっておこう、と。

しかし、母も私も間違っていた。サンアントニオは私たちにぴったりの場所だったのだ。子馬は買ってもらえなかったが、そこいらじゅうにツノトカゲがうようよしていた。そいつらを追いかけることほど面白いことはなかった。

サンアントニオで暮らした五年間、私はろくに勉強もせずにいい成績を取っていたが、それは私の頭がよかったというより、テキサスの公教育のレベルがそれほど低かったという証拠だ。なにしろ七年生になると、一クラスに二、三人は、妻子持ちの同級生がいたほどだから。

ダン

私はベックを尊敬していました。兄は、いつも自力で前途を切りひらいていくように見えました。まだ小さい私にもそれはわかり、お手本にしたいような兄貴でよかったと思いますし、実際兄を見習ってきました。今でも兄と私は、だいたいうまくいっています。ベックにはとても強情なところがあり、時々ついていけないと思うことはありますが。子どものころ、私たちはよく敵同士のように大げんかをしたものだと、母は今でも言っています。

お互いにライバル意識は強かったと思います。ベックはいつだって勝つのは自分だと決めてかかっていて、実際その通りでした。どんなことであろうと、兄の方が優れていました。

ベックのギアはいつでも入りっぱなしで、他人の注目を浴びていないと気の済まないところがあります。のべつしゃべり、ああだこうだと分析し、講釈をたれていますが、じつは強がっているだけです。私は、言葉少なに「おまえはどう思う？」と訊《き》いてくれる兄のほうが好きです。

〰　〰　〰

父の次の赴任先は、サウジアラビアのダーラン基地だった。ダーランといえば、一九九六年六月、テロリストのトラック爆弾で、一九人の米国人空軍兵が犠牲になったことが思い出されるだろう。

しかし一九五〇年代のダーランは、西洋キョウチクトウの林の合間に、小さな滑走路と、いくつかの低いビルと、着工したばかりの重層型アパートメントのコンクリートの土台が四〇個ほど見えるだけのわびしいところで、近くにあるものといえばアラビア・アメリカ石油会社（アラムコ）の石油基地だけだった。

サウジアラビアは、太陽が絶え間なく照りつける、暑いだけの国だったが、なんとなく夏の北テキサスに似ていた。ベック家の祖母は、雨を忘れないようにと雨音を録音したテープを送ってくれた。だが、ダーランもまた、子どもにとっては楽園だった。

士官クラブでは毎晩無料で映画が観られたし、共同のプールは私たちの宿舎の真向かいにあった。私の通《かよ》ったかまぼこ型の小学校には、教室が三つしかなく、同学年の子どもはあまりいなかったものの——七年生と八年生を合わせても全員で一三人だった——バレーボールやソフトボールをするには足りた。それにサウジアラビアにも、少年野球《リトル・リーグ》があった。アラムコの従業員の息子たちが大方を占めているチームが五つ、六つあったのだ。私は「ダーラン・フライヤーズ」という空軍兵士の息子チームのキャッチャーで、一度はリーグのホームラン王になった。

私はまる一年間、毎週日曜日、〝神と祖国賞《ゴッド&カントリー・アワード》〟を獲得しようと、一生懸命ボーイスカウト活動に励んだ。これは特別の功績を収めた者だけに与えられる最高の勲功バッジで、白い小さな楯に青い十字架があしらわれていた。それが欲しくて必死にがんばったのに、ついに一度ももらえなかった。その悔しさを忘れることができず、それ以降、私はずっとこの思いを引きずって生きることになる。またこの一件は、後に私がなぜ世俗的人間主義を信奉するようになったかをも説明しているように思う。

ダーラン基地の学校には、八年生までしかなかった。そこに移ったとき高校二年だった兄のキットは、友達と通信制の学校を一年間試したが、うまくいかなかった。そこで兄は、サウジアラビアから出て、海外の高校に行くことになった。キットは最初、西ドイツのウィースバーデンの寄宿学校に入ったが、その後パリ南西にあるドルーという町の空軍将兵の子弟が通う学校に移り、二年後私もそこに入った。

ドルーの高校は、教育水準のきわめて高い、申し分のないところだった。しかし、そこでの一年めの最高の思い出は、ワインを飲んで仲間と騒ぎ回ったことは別にして、みんなで休暇旅行をしたことである。

ダーランで約二年半過ごしたあと、いまや中佐となった父の次なる赴任地は、テキサスの埃っぽいウィチタフォールズの近くにあるシェパード空軍基地だった。父はここを最後の任地とし、一九六四年に退役した。このころキットは、ロックンロールこそ我が人生と心に決めていたが、当然母は違う意見を持っており、結局兄は母になだめすかされ、母の勧める職業につくことにした。歯医者だった。「ロックンロール・スターになるのは、歯医者の勉強をしてからでも遅くないわ」とかなんとか言われたのだろう。兄はウィチタフォールズにあるミッドウェスタン州立大学に入り、それから父の母校エモリー大学に移り、母の願い通り、歯を削ったり、引っこ抜いたり、磨いたりする技術を学んだ。

キット

うちは、軍人の家としてはごく平均的な家庭だったと思います。両親にはどんな嘘やごまかしも通用しませんでした。私たち兄弟は、軍人の子弟としてびしびし鍛えられ、家の中であっても、決められたこと、言いつけられたことは厳しく守らされました。反抗する余地などまったくありませんでした。

また両親は私たちに、おまえたちはなりたいと思うもの、こうと思い定めたものに必ずなれると言い聞かせるだけでなく、つねに励ましてもくれました。うちの家族は、目標に向かってひたすら走るタイプなのです。

あるとき、兄弟三人で知能テストを受けました。母は私を隅に連れていき、おまえの知能指数が一番高かった、だから人生で成功できるように、一生懸命がんばるのよと言いました。この話はベックにもダンにもしたことはありませんが、あの母なら、まったく同じことを弟たちにも言っていたかもしれません。

うちの兄弟はみんな冒険好きで、この性格は母のこういった叱咤《しった》激励や、父方の血からきていると思います。たとえば私たちは三人とも、車に乗ればスピード狂になるし、ダンはパイロットの資格を持っています。ベックは登山です。私は二五年間、四・五メートルの巨大な歯を描いた熱気球を飛ばしていました。最近新しい気球を購入し、また車に引っぱってもらい空を駆ける、パラサイクリングも始めたばかりです。

それからロックンロールも私の趣味です。今でも定期的に、〈パーティー・タイム・バンド〉というグループで演奏しています。

母は一種の教育ママでした。私たちの人生は、父より母の影響を大きく受けています。たとえば母は、経済的に恵まれた暮らしができるからと、息子たちを専門的な職業につかせたいと思っていました。私がプラモデル作りに興味を示すと、母は「まあ、おまえは手先が器用ね、きっといい歯医者さんになれるわ」と言ったものです。あのときは私もほんの子どもでしたが、なんだか私たち兄弟の人生は、初めから母の手で綿密に計画されていたような気がします。

母には、家族の結束がとりわけ重要でした。自分の兄弟姉妹と大変仲がよかったので、自分の家族もそうあってほしいと願っていたのです。だからつねに連絡を取り合うことはもちろん、家族で過ごす休日をとても大切にしています。ベックがエベレストで遭難する前年の母の日には、三人の息子は母からそれぞれプレゼントをもらい、「素晴らしい息子に育ってくれてありがとう」と言葉をかけられました。

軍人の家に生まれた子どもはみなそうでしょうが、転勤に次ぐ転勤で、私たち兄弟も親しい友だちを作ることができませんでした。私など、四つの異なった国の高校に通いました。また、二人の弟とは三歳以上離れていたせいか、それほど親密ではありませんでした。

三人のうちで、いちばん外向的なのは私だと思います。私はかなりの自信家です。ベックはもっとずっと内省的です。いつも何か考え込んでいるようで、内にこもりがちに見えました。でもそれは、人付き合いが怖かったからではないと思います。そんなことが問題だったとは思えません。要するに、ベックが三人兄弟のうちでいちばん思索家だったのです。

〰　〰　〰

一九六一年の秋、私はウィチタフォールズの近くにある、バークバーネット高校の二年生に編入した。勉強は二の次で、下級生と上級生の殴り合い大会が年中行事になっているような学校だった。実際、ほとんどすべての生徒がこぶしで殴り合うのだ。身長一メートル七〇センチ、体重五七キロの私には、まったく魅力を感じないイベントだったので、けんか大会当日は必ず学校を休むことにしていた。

貧弱な体格の割に、幸いにも私はそれほどいじめられなかった。いじめの標的にならないためにはどうしたらいいのか、よくわかっていたからだ。しかも私は出血しやすい体質である。それなのに、わざわざ自分より三五キロも重い相手とあいまみえ、叩きのめされにいく必要などない。

授業もドルーの学校とはえらい違いだった。たとえば、歴史の教師は歴史的に重要な地名さえ満足に発音できなかった。張り合いがなかったので、私は授業をサボる技に磨きをかけながら、とにかくオールAで三年間を過ごした。最終学年の一年間は、週五日のうち必ず一日は学校を休むことを自慢にしていたほどだ。

バークバーネット高校でスポーツを続けなかったのは、体格のせいもあるが、偏平足と弱視のせいもあった。自分が弱視であることに初めて気づいたのは、ヨーロッパでキャンプ旅行をしたときだった。木に目を向けても、木の葉の一枚、一枚が見えてこないで、木のまわりにぼやっとした緑色のかたまりが見えるだけだった。ダーランで野球などをしていたときは、十分な視力があったのだから、近視の極端な進み具合は年齢が関係しているにちがいない、そのうえ、私は夜盲症でもある。

最初のうちは、目の端を引っぱり、目を細めてなんとか物を見ていた。母の眼鏡を借りたりもしていた。しかし十三歳くらいになったときには、いよいよ自分専用の眼鏡が必要だと認めざるをえなくなった。眼鏡をかけるのは嫌だったが、コンタクトレンズはどうしてもだめだった。いろいろなアレルギー症状が出て、装着していられなくなるのだ。

バークバーネット高校は勉強のレベルこそ低かったものの、そこで私は、演技、詩の朗読、そしてディベートの面白さを知った。学校の演劇部で、テネシー・ウィリアムズの『ガラスの動物園』を上演し、私は地元のコンテストで最優秀男優賞をもらったし、詩の朗読大会では全州で三位になったこともある。

のどかな時代は、一九六四年六月、高校卒業と共に終わりを告げた。私は恥ずかしげもなく、デュークやライスといった一流大学に願書を提出した。当時は自分の学力レベルをまったく認識していなかった。大学のほうでは、身の程知らずと大笑いしていたことだろう。当然ながら、入学は許可されなかった。

私は、キットが通っていた地元のミッドウェスタン州立大学に行くことに決めた。最初の講義は夏季講座の英文学で、指導教授は立派な人だった。初めて提出した課題には合格最低点のDがつけられ、私はひどいショックを受けた。こうして新しい人生が始まった。

12

いままで私は、自分はこういう人間なんだという明確なイメージを持ったことがない。大人になってからはとくにそうだ。高校時代には、自分のことを意気地なしの役立たずだと思っていた。成績はいいけど、ダサイやつ、といった感じだった。

それに私は、一度も心から幸せを感じたことがなかった。仕事をするとか、表面的には人間としてなすべきことをちゃんとやってはいたが、安らかな気持ちや幸福感、爽快感《そうかい》といった感情は持てずにいた。毎日、毎日、周囲の状況はいろいろ変化していくが、私はいつも同じ重い気分のままだったのだ。とりわけ大学生になってからは、ここにいる自分は本当の自分ではないのではないかという思いが日に日に強くなっていった。常に、今いる場所から逃げ出してどこかに行かなければという焦りに追いかけられ、その瞬間その瞬間に没頭することができないでいた。

ミッドウェスタン大学に入ったばかりのころ、初めて本格的な鬱《うつ》に襲われたときも、やはりそんな状態だった。それまでも漠とした不安感とか、自分を卑下する気持ちはしばしば経験していたが、そのひどい落ち込みは突然やってきて、私を完全に打ちのめしたのだった。

誰にもこのことは話さなかった。ただベッドに潜り込み、じっとしていた。落ち込んでいると認めたら、自分は弱い人間だということを承認することになる。それが嫌だった。もちろん、誰かに助けを求めるという手があることもわかっていた。他人に話を聞いてもらい、素顔の自分を知ってもらうことによって、困難な状況に立ち向かっていく方法もある。だが、それもしたくなかった。

自殺のことも考えた。絶望と苦しみはそれほど激烈だったのだ。それでも三、四ヵ月たつと、どうやらどん底の状態は脱したらしく、ずっとましな気分になってきた。というより、苦しみがそれほどではなくなってきたということだろう。しかし、私の心の中には、それまでになかった「気持ち」が残ってしまった。それは、もしも大事故や不治の病のような予測不可能な事態に襲われなかったら、いつの日か必ずまたあの暗鬱な気分が戻ってきて、私を圧倒するにちがいない、そしてそのときはきっと、私は自殺するだろうという確信だった。

ダン

私はベックと、彼の鬱状態、そして私自身の鬱について話し合ったことがあります。ベックの落ち込みは、私のそれとよく似ていると思います。私たち兄弟は、それほど精神的に近い存在なのです。

私の場合、鬱に襲われると無気力になるので、自らを奮い立たせようと必死に動き回ります。病院の緊急救命室で働き、運動をし、飛行機の操縦桿を握るなど、アドレナリンの分泌量を上げるためになんでもします。

こういった抑鬱的な気質がどちらの家系からきたのかは定かでありませんが、私はきっと母方の血だと思います。祖父のパピィじいさんは酒好きでした。私にもアルコール依存症の気《け》があるようで、面白くないとき、つい飲んでしまいます。祖父も似たような感じだったと思います。

ベックはそんな祖父にとてもよく似ています。祖父は博識で知られていましたし、ベックも同様です。彼と話していて気づいたのですが、ベックは唯一、感情の領域というものを理解できなかったのではないでしょうか。今でもよくわかっていないかもしれません。生きていくうえでもっとも大切な問題のはずなのに、あまりにも理性が勝っているため、感情というものを理解できないのです。以前より低くなったとはいえ、彼の前途にはいまだ高い壁が立ちはだかっているようです。

〰

鬱は学業に影響しなかった。夏季講習の英文学クラスで自分の無知さ加減を思い知らされてからというもの、私は本腰を入れて勉学に励むようになった。一年生の一学期、六週間にわたり白血球増加症に苦しめられ、ベッドでの生活を強いられていたにもかかわらず、成績はオーケストラのB評価以外、残りは全部Aだった。その後、私はオーケストラの履修を取り下げた。そのクラスは楽しかったし、私の性格にも合っていそうな科目だったが、最高の成績を修められない授業は取りたくなかったのだ。

大学へは経費節約のため自宅から通っていた。しかしほかの学生との交流も必要だと思い、男子学生友愛会〝カッパ・アルファズ（ＫＡ）〟に加入した。私は寡黙なタイプではないが、仲間とつるんで女の子を引っかけに飲み歩くなどという趣味はまったく持ち合わせていなかった。

酒には付き合わなかったものの、友愛会に加入した私はそれなりに最大限のメリットを得た。あるとき友愛会の仲間に、きみはウエイトリフティングをやって、もっと筋肉をつけるべきだと、ずばり指摘されたのだ。忠告に従い、ウエイトリフティングを始めた私は、自分の体を痛めつけることに快感を覚えた。自分の体を痛めつける——それこそが、どうやら私のキーワードらしい。ダーランでの少年野球以来、ウエイトリフティングは私にとって、初めて自分に自信をつけてくれるスポーツになった。そのうえ筋肉までついて、体重は七五キロまで増え、友愛会のメンバーの中でももっとも筋肉隆々の学生の仲間入りを果たしたのだった。

それでも相変わらず、私はずっと今日という日を楽しめず、明日のことを思い煩《わずら》っていた。そして、その明日がどうあってほしいかも皆目わからないでいた。私は、自分の人柄、あるいは人からどう見えるかより、実際何ができるか、具体的にどんな能力があるかで自分を判断されたい方だ。だから当然、数学のように最終的に明確な答えの得られる科目が好みである。だが英文学や人生の悩みはそうはいかない。だから、ほとんどの教養科目は主観的すぎて嫌いだった。それに比べて理科系科目はあいまいなところがない。

私が法律に興味を抱いたのはこうした理由からだった。法廷での丁々発止のやり取りではなく、人間性というあいまいなものを客観的に体系化した法の崇高さに惹《ひ》かれたのだ。法は構造そのものである。過去の優れた知性の持ち主が、法的権利という概念を打ち立てた。そこに私はおおいに魅せられたし、今でも好きな分野だ。

私はきっと優秀な弁護士になれただろう。クライアントが何と何を天秤《てんびん》にかけようとしているのか、彼らの心をうまく見透かすことができたはずだ。しかしそれは、しょせん戦略と戦術の問題にすぎない。顧客の本当の気持ちを思いやり、親身になって相談に乗ろうとしても、きっとひどいことになっていただろう。結局は、自分勝手な思いやりのない考えを、相手に押し付けることになっていたにちがいない。

私は薬学にも興味があり、しばらくのあいだ、法学と薬学の二分野を勉強しようとも思っていた。私は、それなりの能力のある人間が一生懸命がんばり、納得のいく成果を得るという状況が大好きである。登山も同じだ。地道に培《つちか》ってきた経験や技術は、山では必ず報われる。医学部で勉強するうちに医者になれるように、登山もまた計画に従って一歩ずつ積み重ねていくものなのだ。

だが残念ながら、人間の人生はそれほど計画的にはいかない。

結局、医者と弁護士の両方になろうとするのは時間と労力のむだだと悟り、私は医学コース予科に登録することにした。医者ほど寿命の長い専門職もないだろうと思ったのがもっぱらの理由だが、数学と化学を同時に専攻していたせいでもある。二つのコースの学位取得には一六〇単位が必要で、時間的な余裕がなかったのだ。二年生から卒業までの三年間は全額奨学金をもらっていたので、私のふところはかなり温かかったが、それでもその他の出費を補うために、ひと夏アルバイトをする必要があった。

アルバイト先はメイフラワーという引越し会社で、引越し荷物を長距離トラックで運ぶ仕事だった。当時の私の年齢ではまだ、州間高速道路を走る資格は取れなかったので、テキサス州内だけを走った。時給はわずか一・二五ドル、それに一日分の食事代として一ドル、モーテル代として四ドルついた。私は高校生などを使って、午後に引越し荷物をトラックに積み、一晩でだいたい四八〇キロから六四〇キロぐらい運転し、朝一番で目的地に着くようにしていた。サンドイッチを持参し、運転席で仮眠して食事代と宿代を浮かせ、週に九〇時間働いた。

いつも、ぎりぎりまで、ノンストップでハンドルを握り続け、疲れて物が二重に見えるようになって初めて、車を道路脇に寄せ、仮眠を取った。

ヒューストンへ行く途中のことだった。そのときも私は、家具を包むボロ布にくるまり、トラックの荷台で仮眠を取っていた。夜中だった。私はものすごい音で目がさめ、飛び起きた。機関車の音だった。真っすぐこちらに向かってくる。一瞬自分がどこにいるのか、わからなかった――そうだ、自分はトラックの中にいるんだ。じゃあ、このトラックはどこに駐《と》めた？　確かに道路脇に寄せたはずだ。私は自分を落ち着かせた、大丈夫、だいたい線路の上にトラックを駐めるなんてことをするわけがない、そうだろう？

だが、機関車の音は迫ってくる。トラックが揺れだした。私は息を呑んだ。機関車がすぐ脇を走り抜ける。危なかった。もう少しで、誰かのソファとテーブルを載せたトラックもろとも機関車にはね飛ばされるところだった。

次からはもっと気をつけなければと思った。しかし私は、少なくともそのときは、その出来事を自分の自殺願望、あるいは以前に襲われた鬱に結びつけては考えなかった。

酷暑のテキサスで引越し荷物を運ぶのはけっして楽しい仕事ではなかったが、学ぶものはあった。体と同時に頭も使わなければならないと、身をもって知ったのだ。九月までにはトラックの運転にも飽き、早く勉強したくなってきた。残りの二年間の夏は夏季講習に参加した。

大学を出ると、私も同世代の若者の多くと同様に、もっと高度の教育を受けたいと熱烈に思った。

大学院に進めば徴兵が猶予されたので、ベトナムに行きたくない若者が大勢、大学院に殺到していた。私が行きたかった医学校は、デューク大かテネシー大か、ダラスのテキサス・サウスウェスタン大のメディカルスクールのどれかだった。そのうちサウスウェスタンが入学を許可し、さらに奨学金を出すといってきた。こうして、ダラスでの日々が始まった。

覚えなければならないことが膨大にあった。私はこつこつがんばり、やがて成績は並みからきわめて優秀にまで上がった。

13

ピーチ

私の家系の女たちは、身内の不幸に慣れた者ばかりです。

父方の祖母も母方の祖母も、それぞれ夫を突然亡くしているし、私の父は放射線障害で死亡しました。ジョージア州、グリフィン出身の私の母、エドナ・ハワードは、一九三〇年代の後半、グリフィンからそれほど離れていない州の実験農場で、ローレンス・オルソンに出会いました。そこの切手の消印は当時も今も、〝エクスペリメント（実験）、ジョージア〟です。エドナは図書館の司書、イリノイ出身のローレンスは農学者でした。このころ、ローレンスは各地の研究室で仕事をしていましたが、その中の一つにテネシー州オークリッジの原子力施設があったのです。

父のことはほとんど覚えていません。父はオークリッジで放射能を浴び、一九五一年、長患いの末に死亡しました。当時四一歳の母は、一九四一年生まれの長兄ハワード、四四年生まれの次兄ウェイン、そして私の三人の子どもを、女手一つで育てていかなければなりませんでした。母は司書として働くかたわら、学校でも教え、さらにエモリー大学の夜間部に通い、そこで修士号を取りました。家にはお金というものがまったくありませんでしたが、母が愚痴るのを聞いたことは一度もありません。

母は自分の役目は一家を養うことだと思い定め、必死に働き、いつも家を留守にしていました。私たちを食べさせるためには、家を空けるのも仕方ないことだと考えていたようです。今でも母は、「何もかもあなたたちのためだったのよ」と言うでしょう。

この点、ベックは母に似ていないでもありません。二人とも、物質的に家族を扶養することがいちばん大切だと思っているところがあります。

長兄のハワード——みんなハーウィと呼んでいました——は、私にとって父親代わりであり、少女時代、大人、そして結婚してからももっとも大切な人です。私とベックとの関係を理解するために、兄の存在は欠かせません。

母がほとんど家にいなかったので、私には、ガールスカウトの集まりや学校行事の送り迎えをし、またいつもそばで成長を見守ってくれる人が必要でした。そしてハーウィがその役目をしてくれたのです。今でもはっきり覚えていますが、私がAのずらっと並んだ通知票を見せると、兄は一言「どうしてAプラスを取れなかったんだい?」と言いました。それで、私の得意な気持ちは吹っ飛んでしまいました。

ピーチと付き合い始めたころ、私はハワードに対し、いささかライバル意識を抱いていた。理由は簡単、彼が聡明でなんでもできたからだ。そういう人間がそばにいると、つい闘争心を燃やして、あれこれやり合いたくなるのだ。しかし、私のそんな気持ちに気づいたピーチに、兄と張り合うのはやめてと言われ、その言葉に私は従った。ハワードは本当に優しい人で、私のそんな挑発的な態度をまったくいさめようともしなかった。そのうちに、私は本当の兄弟として、しだいに彼を好きになっていった。

ピーチ

私が不完全な人間に育ってしまったのは、幼いころの教育のせいだと思います。子どもには、ふた親が必要なのです。

そして子ども時代の経験は、骨の髄まで染み込んでいるものです。とびきり優秀で働き者で、子どもたちを物質的に満足させることしか頭になかった母は、私の心から「あきらめる」という言葉をあっさりと消し去ってしまいました。

どんなに辛い状況に置かれても、私はあきらめません。とくに結婚生活に関しては、がんばり屋です。おかしなことですが、私がベックという人、そしてゴールに向かってしゃにむに突き進んでいく彼の態度を受け入れたのは、母に事前にそう仕込まれていたからかもしれません。ベックの生き方は母の生き方によく似ています。私の身近には、理想の結婚とはこういうものだというお手本がありませんでした。だから、しだいにベックとぎくしゃくしてきても、だからどうだっていうの、夫婦なんてみんなこんなものじゃない、と思いがちでした。

私は八月の後半生まれなので、学校のクラスではいつもいちばん年下でした。娘のメグがやはり八月後半に誕生したとき、私のような不利な目には遭わせたくないと思い、六歳の誕生日が来てから幼稚園に入れました。

学校の成績はよかったものの、私は奥手で、恥ずかしがり屋のおとなしい女の子でした。それほど自分に自信も持てず、人付き合いを避けたりはしませんでしたが、あまり得意ではなかったのです。デートから戻ると、まあ、どうしてあんなぞっとするような人とデートしたのかしらと後悔するタイプでした。一度、全然知らない人からプロポーズされたことがあります。これにはとても困惑しました。愛っていったいなんなのだろうと考え込んでしまいました。でも、わかりませんでした。

母は有無を言わせず、二人の兄をできるだけいい大学に行かせました。もともと頭脳明晰《めいせき》だったハーウィは、プリンストン大学で学士号、ジョージア工科大学で修士号、英国のマンチェスター大学で繊維物理学の博士号を修めました。後にNASA（米航空宇宙局）のために、宇宙服の新素材の開発に携わるようになりました。次兄のウェインはジョージア大学に行きました。

私はというと、母によく言われたものです。「何になりたいのかわからないのだったら、ジョージア大学に行って教師になりなさい。それだったら結婚しても両立できるわ」

私は大学にも結婚にもときめきませんでした。それより、私の中では、こんなに狭いところで暮らすのはもうたくさん、グリフィンを出て違う世界を見たいという思いがだんだん強くなっていったのです。

グリフィン高校卒業後、私はジョージア大学に入り、一九七一年に政治学の学士号を取りました。

さらに勉強を続け、英才児の教育指導という特殊な教師の資格を取得しました。一九七四年、ベックと出会ったとき、私はその仕事をしていました。

〽〽〽

最初に真剣に付き合った女性は、ミッドウェスタン大学二年のときに出会ったマーサ・モイヤーだった。美人で、優しく、明るい女性だった。しかしマーサが私にとって特別な存在だったのは、彼女が私を崇《あが》めたてまつってくれたからであり、私の偏屈な面や、精神的不安定を見逃してくれていたからだ。

彼女とは卒業後も付き合った。私がダラスのサウスウェスタン大学に進むと、マーサもダラスに越してきて、学校の教師になった。当然結婚の話は出たが、それからの八年間、医者になる勉強で忙殺されることがわかっていたし、そのうえ夫になるなどという自信は私にはまったくなかった。やがてマーサは去っていったが、彼女も内心ではほっとしていたと思う。

マーガレット・オルソンに出会ったのは、一九七四年、私がグリフィンの実家に戻ったときのことで、彼女は歯医者の兄キットの患者だった。キットの妻が私に言った。「ベック、もしかするとマーガレットみたいな人が、あなたの結婚相手にふさわしいのかもしれないわね」

マーガレット・オルソンはとびきり魅力的で、とても頭のいい、はきはきした女性だった。彼女には真の善人たる素質が備わっており、そこに惹《ひ》かれた。単に間違ったことをしないというだけでなく、私には欠けている他人への思いやりを持ち合わせていた。こうして私は時々、夫になった自分を想像するようになった。かたわらには私の妻、そして子どもたちの母親である彼女がいる……。

ピーチ

最初のデートのことはあまり覚えていません。「アンダーグラウンド・アトランタ」という店で、夕食か何かを一緒に取ったのだと思います。でもそのときの自分の服装は覚えています。ネイビーブルーのソックスに、袖がネイビーブルーのニットになった、赤・白・ブルーのアーガイル模様のツーピースでした。昔はそんなへんてこな格好をしていたのかと思うとぞっとします。

最初のデートのときから、ベックがとてもエネルギッシュな人だと気づいていましたが、二人のあいだには、激しく燃え上がるものなんて生まれませんでした。それから半年くらいして、キットの奥さんから電話をもらい、もうすぐ里帰りする予定のベックが、私に会いたがっていると言われました。いかにも彼らしいことに、デートの日取りはこちらに任せるとも。

そこで週末のダンス・パーティーで会うことにしました。パーティーの会場はグリフィンの、教室が一つしかない古い小学校で、キットと彼のバンドが出演していました。キットはその学校を、バンドの練習場所として購入していたのです。ベックは、ダンスが上手でした。私は誰かからビールを渡され、お酒に弱いものですから、すぐ酔っ払って踊りだしました。そんなことは初めてでした。私たちは一晩中踊りまくりました。

ベックは「電話するよ」と言い、実際かけてきました——毎週土曜日の、びっくりするような時間、たいてい真夜中の二時に。そのうち私もその時間に合わせて起き、電話を待つようになりました。ベックは面白い人で、いつも笑わせてくれました。陽気で、ちょっととらえどころがなく、それでいて気難しいところのある思索的な人だと思いました。ほかの男の人たちとは違っていました。

口数は多いのに、自分自身のことはけっしてしゃべらないと気づいたのは、もっとあとになってからです。それに気づくまでずいぶんかかりました。

　医学部の友人たちは、初めのうち、私の妻となる女性を、〝ジョージア・ピーチ〟と呼んでいた（桃を表わすピーチには、すてきな娘の意味があり、またジョージア州は愛称をピーチ・ステートともいう）。そのうち〝G・ピーチ〟になり、最後にはただの〝ピーチ〟になった。こうして南部から、マーガレットという美しい名前がまた一つ消えた。

ピーチ

　あのころは、なんと呼ばれようと気になりませんでした。ピーチという呼ばれ方にはユーモアと愛情が感じられました。

　しかし、のちのち結婚生活がうまくいかなくなってくると、このニックネームはひどく重荷になってきました。マーガレット・オルソンという名前はとうの昔に消えていたし、私はすでに〝すてきな娘〟ではなかったからです。

　ところで、私が初めて彼のいるダラスに出かけていくとき、母はこう言いました。世界中の最新ニュースにくまなく目を通し、その内容を手のひらサイズのカードにまとめて、いつでも話せるように準備していきなさい。そうすれば、ベックと食事するとき、いい話し相手になれるわと。母は本気だったと思います。

　七四年になると、ジョージアとテキサスを行き来するのが面倒になったので、私が、ダラスに引っ越して、そこの私立学校で一年間教えました。もちろん、同棲はしませんでした。私は昔気質《かたぎ》の南部の娘です。確かにベックがいたからテキサスに移ったのですが、愛情のせいだけでそうしたのかどうか、自分でもわかりません。とにかく、グリフィンから出たかったのです。彼のことは愛していると思っていました。首ったけだと思い込んでいました。

病院での医学実習が終わり、私はボストンで研究員の職を得た。このことを話すと、ピーチは言った。「でも、私はボストンまでついていけないわ、なんの約束もないままじゃ。そういうものでしょ?」

14

ピーチ

一九七六年四月二十四日、私たちはファースト・バプテスト・チャーチで結婚式を挙げました。四〇〇人もの人が参列した盛大な式で、まさにこの日のためにグリフィンに住んでいたようなものです。婚約指輪はもらいませんでしたが、私は気にしませんでした。結婚指輪は祖母のものを使い、ベックの結婚指輪は、ダラスの安い宝石屋で買いました。そのころ彼は、自分のお金で一二〇〇ドル(約一三万円)ほどのカメラ一式を購入しています。そんな余裕があるなら、小さなダイヤのついた指輪ぐらい買えたはずだということに気づかなかったのは、私がずいぶん彼にのぼせ上がっていたからでしょう。

だんだんわかってきたことですが、ベックは正式の集まりなど、特別のときにしか指輪をしませんでした。指輪が何かに引っかかったら大変だ、怪我をするかもしれないし、悪くすると指を切断しかねないからと言うのです。

またベックは、結婚式の夜のホテルを予約するのを忘れていたので、私たちはアトランタの彼の両親の家に泊まりました。このとき、ピンとくるべきだったのです。

結婚した当時のベックが鬱状態だったと気づいたのは、ずいぶんたってからですが、それから以後もずっと、彼は似たような精神状態にありました。それまで、鬱で悩んでいる人を身近で見たことなどなかったので、彼があちこちの不調を訴え、さっさと一人で寝てしまう理由が私にはさっぱり理解できませんでした。彼が、他人に自分の気持ちを打ち明けられない人だとは察しがついていましたが、私だけでなく、ほかの人に対しても同じだと知って、内心ほっとしていました。

初めのころは、鬱なんてじきに治るだろうと思っていました。彼が私に心をひらき、そばにはいつも私がいると気づいてくれさえすれば、すぐ消えるだろうと思っていました。でも、そういうわけにはいかなかったのです。

ㇵ　ㇵ　ㇵ

たえず働いていなければならないような気がしていた。私は肩の力を抜いて、人生を楽しむことができない。自分が幸せでない人間は、そばにいる者をひどく疲れさせるものだが、私はそうやってずっとまわりの人たちを苦しめてきたのだ。

しかし、ピーチに出会った。彼女は、他人と気持ちを通い合わせることの大切さを知っており、実際いつもそうしている。それは彼女の最大の長所だ。見習おうとは思うが、私にはできない。ほかの人にわかってもらえるようなジェスチャーや言葉を使うのが嫌だというのではない。ただ他人に自分のありままの気持ちを伝えるという行為自体が、私のなかに存在しないのだ。考えたことさえない。だから私は自分でも知らないうちに、何度もピーチをがっかりさせたり、怒らせたりしてきたに違いない。彼女の気持ちをいつも読み誤ってきたのだ。本当に何年も何年も、私は彼女の内心の思いに気づかなかった。

ピーチ

ボストンで一緒に暮らすようになれば、もっと彼を理解できると思っていました。でも反対に、彼の気持ちは離れていくばかりだったのです。私が悪いのだと思いました。私は話し上手じゃないし、とくにベックが興味を持ちそうな分野については何も知りません。いい話し相手になりなさいと、母に言われていたことを思い出しました。

私はもっと話をしようと努めましたが、いつも彼の方で心を閉ざしてしまうのです。そのうち、この人は私よりはるかに頭がいいのだと思い、私の方が怖《お》じ気《け》づいてしまいました。だから、あながち彼だけの責任でもないのです。

「今日はどうだったの?」と訊いて、返事がもらえたためしはありません。

「あの脳腫瘍《のうしゅよう》はどうなったの?」と訊いたって、同じことでした。

私の気持ちがよくわからない、ピーチがそう感じる理由の一つには、私が時々専門的な事柄を考えているることも関係あるかもしれない。たとえば、GPS（衛星利用測位システム）はどうやって動いているのだろう、などということに彼女が関心を持つとは考えにくい。

彼女が求めているのは、「気分はどう？　いま、あなたが考えているのはどんなことなの？」という問いかけに対する答えだということはわかっている。だがほとんどの場合、私の頭の中にあるのは巨大な無である。そう、何も考えていないことの方が多いのだ。私がいつも高尚でむずかしいことばかり考えていると思っているのは、彼女の買いかぶりにすぎない。

ピーチ

ベックについてだんだんわかってきたことがあります。彼は、責任を負わされるのはごめんだ、あれこれ指図されたくないと強く思っている人なのです。そして女というものは、生まれつき男を言いなりにしたがるものだとも思い込んでいました。

自分の結婚が他人と比べてどうなのか、私には比較するモデルがありませんでした。不幸というほどではなかったのです。ベックはたいてい優しくしてくれるし、寛大だし、口うるさくもないし、ワンマン亭主でもありません。そこで私は、自分はいいお給料をもらってくる、まともな人と結婚できて幸せなのだと思うことにしました。そして彼はいまのままでいいとも……。実際、もっと濃《こま》やかに気持ちの通じ合える相手を望むなら、女性と結婚するしかないのですから。

15

ボストンでの生活はこんな調子だったので、ある日トム・ディッキーから電話をもらったときは、驚いただけでなく、心底うれしかった。彼は私と一緒に病院実習をしたサウスウェスタン大学の同期の病理学者で、トムと彼の妻は、ピーチと私のために婚約パーティーをひらいてくれたほど、われわれとは親しかった。

彼は、私も知っているサウスウェスタン大学の若手の優秀な病理学者たちと、ダラスで病理医の組合のようなものを作っていた。そのなかに、医者としての腕だけでなく、人柄もとても素晴らしいと評判のジム・ケチャシドもいた。彼は善悪の判断が本能的につくタイプの人間だった。トムに仲間に入らないかと誘われ、私は二つ返事でこれを受けた。

「給料はどのくらいなのか、気になるだろう?」トムは尋ねもしないのに言ってきた。

「そうでもないよ」と答えると、「いいから、言ってみろよ」と言う。

「そうだな、ぼくの仕事ぶりを見て、きみたちがふさわしいと思う給料を払ってくれたら文句はないよ」

こうして私は、新しい仲間たちとゆるぎない信頼関係を築くことになった。

一九七七年四月、私たちはダラスに戻り、メディカル・シティ・ホスピタルでの勤務が始まった。その病院はベッド数約一〇〇床、築後まだ三年で、近々拡張される予定があり、ダラスの中心部をずっと西に行った、シティというよりむしろビレッジというべき草原に建っていた。

病院関係の仕事ではゆっくりした時間が取れないのが普通で、私はおもにランニングをすることでなんとか体調を保っていた。費用は靴代しかかからないし、どこでもできる。

ボストンにいたときは週に五〇キロから八〇キロ走っていたが、レースには出なかった。走るのが好きなだけだった。

ダラスに戻った最初の一年は、病院からそう遠くないところに住んでいたので、病院までの約一〇キロの道程をジョギングで行き帰りした。適度な運動にはもってこいの距離だった。私は自分をスポーツマンだと思ったことは一度もない。ただ、健康でいたかったのだ。

そのうち、私は自分にとても体力がついてきたことに気づいた。さらに、私の年齢の半分にも満たないスポーツマンと呼ばれる若者たちが、私ほど走れないことを発見して有頂天になった。

ダラスに戻った最初の夏の終わりに、私はハイスクールのフットボール選手たちと知り合いになっていた。私たちは同じトラックを走ったが、苦しそうにあごを出している高校生を尻目に軽快に走り続けるのは、なんとも言えずいい気分だった。私の人生の中で、もっとも痛快な経験の一つである。

ピーチ

テキサスに戻ると、ベックは病院に入りびたって仕事をするようになり、私はいつも一人ぼっちでした。前よりもっとずっと孤独になり、やがて子どもが欲しいと思うようになりました。私はもともと母性本能の強い方ではありません。それまで子どもと接する機会はほとんどなかったし、白状すればベビーシッターは大の苦手、そのうえたいへんな怖がり屋で、自分の血でもテレビ番組の中の血でも、絶対に見ていられないくらいです。

でも子どもが欲しくなった私は、その思いをひそかに実行に移しました。ベックが勘ぐっているように、ピルを飲むのをやめたわけではありません。実際のところ、ロシアン・ルーレットみたいなものだったのです。こうして一九七八年一〇月、ベック二世が生まれました。

〽　〽　〽

大ショックだった、子どもができたなんて。結婚生活がいかに複雑なものか、なんて考えたこともなかったが、それだって親になることに比べればたいしたことではない。自分が父親になったということを、私は簡単に受け入れることができなかった。動かないと思っていた地面が、突如動き出したようなものだ。

ピーチ

ベックはさっぱり育児に協力してくれませんでした。でも、私は、このちっちゃな坊やが私の愛と庇護《ひご》を求めている、そう思うだけで十分幸せな気分になれました。私は全エネルギーを赤ちゃんの世話に注ぐことによって、幸福になったのです。同じようにベックは、全エネルギーを仕事に振り向けました。そのころ、二人が以前よりうまくいっていたのはそのせいだと思います。

またそのころから、私は私と同じような生活環境にある若い母親たちと付き合うようになりました。後に彼女たちは、私の大切な心の友になります。

最初に出会ったのは、パット・ホワイト。彼女の夫テリーは、ベックと同じ病院の医師で、彼女とは休暇に別荘でひらかれた病院関係者のパーティーで知り合いました。そのとき、私たちは二人とも第一子を身ごもっていました。その後、うちの息子と彼女の息子チャールズは、北ダラスのメドウブルック幼稚園で、たまたま隣同士になりました。二人とも名字がWで始まるからです。それ以降、二人の男の子は親友になり、デューク大学では最初の二年間ルームメイトでした。

また、同じころ出会った友人の一人がセシリア・ブーンです。彼女の娘エイミーも、息子と同じ幼稚園に通っていました。セシリアが車の相乗りに誘ってくれたことから、私たちは親しくなりました。後に我が家の近くにブーン一家が家を買って越してくると、ブーン家の次女キャサリンとうちの娘メグは、バブとチャールズのようにいつも一緒にいるようになり、いまも二人は大の仲良しです。

パット・ホワイト

私の出身地である中西部では、ダラスとは違い、率直であることはごく自然なことだと考えられています。ピーチの素晴らしさも、彼女の率直な点にあると思います。私は彼女の考え方を高く買っています。いつでも意見が同じとは限りませんが、九割がた一致し、これには互いにとても勇気づけられます。「そう、あなたもやっぱり私と同じ考えなのね。だったらこのままがんばってみるわ」という具合に。

セシリア・ブーン

ピーチは親友です。彼女には現実をしっかり見据える優れた力があり、どんなに困難な状況にいても、冷静にその問題と向き合うことができます。ベックのことを話していても、他人の助言を求めているようには見えませんでした。ベックはずっとこのままで変わることはないのかしら、とさえこぼしたことはなかったと思います。問題は、このまま彼との結婚生活を続けるかどうかというところまできていました。

ピーチはメグのことをマイベイビーと呼んできたが、それはある意味で正しい（メグはマーガレットの略称。この一家では、息子は父親の、娘は母親の名前をもらっている）。一九八一年八月、娘が産まれるころまでには、私も父親というものに慣れていたから、メグが誕生してもあまり当惑しなかった。地殻変動がやっと終わったというところである。私はどぎまぎすることもなく、むしろ幸せを感じていた。ピーチは、私が小さな息子をほったらかして医業に専念するのを、しばらくは許してくれていた。しかしいつまでもそんなことをさせておくわけにはいかないと、賢明な彼女は心に決めていたのだ。そこで私も子育てに参加することになった。

私は、数えきれないほど何回も娘のお尻をぬぐい、さらに数えきれないほどオムツを取り替えた。また毎晩、娘のベッドで絵本を読んで聞かせた。それは娘と私のお楽しみの時間だった。

メグという子は、生まれながらに父親に気持ちを伝える術《すべ》を知っていた。お兄ちゃんの方はもっとおとなしくて、いよいよというときまでなかなか合図を送ってこなかった。だがメグは、何をどうしてもらいたいのかを、いつもはっきりと示す。それが私にはとてもわかりやすかった。

バブ

パパはすごくはっきりした人です。「おまえを愛しているよ！」なんてことを、面と向かって言うのです。そんなときぼくは、こんなところを友達に見られたらどうしようとびくびくしながら、小声で「ぼくもだよ、パパ」と答えます。

それからテレビ番組の件があります。うちのお気に入りはＣＢＳの「レスキュー９１１」で、これは毎回、絶体絶命の危機に陥った人たちが鮮やかに救出される番組です。パパはマッシュポテトを頰《ほお》ばり、大粒の涙を浮かべながら見ています。どうして泣くのと訊くと、「おまえやメグがこんな危ない目に遭ったらと思うと、悲しくなってくるんだよ」と答えるのです。

メグ

あたしはパパっ子です。まだ赤ちゃんのころ、たくさんお話を読んでもらいました。もちろん、今でもよく覚えています、ベッドに入る時間がどんなに待ち遠しかったことか！　何年も何年も、毎晩、毎晩、あたしとパパは一緒に本を読みました。

時々パパは、お話を読んでいる最中に、急にこんなことを言いだします。「ああ、メグ、パパはほんとにきみを愛しているよ！」自分の気持ちを口に出してくれるパパを持っているなんて、あたしはとっても幸せです。

あたしも、パパが「レスキュー９１１」を見て、いつも泣いていたのを覚えています。毎回必ず泣くんですよ、パパは。親が涙を流しているところなんか、普通はなかなか見られないものでしょ。じーんときました。

何かに夢中になると、私には際限というものがない。あの番組を見ていても、怪我をしたり手足を切断されるのが大人の場合は全然気にならなかった。だが、危険な目に遭っているのが子どもだったら、結局その子が助かるとわかっていても、どうにもいたたまれなくなって、しまいには、テレビから離れるしかなくなっているのだ。

16

これまでに一度も自分自身に好感を抱いたことのない人間は、将来そうなれるとは期待しないだろうし、幸福感の欠如を不満に思うこともないだろう。満足できなくても、人は生きていけるのだ。確かにそんな状態は、人間としてまともでないかもしれない。精神的に健全でないし、人との関係に積極的な意義も見つけられない。だが人生では、来る日も来る日も、ちょうど山を登るように、人は一歩また一歩と前に進んでいかなければならない。そして、意志と理性だけに頼ってなんとかやっていくうちに、一種独特の満足感が生まれてくるのである。

これが、結婚して数年後の私の感想だった。私はなんでも――とくに仕事に関しては――つねに全力投球だったし、いつも忙しくしていようと、たくさんのむずかしい仕事に立ち向かい、さまざまな趣味も持った。と言っても、それらはすべて逃避にすぎなかった。

目新しい考えや物事に出合うと、私は最初かなり熱中するたちだ。すっかり引き込まれ、いろいろ勉強する。そしてひととおり齧《かじ》ると、気持ちはもう別のものに移っている。

私の最初の趣味は、カタマラン社製の小型双胴ヨット、ホビーキャットだった。サウスウェスタン大学の実習医だったころ、それを操縦してダラス周辺の湖を回っていた。セーリングは一時の気まぐれではなかった。究極の目標は、ヨットで世界一周することだった。双胴ヨットは、最終的な大航海のために、是非とも経験しておかなければならない最初のステップだった。もっとも、この野望が実現することはなかったが。

私は海洋学から海洋気象学まで、必要と思われるすべての通信講座を受講し、海に関する専門知識とヨットの操縦法を身に付けていった。海から何百キロも離れた所に住んでいる人間にしては上出来だったと思う。セーリングの実地講習会にも参加した。船について書かれた本もたくさん集めた。そして手始めに、何回かカリブ海へ出かけ、〝ベアボーディング〟という方法で実地の経験を積んだ。

セーリングには、私が後年のめり込んだ山行《さんこう》に似たところがあった。必要だと思われる技術を、長年にわたり真剣に学んでいるうちに、はるか先のまったく不可能に見えていた目標に手が届くようになっているという点だ。私はしだいにバーを高くしていった。最初のセーリングでは、全長約一〇メートルのヨットを借りたが、二回めには、もう少し技術を要求される一二メートルのものにした。また、セーリングは医者になる修業にも似ていた。つまらないことをこつこつやり、どんな小さいことでも確かめながらやっているうちに、目的地に着いているのだ。

そのうち私は、次々とセーリングに関する免許や修了証書を手にするようになった。それらは、私の進歩を誉《ほ》めてくれる小さなごほうびであり、世間が努力を認めてくれたという証拠だった。つまり私にとっては、サウジアラビアの少年時代、がんばったのにとうとうもらえなかったボーイスカウトの成績優秀賞バッジ〝神と祖国〟賞だったのだ。

セーリングを卒業すると、私は次の趣味に向かった。アマチュア無線だった。これは二年間続いた。無線の勉強は面白かった。私は上級の免許を獲得し、とうとうハム・エクストラと呼ばれる最高ランクまでいった。そのころには、家の横の庭に高さ三〇メートルのアンテナまで立てていた。

仕事の方も――私はそこに、多くの時間とエネルギーを注いでいた――すこぶる順調だった。一九八二年、私はメディカル・シティに勤務する一二〇〇人の医療スタッフの中から、医長に選出された。任期は三年で、一年めは次期の医長として、二年めは現医長、三年めは前医長として働くのである。当時私はまだ三五歳で、そのポストに座るには異例の若さだった。私は、それまでどんな医者も見せたことのない政治的、組織的手腕を発揮し、任期をまっとうした。このとき初めて、私は自分に大きな組織を引っぱっていく天与の才能があることを知った。どんな状況にあろうと、みんなの意見をまとめ、焦眉《しょうび》の問題の核心をつかむことができた。そのうえ、私は容易なことでは他人に言い負かされないタイプだ。

医長兼病理医としての私の責任は広範にわたり、仕事量は信じられないほどだったから、いきおい自分の時間、とりわけ家族と共に過ごす時間は隅に押しやられるしかなかった。だが、だからこそ、私はその状況を楽しむことができたのである。

家庭生活は得手《えて》ではなかった。そこからなるべく離れていたかったのだ。

「こんなに仕事ばかりしているのも、みんな家族のためなんだよ」と私はピーチによく言った。真実であろうとなかろうと、聞こえだけはよかったと思う。

こうした世間的な成功にもかかわらず、私は後ろ暗い気持ちも抱えていた。一生懸命働いて給料をもらい、家族の欲しがっているものを与えているのだ。一家の大黒柱として自分はよくやっている、立派ではないか、と自慢してもいいはずだ。しかし、私は自問せざるをえなかった──これで本当にいいのだろうか？

仕事はまじめにやっている、必要なものはなんでも家族に与えている、そして、彼らをこんなに愛している。だが、肝心なときにそばにいてあげなければ、いくら胸が痛くなるほど愛していても、なんの役にも立たないということを、私はまだわかっていなかった。

愛する人たちが助けを求めているとき、そばで支えてやれなければ、彼らはやがてあなた抜きで物事に対処するようになっていくだろう。それしか道は残されていないからだ。あなたとしては、いつかそれまでのやり方を改め、「さあ、これからは毎日一緒だよ」と言うつもりかもしれない。だが、そのときには、あなたの周りに愛する人たちはもういないだろう。気がつけば、自分のものだけに囲まれた老人が、ぽつんと一人取り残されているだけなのだ。

一九八〇年代初めの、あの激務に明け暮れた毎日は、そのときは自覚していなかったが、私に生きるエネルギーを与えてくれていたらしい。そして、ピーチと子どもたちに物質的・経済的安定を与えた医者兼医長としての三年間は、自分の職業的な地歩を固める一方で、二度目の鬱の呼び水になったとも思われる。この推測に、とくに科学的な裏付けがあるわけではないが、ともあれ、三年の任期が終わりに近づくに従い、私は急速に気落ちしていった。

自分らしくあることよりも、人々の愛情や尊敬を勝ち取るために、何か立派なことをすることのほうが大事だ、と思い込んでいる私のような人間は、自分の優秀さを証明する機会が減ると精神的に落ち込みやすいという医学的な研究があるそうだ。

テリー・ホワイト

ベック・ウェザーズのことは、彼がこの病院に勤務し始めたときから知っています。彼は友人であり、同僚であり、また家族ともども親しく付き合っています。

臨床医の私は患者に会う前、病変細胞のスライドを見るために、まず病理医のところへ行きます。こういうわけで、ベックと私は週に四、五回、顔を合わせているのです。

優秀な病理医ほど、患者の状態に関して何かヒントになるような所見はないか、臨床医から聞きたがるものです。そして、治療に有効な情報を発見し、臨床医にフィードバックしてくれます。ベックはこの点で素晴らしい病理医です。われわれはこのように協力関係を確立し、互いに願ってもない関係を築いてきました。

彼は鋭い観察眼の持ち主で、どんな問題を前にしてもすぐさま核心にずばりと切り込んでいきます。医長時代には、その能力を十分に発揮してくれました。もめごとをさっさと解決し、さまざまな意見を一つに集約し、そして自分の考えの正しさをみんなに納得させるのです。頭も柔軟で、物事には自分とは違う別の見方があるということもわかっています。

最近、私も医長になりましたが、この仕事は本当に広範囲にわたるので、勤務時間の三分の一を取られてしまいます。しかし、任期はいつか終わります。すると突然、その人はみんながリーダーシップを求め、決裁を仰ぐ人物ではなくなります。虚脱感を覚えても不思議はないでしょう。

医長の任期が終わってしまうと、私は山のように問題を抱え、多くの人たちのあいだを飛び回り、次々と意思決定を下していたあの超多忙な日々を思い出し、懐かしむようになった。医長としての私に対する周囲の評判は、功績を高く評価するものばかりだった。あのころは自信に満ちていた。ところが、全身全霊を傾けていたその職は突然なくなってしまったのだ。そして、それと同時に、またあの鬱が戻ってきたのだった。こうして悲惨な第二幕が切って落とされた。

鬱は、一日で人を圧倒するものではない。じわじわと忍び寄ってくるものだ。最初は、なんだか気がふさぐなとか、いつもの調子が出ないという程度で、たいして気にもならない。たまにはこんな暗い気分の日もある、いつでも元気いっぱいというわけにはいかないさ、と思う。深く考えず、そのうち治るだろうとタカをくくっている。しかし、気分は落ち込んでいくばかりだ。そしてあるときふと気づく、これはもう、気持ちが上向きになるかどうかの段階ではないと。半年後、私は悲惨な精神状況に陥っていた。はっきりした原因は思いあたらない。ただ、まっ暗な穴に落ちたような感じだった。

登山に出合ったのが、二度めの鬱に襲われたときだったのは、ただの偶然である。しかし考えてみれば、その数年前、すでに登山にのめり込みそうな兆候はあったのだ。

大人になってからは、ハイキングに興味を持ったこともないし、まして積極的に山に行きたいなどと思ったことは一度もなかった。しかし一九八〇年ごろ、テキサスのビッグベンド国立公園に、リュックサックを背負ってハイキングに出かけたときに考えが変わった。ピーチと、医者の同僚とその家族も一緒だった。そこは素晴らしい景色の広がる美しい国立公園だが、メキシコのリオグランデ川を横切ってきているチワワ砂漠のせいで、空気はひどく乾燥し、とても暑いところである。やたらに喉《のど》が渇いたものの、このハイキングはとても楽しかった。気の合った仲間と共に、美しい景色を見ながら大自然の中を歩くのは素晴らしいと思った。

話を急ごう。五年後の一九八五年二度めの鬱が始まった頃だ。私は一週間ほどの予定で、コロラドのエステスパークにあるYMCAのキャンプ場に出かけた。参加したのは三家族で、前とは別のグループだった。ある日、父親たちだけで早朝ハイキングをすることになった。道程は約一三キロ。当日の朝は寒々とした雨の降る、凍えるような天気だった。私とケン・ゾーンズだけが、まだうす暗い時間に起き出してきた。ケンとは、ピーチの友達ブーン夫妻を通じて知り合っていた。ほかのキャビンはどこも真っ暗だった。

ガレット・ブーン

あのキャンプを思いついたのは、妻のセシリアと私です。ベックとケン・ゾーンズが、その朝ハイキングに行こうと私を誘いにきました。私はちょっと待ってほしいとかなんとか答えました。そのうちに小石を踏む音が聞こえ、二人が去っていったようだったので、私は枕を引き寄せ、もうひと眠りしました。

ケンと私はひたすら山道を登り、数時間後、意気揚々と下りてきた。ほかの連中——つまり良識ある人たち——がベッドでぐずぐずしているあいだに、こっちは最後まで歩き通したのだ。おれたちはなんと男らしく、勇敢で意志が強いのだろうと大得意になっていた。

夏のエステスパーク行きが恒例行事になると、私とケンは、凸凹コンビとして結束を固めていった。ケンと私は見るからに対照的だ。彼は上背のあるスポーツマンで、運動神経に絶大な自信を持ち、自分の肉体にできないことはないと信じきっている。だから、どんなにむずかしそうなことだろうと、必ずこう言うのだ。「おい、面白そうだからやってみようぜ」

これに対し、私は運動が得意だと思ったことは一度もない。確かに、毎日歩いたりジョギングしたりして職場に通うようにしているし、ほかにも健康維持のための努力はしてきたが、生まれついての自己不信と、心身の活気を徐々に蝕《むしば》む心の病気のせいで、すっかり臆病な人間になっていた。ある山の頂上が見えると、ケンは「よし、あいつに登ってみよう！」と叫び、私は「いや、もう少し低いところから始めよう」と答えるのだ。

ケン・ゾーンズ

普通の人は、朝三時に起き出し、へとへとになるまで一二時間も歩くなんて、まっぴらごめんだと思うでしょうが、私たちは平気でした。そういうことをしたいと思うかどうかは、人によるのです。あるとき、私はロッククライミングの最中に、指の動脈を切ってしまいました。それでも私たちはゲラゲラ笑いながら、「ああ、なんて愉快なんだろう！」と言い合っていたのです。

ベックと私はカメとウサギみたいなものでした。たとえば、大きな石がごろごろしているような足場の悪い箇所を通過するとき、ベックは几帳面《きちょうめん》に一足ずつさし出しながら、慎重に歩いていきます。ところが私は五〇メートルぐらい速足で歩き、ハアハアあごを出して立ち止まるタイプです。ベックに追いつかれて抜かれそうになったころ、私がまたスピードを上げるといった具合で、結局、ゴールにはほぼ同時に着きます。ただ、そこに到達するまでのやり方が違うだけなのです。

私たちは一言もしゃべらず、何時間も歩き続けることもありました。話をするのはたいていベックで、私はもっぱら聞き役です。役割分担がきっちりできていたので、私たちはいい相棒同士でした。私があまりしゃべらなくても、そのぶん彼が話してくれたのです。

⩕ ⩕ ⩕

こうして毎年、私たち二人はエステスパークで、当たってくだけろ式に無理を重ね、あちこちの山に登り、嬉々として危なっかしそうなことばかりやっていた。一度、一日で三つの峰を縦走したことがある。これにはかなりへばった。

私たちはまた、山でのタブーも知らずにやっていたが、幸運にも大事には至らなかった。あるとき、帰路の時間を節約しようと、ビニールのゴミ袋で氷河を滑り降りたことがある。そのときの私の登山道具といえば、先に小さな金属のついたステッキだけだった。幸い麓まで無傷で下りられたものの、それがどれほど危険なことか、そのときは全然わかっていなかった。あまりに無知だったのだ。勢いが止まらず、そのまま氷河の端まで滑り落ち、死んでしまっても不思議はなかったのに――エベレストの急斜面を、なす術《すべ》なく滑落したあのチェン・ユナンのように。

ケン・ゾーンズ

最初のころ二人で登った山に、フラットトップという、三六〇〇メートルの美しい山がありました。

途中、私たちは突然の嵐に襲われました。持ち物は、ウィンドブレーカーとサンドイッチだけだったと思います。風はとても冷たく、小雪まじりでした。私たちは岩陰に身を寄せ、縮こまっていました。下山しようにも登山道も見えなくなっていたのです。

そのとき、こんなことを言い合いました。「いったいどうしたらいいんだ？　ここで死ねっていうのか？」

幸いにも二〇分くらいで嵐は去り、太陽が顔を出したので、私たちは再び頂上目指して歩き始めました。それでも、そこで学んだことはあります。つまり、あれから十分な装備なしで山に登ることはなくなりました。

⋀⋀　⋀⋀　⋀⋀

ケンと私は夏以外は山に登らなかったがやがて手探り状態ながら、登山の基本技術を学んでいった。

初めて登山をしてから一年後、私はジム・ケチャシドやほかの医者仲間と、アラスカの有名な登山道チルクートまで出かけた。それはスカグウェイから一〇六〇メートルのチルクート峠を通り、カナダのユーコン川に至る五三キロのコースである。一〇〇年前のアラスカのゴールドラッシュ時代には文字通り一攫千金《いっかくせんきん》を夢見た人々が、何千、何万とこの険しい山道に殺到したという。森林や湿地を越え、先人たちの捨てていった缶詰の缶や酒びんやストーブ、ときにはボートなどを見ながら、私はこのトレッキングをおおいに楽しんだ。

チルクートを歩いているうちに、私は登山が私の心にもたらす驚くべき効果を再確認することになった。奥深い山道を無我夢中で歩いていると、そのときだけにしろ、ひどくなる一方の鬱が軽くなるのだ。山に入ると暗い気持ちはどこかにいってしまう。なぜなら、山では――だんだんわかってきたことだが、とくに高い山であればあるほど――目の前のことに集中せざるをえないからだ。身も心も下界から解き放たれ、私は自分のいましていること、眼前に広がる景色に没頭することができた。登山は、一種のセラピーになっていたのである。

セシリア・ブーン

家族旅行なのに、ベックとケンの二人だけは勝手に登山ばかりやっている――そのことに、やがてみんなもはっきりと気づくようになりました。せっかく家族で楽しもうと思っているのに、二人はそこにいないか、いてもひどく疲れているかのどちらかでした。旅行は二人だけのものではなく、みんなのものだったのです。そのうち、彼らは単独行動を取るようになりました。ピーチも、ケンの奥さんのデビーも、この二人の態度には腹を立てているなんてものではありませんでした。

一九八七年ごろには、鬱は片時も私のそばから離れなくなっていた。だが、自分の病的な現状を認めたり、専門家の助けを借りたりする気はまったくなかったから、私はますます泥沼にはまっていくばかりだった。白状すれば、人にこのことを知られたくないというより、そんな状態の自分を認めたくなかったのだ。自分がそれほど弱い人間だとは思いたくなかった。

私は、精神医学に対して深い不信感を抱いていたし、さらに自分の職業的知識のせいか薬物への嫌悪感も持っていた。心理学者や精神科医はみんなペテン師か愚か者だ、とまでは言わないものの、私の意見はそれに近い。私は非常にプラクティカルな人間だから、そういう人たちの言うことはまったくナンセンスに聞こえるのだ。誰かに症状を聞いてもらったからといって、事態が変わるとは思えなかった。

また、自分が抑鬱状態にある、医学的に問題があるということを認めれば、医者という職業的な立場が危うくなるのではないかという懸念もあった。なによりも、他人に自分が仕事を続けられる状態かどうか判断されるなんてごめんだった。調子は上々ですよなどと、誰かに定期的に報告する気にはなれなかったのだ。

実際のところ、私の調子は上々どころではなかったのである。

私は深い悲哀と底なしの絶望に打ちひしがれていた。どうやってそこから抜け出せばいいのかわからなかった。まっ暗な井戸をのぞき込んでいるような感じで、いまにもそこに引き込まれそうな気がしていた。

職場でも、仕事に集中できずに冷や汗をかいていた。カルテを目で追いながらも、頭の隅では、もしこの苦痛から解放されたらどんなに楽だろうと、それればかり思っていた。そして、それがごく簡単に実現できることも、私にはよくわかっていた。

大学時代、初めて鬱に襲われたときも、もちろん悲惨な状況だったが、しかし、あのころはまだ学生だった。三時間でも四時間でも、多少気分がよくなるまでベッドに潜り込んでいられた。ところが今は、いつも背筋をしゃんと伸ばし、誰にも愛想よくしていなければならない。とくに職場では、弱っている気配すら出せなかった。

職場ではけ口が見つけられないのだから、家で機嫌よくしているのは至難の業《わざ》だった。病院から帰宅しても、すぐには家に入れないことがよくあった。ガレージの前で立ち止まり、五分ほどの間になんとか気力をかき集め、やっと我が家に入っていったのだ。

人生に終止符を打つ方法はいくらでもある。自殺の手引き書は、どの本屋にも置いてある。どうせやるなら、失敗はしたくない。最上の方法としては、大量の睡眠薬をやはり大量のウイスキーで飲み下す方法のようだが、それはあまりにも手数がかかりすぎる。そこで私は、やるとしたら、少しばかりはた迷惑な方法でいこうと考えるようになった。

ある晩のこと、もうこれ以上ないというところまで落ち込んだことがある。気持ちをコントロールできない自分が恐ろしかった。ソファに腰かけ、三五七マグナムを握りしめた。いまこそ、湖まで車を走らせ、銃の引《ひ》き鉄《がね》を引くときだと思った。それまで内心でくすぶっていた自殺という考えが、初めて具体的な形をとり、私に迫ってきたのだ。解決策も、帰るところも、避難場所もなかった。そうだ、山だ。山しか自分が生きる場所はない——そのとき私はそう感じた。

1989年、マッキンリー、ウィンディ・コーナーでのベック

III

七大陸最高峰制覇《セブン・サミッツ・クエスト》へ

17

ピーチ

ベックが苦しんでいるのはわかっていました。

最初のころはよく自問しました——私は何をしてきたの、私に何ができるのと。そして自分を責めました。長いこと、彼をだめにしたのは私だ、そして自分自身もだめになってしまったと思い込んでいたのです。父親のいない家庭に育ったせいで、自分の子どもには父親がいてほしいと願ったことが、こんな結果をもたらしたと……。

でも、しばらくして、悪いのはけっして自分ではないと気づきました。同時に、いまならまだ荷物をまとめ、子どもたちと一緒に家を出ていけると思いました。もっともベックは、たとえ私たちが出ていったとしても、家賃の支払いを催促されるまで、私たちがいなくなったことに気づかなかったでしょう。

彼の心を開こうと、私は考えられる限りのことをしました。愛情と献身を注いだのです。でもうまくいきませんでした。それではと、愛情も献身も控えめにしました。やはりだめでした。ついに私は、ひたすら「医者の理想的な妻」になっていればいいのではないか、と思うようになりました。その間に、彼が鬱《うつ》状態から抜け出すのを待つことにしたのです。あの人もいつかは変わる、ちょっとのあいだの我慢よ、と自分に言い聞かせました。どんな男の人にもみんな、こういう時期があるものだ、と。

しかしそのうち、私は気づいたのです。彼の場合はそういう時期は案外長いかもしれないと。

バブ

パパのぼくに対する愛情を疑ったことは一度もありません。だけど、パパの時間の使い方にはいつも不満でした。

メグ

まだ小学校低学年のあたしを、パパが車で学校まで送ってくれたときのことです。あたしは「絶対にエベレストへは行かないって約束してね、パパ」と言いました。

パパは「わかったよ」と答えました。あのときはまだ、それほどエベレストに取り憑《つ》かれていなかったのだと思います。

あたしたち兄妹が小さいとき、ママはいつもそばにいてくれました。でも、パパは時々だけでした。だからいつも、パパに自分の方を向いてもらいたいと思っていました。ただ、そばにいてもらいたかっただけです。だけど、ママはいてほしいときには必ずそばにいてくれましたから、そんなふうに思う必要はなかったのです。

ケンと私は、そのころ、ロッキーマウンテン国立公園内のボールダー北西にある、標高四二四五メートルのロングズピークをアタックするという野心を抱いていた。ロングズピークは米国で三五番めに高い山で、〝ダイヤモンド〟と呼ばれる二八四メートルの菱形の岩盤で有名である。ダイヤモンドは、ヨセミテのエルカピタンと並び、ロッククライマーの間ではよく知られた存在だ。とくに直線的な攻略はむずかしいとされている。

もちろん、私たちは、ダイヤモンド壁を征服しようなどという大それた考えはもっていなかった。ロングズピークには、頂上まで続く手ごろなトレッキングコースがあるから、ロッククライミングなどしなくても、それで十分だと思っていた。しかし、七月、私たちがエステスパークに行くころになっても、その登山道は冬の残雪で閉じられたままで、パークレンジャーは誰も通してくれなかった。しかたがない。私たちは思い切って、別の手を使うことにした。ロッククライミングへの初挑戦である。ダイヤモンドまでプロのガイドに案内してもらうのだが、そこからあと、私たちのようなまったくの素人でもなんとかこなせそうなルートがあるというのだ。

エステスパークを訪れた三度めか四度めの夏の晴れた日、私は「コロラド登山学校」と書かれた標識を目指してハイウェイを走っていた。それまで何十回となく通り過ぎていたところだったが、私は全然気づいていなかった。なぜかというと、私は高所恐怖症なのだ。高いところは大嫌いなのである。一度も好きだと思ったことはない。どうしても高く登れと言われたら、真下の地面にぶ厚いクッションを置いておくだろう。

だが、私はその建物に入り、パンフレットをもらった。ケンとそれに目を通しながら、「ロッククライミング訓練の一日コース」と「氷雪クライミング訓練の一日コース」を受講することにした。その後だったら、かなりのテクニックを要するといわれているロングズピーク登山にも参加できるだろうと思ったのだ。

指定された時間に入門クラスに行ってみると、生徒は私とケンだけだった。おまけに二人とも、最初から、担当インストラクターのマイク・コールドウェルに圧倒され気味だった。彼は私と同年輩で、高校のレスリング部の監督もしており、バークレー大では体操選手だった。またボディビルダーとしても優秀で、ミスター・コロラドに選ばれたこともあるという。耳たぶまで筋骨隆々の男だった。

彼に連れられて、エステスパークのちょうど真上にある〝ランピーリッジ（こぶだらけの稜線）〟に着いたとき、ケンと私は何気ない顔を装うことに必死だった。そこは、いかにもロッククライミング向きの、見るからに危険そうな岩場だった。

マイクは基礎から始めた。「これがロープ。これが確保用の安全ベルトのハーネス」そして、ロッククライミングのイロハを説き始めた。

岩登りでは、当然ながら、手を活発に動かして、どんどん上へ登るときもある。だが手だけでなく、足で登る技術も学ばなければならない。うまいクライマーは、足がかりを確認するために下は見るが、頭を上げて手を置く場所は見ない。そして体重は上にある方の足にかけることが肝心だ。手の力だけで岩盤をよじ登っていくのはとうてい無理だからだ。

コールドウェルは、手本を示すため、高さ三メートルの大岩まで私たちを連れていった。まず、壁への取りつき方からだ。彼は岩の表面から突き出した、大きなボタンのような二センチほどの透明な石を指さした。そこに親指を押し当て、その親指を二本の指でくるみ、そこを支点にぐっと体を持ち上げ、あいている方の手で岩のてっぺんまで伸び上がると、体をゆっくりと丸めながら岩の上に転がった。スパイダーマンでも、これほど鮮やかにはやれまい。だがマイクだったら、居眠りしながらでも、逆向きでも、同じことができそうだった。

次は私たちの番だ。しゃにむに岩にむしゃぶりついていく。たちまちあちこちを擦りむき、二人とも傷だらけになった。〝赤いチョーク〟の洗礼である。土にまみれた血のことを、登山家たちはそう呼ぶ。壁をよじ登っている途中、私は岩の表面にひとにぎりの草が生えているのを見つけ、それを掴《つか》んだ。「そんなことをしちゃ、岩登りとは言えないな」マイクのちょっと軽蔑したような目つきを見て、私は自分の安易な行動を恥じ、すぐに草から手を離した。

その日のハイライトはなんといっても、数ピッチ、つまり二ロープの長さ、おおよそ五〇メートルの岩の登攀《とうはん》だった。

岩登りでは普通、岩の割れ目に小さな鉄のクサビ、つまりピトン（ハーケン）やボルトを打ち込む。それらの道具は岩の隙間に入り込み、しっかり固定されて重量を支える支点となる。そこに自分の体に巻いたロープを通し、自分と後ろから登ってくるパートナーの安全を確保するのだ。もしパートナーがスリップしても、そのクサビは彼の体重に耐えて、二人が一緒に落下するのを防いでくれるはずだ。

ロープはナイロン製がよく使われる。ナイロン製は弾力性に優れていて、万が一スリップしても、バンジージャンプの命綱のように、落下の衝撃を吸収してくれるのだ。さらに、柔らかいナイロンロープはワイヤーロープに比べて、岩に打ち込んだピトンなどの道具を壊す心配もない。

さて、その岩壁は私たちの頭上に七〇度の角度で屹立《きつりつ》していた。最初にすることは、急斜面の壁をぐるっと回り込むことだった。先発したマイクとケンは、さっさとその急斜面に取りつき、すぐに見えなくなってしまった。一人残された私の口の中はからからだった。私は高いところが苦手なのだ！

少し離れた場所で、ちょうど別のグループが訓練を開始したところだったが、練習用の壁はこちらよりずっとなだらかだった。中年の男の姿が目に入った。エスカレーターのように、ちゃんとした足がかりが付いた岩壁にへばりついて、目いっぱいに手足を広げ、ちいさな子どもみたいにオロオロしている。

あっちのグループに入ればよかった。

だが、私は敢然と立ちはだかる壁に取りつき、なんとかオーバーハングした部分を回り込むことができた。心臓が耳の中でやかましく鳴っている。次の行程に移り、岩壁の半分あたりまで進んだときだった。気づいたら、突然、足場も手がかりもないところに出ていたのだ。私の登山史上に残る三〇秒間の始まりである。

頭から空中に放り出されるのではないか、そんなふうに感じて、一瞬、恐怖で体が凍りついた。マイクは確かに言ったはずだ。怪我をするようなことはないだろう、と。私はその言葉を信じた。そう、信じたからこそ、ここまで来たのだ！　でも、私の体は叫んでいた。「嘘つきめ。嘘つきめ。覚えてろよ！」

そして次の瞬間、落下が始まった。だが幸いにも、頭上に打ち込んでおいたピトンによって、私の体は壁面から一五センチか二〇センチ離れたところで宙吊りになった。私はがむしゃらに動き、死にものぐるいで岩に取りついた。そして、なんとか頂上にたどり着いた。先に着いていたケンに話すと、なんと彼は「おれは何事もなかったのに、おまえだけ落下するなんてけしからん」と機嫌を悪くしたようだった。あきれた男だ。岩の上から蹴り落としてやろうかと思った。

いちばん驚いたのは、ロッククライミングは登山の中でもっともスリリングで、肉体的に過酷であるにもかかわらず、それ自体はかなり安全なスポーツだという事実である。骨折ぐらいはすることもあるが、死亡事故にまで至ることはほとんどない。対照的なのが、氷河や氷雪原での登山である。体力的にきついだけで安全そうに思えるが、じつはこちらの方がずっと危険なのだ。ちょっとした斜面でも、足を滑らしたら最後、死んでしまうことも少なくない。

こんな基本的な真実も知らずに、翌日、ケンと私は氷河トレーニングに臨んだ。二人とも、もっとも恐ろしく、いちばん危険な訓練は、昨日終わったものと思い込んでいたのだ。だから、そのクラスで、氷河を登るのが死ぬほど怖いと言う女性クライマーに出会ったときは、なんとも意外な感じがした。私は早速、男らしく彼女を励ましてあげようと思った――自分とケンはこれから登ろうとしている氷河を少しばかり知っているが、全然急ではないし、昨日われわれの登った岩壁に比べれば、本当になんでもないですよ、と。

そんなことを言って恥をかかずに済んだのは、彼女がプティット・グリポンから戻ってきたばかりだと話し出したからだ。その岩山は観光パンフレットで見たことがあるが、写真だけで十分だった。プティット・グリポンは、高さ二四〇メートルの、信じられないくらい急峻な、まるで針そのものの尖塔だ。ヘリコプターに乗せられ、頭に拳銃を突きつけられでもしない限り、絶対に登りたくない岩だった。

この経験豊富な女性ロッククライマーは、これまでにこのクラスを二回受けているけれど、いまだに雪原を登るのは怖いと訴えているのである。その日の終わりごろには、私たち二人にもようやくその理由がわかったのだった。

雪上訓練でいちばん大切なことは、自己確保《セルフ・ビレイ》、つまりどんな格好でスリップしても――顔からか背中からか、頭が先か足が先か――自力で滑落を食い止めるということだ。言いかえれば、ブレーキの役目になるピッケルを正しく扱うことがもっとも重要になってくる。

マイクが雪原に露出している雪をかぶった岩にロープを巻きつけ、確保支点《アンカー》にした。私たちはそこにロープを結びつけ、さまざまな格好でスリップを繰り返し、体の横にピッケルを打ち込む練習をした。片手でピッケルのヘッド部分、もう一方の手でシャフトを握り、体重を乗せたピッケルを斜面に打ち込み、体をその場に止める。これは滑落停止のために必須の動作だが、反対にけっしてしてはならないことがある。それは、足を踏ん張ることだ。スリップしたときは、誰でも無意識にそうしたくなる。しかし、へたに足を踏ん張ると、とくにアイゼンを装着している場合、アイゼンが雪面に食い込んで足首をねじる可能性が高い。さらに、アイゼンや登山靴がうまく地面を捉えなければ、体ごと空中に放り出される可能性も大きいのだ。

二日間の講習を受けたあと、ある日の午前二時、私たちは往復三二キロ、所要時間約一六時間の、ガイド付きロングズピーク登山に出発した。まず〝ラムズ・スライド（ラムの滑り台）〟と呼ばれる急斜面の麓まで、長い時間歩いた。ラムズ・スライドは約三〇〇メートルの急勾配の氷原で、一八七一年にこの悪路を初めて突破した巡回説教師エルカナ・ラムにちなんで、命名された。そこではつねに大きな岩が剥落《はくらく》を繰り返している。その朝も私は、崩れてきた石をよけようと、ダッシュしてつまずき、顔からばったり転んでしまった。

ラムズ・スライドの頂上からは、絶壁の一枚岩ダイヤモンドへとトラバースするルートが延びている。ここで私は、登山家のユーモアの真髄に初めて触れた。その狭く急峻な道に〝ブロードウェイ（大通り）〟という名が付けられていたのだ。岩壁から道に突き出している岩棚が削られている箇所もあり、身をすくめてそろそろと通り抜けなければならなかった。私のような新米の登山者、とくに高いところが死ぬほど怖い人間にとっては恐怖そのものだった。

ダイヤモンドの端まで到達すると、あとはかなり楽な――入門者にもやさしい、登攀難易度五・四ぐらいの――岩場を登るだけで、そこを越えればいよいよダイヤモンドの頂上である。この最後の岩場は、簡単なところとは言われていたが、当時の私には十分むずかしかった。というのは、岩場の東面から北面にかけて割れ目があり、それをジャンプしなければならなかったからだ。割れ目といっても幅はたった一メートルほどで、たいしたものではない。だが、岩と岩のあいだの隙間には、七五〇メートルの虚空がぱっくり口を開けているのだ。

このジャンプの箇所については、すでにパンフレットで知っていた。恐怖と期待に引き裂かれつつ、パンフレットを握りしめてキャビンの中を行ったり来たりしていた私は、そのうち滑って床に倒れた。ふと見ると、手も足も、冷や汗でびしょびしょだった。

ロングズピーク山頂直下にあるその割れ目に着いたとき、幸運にも、私はパニックに陥らなかった。なんの支障もなくそこを飛び越え、頂上まで登った。そして来た道を戻り始めた。そのときだった。すべてが変わった。下山するときになって、初めて急に怖くなったのだ。それでも私はその恐怖に立ち向かい、なんとかジャンプの箇所を通過した。

その夜は、ほかの家族を交え、一家で大きなレストランで夕食を取ることになっていた。ケンと私は当然ながら疲労困憊《こんぱい》だったが、二人ともそんな素振りはまったく見せなかった。私たちは着替えをし、予約してあった高級レストランに出かけた。席についたとたん、私は強烈な睡魔に襲われた。マッシュポテトの皿に顔を突っ込んで、正体もなく眠りこけたのだった。

18

ピーチ

私がダラスに引越しする前の、付き合い始めて間もないころ、ベックは双胴ヨットのホビーキャットを購入しました。後にもっと大型のヨットに買い替え、私もそれに一度乗ったことがあります。セーリングは楽しいものでした。ベックはいつか特別あつらえのヨットで、世界一周をする夢を抱いていましたが、私に異存はありませんでした。もっともエアコン付きのヨットでない限り、ついていく気はなかったのですが。

私は、彼と興味を分け合おうと努めました。フロリダのフォートマイヤーズでは、一緒にボートの講習を受けました。ベックは船長の免許を取得し、私もいくつか資格を取りました。そう、これなら、春の休みにはヨットをチャーターして、子どもたちと楽しむことができると思いました。しかし、私の心構えができたころには、ベックはヨットに興味を失っていました。

次に彼が夢中になったのはアマチュア無線です。こちらは本当に他愛ない趣味で、なんの害もありませんでした。無線をやめてほしいと彼に言ったことは、もちろん一度もないと思います。でも、彼が関心を失ってからもそのままになっていたアンテナは、取り外すように頼みました。ご近所が嫌がっていたからです。彼はすぐに了解してくれました。

エステスパークでの休暇は我が家の年中行事になっていて、みんな楽しみにしていました。しかし、エステスパークでも、ベックはちっとも子どもたちと遊んでくれなかったのです。これでは家族旅行の意味がないと、私は内心、不満で一杯でした。

今でもはっきり覚えている腹立たしい出来事があります。休暇中のある日、ケンとベックはまだ暗いうちに起き出して、二人だけで山登りに出かけてしまいました。その晩、私たちはしゃれたレストランでの恒例の食事会を予定していたのです。ベックは大丈夫、わかってるよ、と約束してくれました。「心配ないよ。食事会の時間までには、ちゃんと戻ってくるから」

確かに二人は、時間までに戻ってきました。そして、きちんとした格好に着替えてレストランに現れました。でも、二人ともすでに、限界までくたくたに疲れていたのです。ベックはあっという間に酔っ払い、なんとその場で眠り込んでしまいました。

無性に腹が立ちました。

ケン・ゾーンズ

ロングズピークから戻ってきたときのことは、今でもよく覚えています。私とベックはヘトヘトでした。登山道を下りながら、私は、登山って本当にいいもんだな、と彼に話しかけました。するとベックは「もっといろいろな山に登ってみようよ。で、次はどこにする?」と言うのです。「マッキンリーなんかどうだい?」と答えると、ベックは「よし、そうしよう」と答えました。それからこの馬鹿げた思いつきを二人で笑いました。しかし結局、われわれは本当にマッキンリーに行くことになったのです。

登山コーチのマイク・コールドウェルが勧めていたのは、エクアドルのアンデス山脈にある有名な火山、標高六三一〇メートルのチンボラソ山だった。この山には、ほかの山にはない売り物が一つある。というのは、じつは地球は完全な球形ではなく、やや楕円の球なので、その長軸方向の赤道上にあるこの山の頂上こそ、地球の中心部からもっとも離れた地点だということだ。

ところがケンは「もっとわかりやすいやつにしよう」と言った。「マッキンリーに直行しようよ」

マイクは最初、この大それた計画をまじめには受け取っていなかったと思う。そもそも、当事者の二人が、自分たちがどれほど向こう見ずなことを考えているか、まったく理解していなかったのだ。

マッキンリーは、〝デナリ（アサバスカ語で王者を意味する）〟とも呼ばれ、アラスカのデナリ国立公園の中央に聳《そび》えている。標高六一九四メートル、北米の最高峰である。赤道から遠く離れた北緯六三度に位置するこの山の気候は、世界の高峰の中でも、もっとも厳しい。マッキンリーの四二〇〇メートル地点での平均的な気候は、エベレストの七八〇〇メートル地点に匹敵すると言われている。

冬期、気温はマイナス七〇度にまで下がり、暴風時の風速は時速二四〇キロに及ぶ。マッキンリーは、容積からすると世界一の大山塊であり、また、周囲の低地からいきなり五四〇〇メートルも隆起する点では、世界一の標高差を持つ山でもある。

山の半分以上は一年中雪で覆われているので、登山者は常に、無数のクレバスに注意しながら長時間、カンジキかスキーを履いていなければならない。そうでないと、立っていることさえできない。マッキンリーは、小手先の技が通用しない山なのだ。だから、この山を征服するには、エベレストと同じく極地法《アサルト・スタイル》で臨まなければならない。一回めは装備を荷揚げし、そのあとで自分たちが登る、つまり同じルートを二回登るのだ。しかもこの山には荷揚げをしてくれるシェルパはいない。マッキンリーの頂上に立つのは、じつにたいへんなことなのである。

マッキンリーはまた、当然ながら危険な山である。一九一〇年の初登頂以来、約一〇〇人がここで命を落とし、一方で、二人に一人が登頂に成功している。

ケンと私、ほか二名のメンバーと、コロラド登山学校のガイド二人という私たちのグループは、マッキンリーを三週間で征服する計画を立てた。一九八九年五月の遠征に向けて、その年、私たちはさらに登山技術の訓練を重ねた。ダラスに戻ってからは、体作りのために、厳しいが、しかしあまり効果的とは思えない〝自主訓練〟に取り組んだ。

私たちはウエイトトレーニングとエアロビクスに精を出す一方、訓練の中心をもっぱらランニングに置き、一週間に約一〇〇キロも走り込んだ。その年は、二人で各種のマラソン大会にも出場した。しかし、やがて私は体のあちこちが痛むようになり、両肩もきしんだ音をたてるようになった。

それでも私たちは、マッキンリーでどんな状況に遭遇しても対処できるような頑強な肉体を作ろうと固く決心していた。ランニングなどの訓練だけではとても足りないとわかったのは、実際にマッキンリーに到着してからだった。ブルドッグのように堅固でたくましい筋骨を目指していたはずなのに、私の体は鉛筆のようにか細いものだったのだ。

マッキンリーへは、アンカレジ経由で、タルキートナという小さな村から入る。そこから飛行機で、森林限界をはるかに超えた標高二四〇〇メートル地点のカヒルトナ氷河まで飛ぶ。そこがマッキンリー登山のスタート地点だ。山腹への飛行許可が下りる間、登山者はレーンジャー本部で、前途に待ち受けている危険を警告する映画を見なければならない。

この映画のいちばんの見どころは、なんといっても遭難者の遺体であろう。登山という素晴らしいスポーツが、じつは死とすぐ隣り合わせの一面を持っていることを、ここでいやでも再認識させられるのだ。実際にマッキンリーには、とくにアジア人登山者にとって縁起の悪いコースがあった。彼らの多くがその鬼門コースで命を落としているのだが、そのルートはなんと〝オリエント・エクスプレス（オリエント急行）〟と呼ばれている。まったく登山家のユーモアは辛辣《しんらつ》だ。

マッキンリーのベースキャンプに到着すると、まずガイドのスティーブ・ヤングは、私たち隊員を近くの巨大なクレバスへ連れていった。そしてわれわれ一人ひとりに、氷河の裂け目にロープを下ろして、約一〇メートル下のところでいったん宙吊りになってから、ロープを登って戻ってくるように指示した。全員が、自力でクレバスから抜け出せる技量を持っていることを証明させられたのだ。マッキンリーでもっとも恐ろしく、つねに危険なのはクレバスなのである。

ベースキャンプを出発する直前、私たちはケンの持ってきたワイルドターキーのボトルを雪の中に埋めた。三週間後の登頂祝勝会のとき、それを掘り出して乾杯するつもりだった。私もまた、ジャックダニエル入りの水筒を持参していた。おめでたいことに、途中のキャンプで、心地よく火に当たりながら一杯やるには、絶対これに限ると思っていたのである。ところが、早くも第一日めの終わるころには、くたびれ果てて食欲もないし、バーボンどころではないということがわかってきた。出発してから約四八時間後、私はもう一度、やはり最初の目的を遂げようと水筒を取り出した。だが実際には、雪の上にバーボンをぶちまけて、涙を流しただけに終わった。

マッキンリーでも、仲間全員で一本のロープを結び合い、一五から二〇メートルの間隔をあけて一列となって登る点は、通常の高所登山と変わらない。こうすれば、誰か一人が氷で足を滑らせても、彼がクレバスの底まで落下する危険を最小限に食い止めることができる。理論的には残りのメンバーの牽引力によって、スリップした者の落下を止められるはずなのである。

いざというとき役立つようにロープをぴんと張りつめておくには、全員が同じペースで歩かなければならない。何も考えず、ただひたすら歩いていればいいときでも、疲れてくると、ロープが凍った巨大なヘビに見えてきたりするのだ。

最初の本格的なビバーク地点は、標高四二九〇メートルの〝中間キャンプ〟と呼ばれるところだった。浅いくぼ地に位置するこのキャンプは、まるでサーカスの一団でもやってきたように、登山者でにぎわっていた。天候が許せばヘリコプターが着陸できるような場所である。その日は、幾組もの遠征隊と撮影隊、さらには山腹からパラセーリングしようという怖いもの知らずたちでごった返していた。またあちこちに、氷の彫像みたいなものや間に合わせのイグルー（イヌイットの雪の家）が点在している。

そんな中でもひときわ目を引くのが、その名も〝アイス・スローン（氷の玉座）〟と呼ばれる穴ひとつの豪奢《ごうしゃ》なトイレだった。そこからは、すぐそばに聳え立つ壮麗なフォーレイカー山の絶景が望まれる。これほど秀麗な眺望を拝ませてくれるトイレは、北米のどこにもないだろう。アイス・スローンで用を足していたあの晩のことは忘れられない。神々しく輝くフォーレイカーの山容が、アルペングローと呼ばれるバラ色の光に包まれるのを目のあたりにしたのだ。私は心から感動した。

アイス・スローンは間違いなく、世界でいちばん高いところにあるトイレであろう。そこでの排泄物は、ヘリコプターで下界に運ばれる。ほかで用を足した場合には、袋に入れてクレバスに捨てることになっている。

マッキンリーでは、どんなテントも極寒の暴風には耐えられないから、いずれのキャンプでもテントのまわりに氷で防風用の砦を築かなければならない。だが、がっちり氷結した堅固な壁の砦も、絶え間ない強風にさらされているうちに細かい亀裂が入り、最後にはぼろぼろに崩れ落ちてしまうのである。

中間キャンプに到着した日、私たちは強風に翻弄《ほんろう》されて方向を見失った一羽の鳥を見つけた。鳥は震えながらスキーのストックの先に止まっていた。この珍しいお客さんの命が風前の灯《ともしび》ということは、誰の目にも明らかだった。麓まで飛んでいく前に、飢え死にするか、凍死するにちがいない。見知らぬ土地に迷い込んだ異邦人という点では、われわれもまた、この鳥と同じだった。その光景を前にしたとき、誰もが自分のこれからの運命を思いやったことだろう。

中間キャンプで夜明けに目覚めた私たちは、そばの雪原で、三人の登山者がロープで結び合ったまま凍死しているのを発見した。英国人のパーティーだった。悪天候のため、中間キャンプより上への登攀は無理だという再三の警告を無視した結果、命を落としたのである。

初めての本格的な登山の道半ばで三人の遺体に出会い、私はたじろいだ。だが、そんなものに負けないだけの強靭な精神がなければ、マッキンリーを制することはできない。負傷や事故が心配だったら、そもそもここまで来なかったはずだ。

さらに上方のキャンプに向かって運試しのアタックを開始する前に、私たちには、中間キャンプから垂直距離にして三〇〇メートルほど下った〝ウィンディ・コーナー(吹き抜け地帯)〟と呼ばれる場所に、食糧を取りに戻るという仕事があった。

その途中、下から上がってきた二人のパーティーとすれ違い、お互いに手のひらを高く差し上げてパチンと打ち合わせ、手を振り、それぞれ先を急いだ。

それから急に風が出てきて、たちまち烈風に変わった。この嵐には油断するなと、スティーブ・ヤングが強い口調で言った。今朝見た英国隊のように、私たちも死ぬかもしれないという恐怖が、初めて脳裏をよぎった。強烈な風雪で、先はよく見えないし、動くのも不自由だった。

それでも私たちは、なんとかウィンディ・コーナーまでたどり着き、そこからUターンをして下りてきた道をまた登り始めた。するとその途中に、さっきすれ違った二人組がいたのだ。まるでバス待ちをしているみたいに、二人とも雪のなかに突っ立っている。近づいていって、二人の顔の前で手をひらひらさせてみた。応答なし。けれども、これは高所性脳浮腫（HACE）ではない。単なる意識朦《もう》朧《ろう》状態だ。後に私も、エベレストでそうなりかけたが、あまりの寒さで心身の動きが停止してしまったのである。そうなるともう、登るべきか、下るべきかの判断もできなくなる。もしも私たちが声をかけなかったら、彼らはそこで立ったまま凍死していただろう。

二人のうちの一人には、なんとか足を動かすだけの力が残っていたから、彼を私たちのクライミング・ロープの端につないだ。スティーブ・ヤングは、別の短いロープをほとんど意識のないもう一人の男の体に巻きつけ、おもちゃのように引きずって登り始めた。

中間キャンプに着くと、二人を医療テントに連れていった。医者のピーター・ハケットは、コロラド出身の医師で、高所生理学の世界的な権威であり、優れた登山家としても知られていた。

私たちは引き続き、中間キャンプから四九二〇メートルの頂稜まで装備を運び上げ、また中間キャンプに戻り、休養し、それからまた五一六〇メートルの高所キャンプに登った。そこにテントを張り、氷の壁を作り、最終アタック用の装備を運び込んだ。

これから最終アタックに出るぞ、とみんな意気込んでいた。

じつは、それまでの登攀の道中では、楽しいことがひとつもなかったうえに、スティーブが雇ったガイド——その男はいかにも、かつて犯罪の世界にかかわっていたような雰囲気を発散していた——がみなの気分をさらに暗くさせていた。両のこぶしに〝ラブ＆ヘイト（愛と憎しみ）〟の刺青《いれずみ》を入れていても不思議でないタイプ。彼はわれわれの気持ちを逆なでするようなことばかりしていたが、スティーブは全然気にしていないようだった。

だが、そんなひどい状況も、もし私たちが過酷な試練を乗り越えて山頂に行き着いていたら、きっと我慢できたろう。ところがいよいよ出発という段になって、急に風が強くなったのだ。烈風だった。気温はマイナス四〇度まで急降下し、そのまま上昇しなかった。私たちは寝袋から出ることもできなかった。

一年中でその時期は、マッキンリーに太陽は昇らない。ただぼんやりした光の輪のようなものが浮かぶだけだ。われわれが天候の回復をじっと待っている間も、周りの明るさはほとんど変わらなかった。極寒の数日が、生気のない単調な光の中でゆっくりと過ぎていく。光は明るいグレーから暗いグレー、そしてその逆へとわずかに変化するだけだった。

小用を足すには暖かい寝袋から出なければならないが、そのたびに私は情けない思いをした。終わったあと、手が凍りついてチャックを上げられないのだ。仕方なくよたよたとテントに戻り、寝袋に潜り込んで手を温め、指が動かせるようになってからやっとチャックを上げるしまつだった。

数日後の朝、しばらく烈風が止んだ。ケンと私は、すわとばかりに身支度を始めた。やっと頂上アタックに出られる。だが、ガイドのスティーブはポケットに手を突っ込んだまま、私たちを見てこう言った。

「今のこの天気を見て、早とちりするトンマ野郎が一人ぐらいはいるだろうな。だが、おれだったら絶対に登らない」これを聞いて、私とケンは顔を見合わせ、装備を解いた。その言葉通り、まもなく貨物列車のような強烈な風が再び吹き出した。

エベレストでのあの悲劇によって、あとで証明されたように、登山ガイドのもっとも重要な役割は、登ってはならないときにはっきりそう告げることである。どんな愚か者でも、登るだけならできる。頂上へはやる気持ちを抑えられるのは、的確な状況判断と長年の経験だけなのだ。スティーブはこの点、しっかりしたガイドだった。

私たちは食糧が底をつくまで高所キャンプで粘った。四日間がんばったが、結局、下山せざるをえなくなった。風は時速一六〇キロで吹き荒れている。

周囲の状況をよく考えれば、その思いつきはじつにばかげたものだった。しかし、私はそれを試すことにした。つまり、新素材のスーツを着て下山することにしたのだ。

最近は極寒の高山では、足の保温のためにベイパーバリアという新素材のソックスを履いている登山者が少なくない。ベイパーバリアは、ゴミ缶の裏張りなどに使われている優れた防湿性素材である。そして私がマッキンリーに持っていったのは、ベイパーバリアのスーツだった。頂上アタックのために取っておいたのだが、酷寒を突いて下山することに決まったので、着てみようと思ったのである。身につけると、まるでゴミ袋に入ったような気分がしたものの、確かに、すぐに全身がポカポカしてきた。

しかし、高所キャンプまで延びている固定ロープを伝って下りていくうちに、私は急激に疲労を感じ始めた。そのうち立っているのが精一杯、今にも転びそうな状態になり、一歩進むために、気力のすべてをふりしぼらなければならなかった。

やっと固定ロープの最後まで下りてきたとき、スティーブが私の調子がおかしいことに気づいた。とうとう私は、尻もちをついたまま動けなくなった。

「リュックを寄こせ」私はスティーブの言葉に従った。彼は私のリュックをロープに結び、雪の斜面を引きずりながら歩きだした。情けない。ほかのメンバーはみんな、自分の荷を担いでいるというのに。こうして私は、なんとも間の抜けた格好で、なんとか中間キャンプまで戻ってきた。キャンプに着く前に、たぶん二、三回、いや、もっと転んだろう。

スティーブが私をドクター・ハケットのテントに連れていった。新素材スーツのチャックを下ろすと、頬から足の爪先まで、全身汗にまみれている。私は歩く蒸し器となって、蒸しギョーザのように自分自身をまるごと蒸していたのである。

「まったくなんだって、こんなものを着ているんだい?」ハケット医師はあきれた。安静状態でも、私の脈拍は一六〇にはね上がっていた。何杯かの紅茶で、いくらか生きた心地になった私は、さらに少しスープを飲み、それからお茶を二リットル以上も体に流し込んだ。

この経験でいちばん不思議だったのは、あれほどひどい脱水状態だったのに、歩いている間、喉の渇きは一度も感じず、ただ衰弱していったという点だ。今でも、なぜだかよくわからない。

私たちは中間キャンプを出て、ますます風が激しく吠えたてる中を歩き始めた。ウィンディ・コーナーの三〇〇メートル下方でキャンプを張ることになったが、これはありがたかった。私はまだ、非常に気分が悪かったのだ。テントの中で登山靴を脱ぐと、靴の中で汗が溜まって揺れていた。まるでゴム長靴から魚を出すマンガの漁師だ。寝袋に入った私は、生まれて初めて自分の体臭に気づいた。

なんともいえないアンモニア臭だった。筋肉はまさにフル回転していたのだろう。

翌朝になっても風雪はまだ激しかった。私たちは嵐を避け、裏側に回り込んで下りることにした。カンジキをつけ、再び歩き出した。

マッキンリーに来て、超高山では眼鏡にいろいろ問題が生じることに初めて気づいた。眼鏡はすぐに曇り、凍りつき見えなくなってしまうのだ。私は面倒になって、しまいには外してしまった。つまり、私の目には、ほとんど何も見えていなかったのである。あとでみんなに、マッキンリー登山を体験したいなら、わざわざアラスカまで行かなくてもいい、街にある大きな冷凍倉庫に三週間も入っていれば十分なのに、とからかわれたが、かなり的を射ていると思った。

風が激しく吹きつけるたびに、私は何度も顔に張りついた氷の膜を払い落とさなければならなかった。親指を眼窩《がんか》に差し込んで瞼《まぶた》をこじ開けなければ、凍りついた目が開かなかった。愚かにも、そのときの私には、ゴーグルをかけることさえ思い浮かばなかったのだ。

そのうち私の歩きぶりは、ロボットのようにぎこちなくなった。どうにか一歩足を踏み出しても、その次の一歩はさらにやっとというありさまだった。消耗が激しかったうえに、神経が足元に集中していたので、私の視野は半径六〇センチかせいぜい一メートルに狭まっていた。途中で犬橇《いぬぞり》チームとすれ違ったことにも気づかなかった。

しばらくして、私はカンジキを片方落としてしまった。突然、体が胸まで雪に埋まったので気づいたのだ。スティーブはカンカンだった。みんなで深さ一・五メートルの雪を掘り返し、カンジキを探している間、彼からきついお叱《しか》りの言葉をちょうだいした。

私たちは猛吹雪を突いて進み続けたが、どうも様子がおかしいとみんなが感じだしたころ、ふいにスティーブが足を止め、ぶっきらぼうに言った。「やっかいなことになった。どうやらルートから外れたらしい。ここでビバークしよう」

風が激しくてテントは張れなかった。そこで私たちは、一〇時間ほどかけて雪原に一つの穴を掘った。膝をつき、両手で約三メートルまで掘り下げてから、六人全員が入れる雪洞を横にくり抜いた。それはじつに過酷な作業だった。

ようやく寝袋におさまり、少し体が温まってきたと思ったとたん、私は指先に、ハンマーでがんがん叩かれるような強烈な痛みを感じた。穴を掘っているとき、知らぬ間に指先が凍っていたらしい。そしていま、その指の末端神経が温められて溶け出し、やっと凍傷だと気づいたのだ。あとで調べると、指先の何本かは表皮のずっと深くまでやられていた。

セシリア・ブーン

ケンからあとで聞いたのですが、その雪洞で彼はベックとこんな会話を交わしたそうです。

ケンはこう言いました。「さあ、またこんな目に遭いたいかどうか、ここで決めておこう。登山はもうやめよう。ひどすぎる。二度とごめんだ。まったくばかげてるよ」

するとベックは、「いや、何もいますぐ決めなくてもいい。もっと様子を見て、下山してから考えよう。とにかくまだその時じゃない」と答えました。

ケンは思わず言い返したそうです。「違う、いまこそ引き際なんだよ!」

私たちは六時間くらい睡眠を取り、雪洞から出た。嵐はやっとのことで止んでいた。ベースキャンプまでの残りの道は平穏無事だったが、〝ハートブレイク・ヒル（心臓破りの丘）〟と呼ばれる最後の難所だけは別だった。キャンプまで飛んでくる飛行機から見ると、カヒルトナ氷河は明らかに下っている。つまり、逆側からの帰路の最後の数キロは、実際は登り坂になっているのだ。下ってきた登山者は、どのくらいの余力が残っているか、ここで試されることになる。

もう少しでベースキャンプに到着というところで、われわれ同様、キャンプ目指して下っている途中のパーティーが追いついてきた。スティーブの片腕の元囚人ガイドは、最後になってそのグループを追い抜いてやろうと思いついたらしく、急に歩くペースを上げた。まるで高校生並みだ。私は一歩一歩下りながら、『オズの魔法使い』の替え歌を何度も口ずさんでいた。「ハンバーガーにステーキにフレンチフライ、おやまあ！」しかしケンと、メンバーの一人であるエド・クラークは頭から湯気を出し、品のないガイドをののしっていた。

ベースキャンプに到着したときには、この刑務所帰りの男をコテンパンにのしてやろうと、二人はいまにも飛びかからんばかりだった。それでもなんとか収まったのは、ケンが雪の中から掘り出してきた、超低温できりっと冷やされたワイルドターキーのおかげだったのかもしれない。標高二四〇〇メートルの高所で、くたくたの体にバーボンをストレートで流し込んだらどんな気分になるか、ちょっと想像していただきたい。すぐに私たちは残りのメンバーを呼び寄せ、みんなで仲よくボトルを空にした。

結局、私たちはマッキンリーの頂上には立てなかった。こんな山はもうごめんだ、とみんなが口をそろえた。しかしケンと私は、「ここは素晴らしい山だよ！　マッキンリーは最高だ！」と反論した。
われわれ二人は、心の底からそう思っていたのだ。

ケン・ゾーンズ

私たちは、雪洞で話し合った件も笑い飛ばしました。そして自宅に戻り、あの辛さを忘れるころには、そんな会話をしたことさえ忘れていました。

19

私たちがダラス空港に到着すると、みんながシャンパンで出迎えてくれた。それから連れ立って夕食に出かけた。ピーチはしかし、ほかの人たちほど熱心に祝ってくれなかった。これからもどんどん山に登るぞ、という私の気持ちに気づいていたのだろうか。

ピーチ

彼は舞い上がっていました。へとへとに疲れて、凍傷まで負っていたのに、心は浮き立っていました。それまで私としては、少しぐらいの怪我ならかえっていい薬になるかもしれない、と思っていました。そのときはまだ、登山中に彼の身に起こっていた恐ろしい事実を知らなかったのです。

しばらくして、あるパーティーでベックはマッキンリーでの冒険談を披露しました。そのとき、同席していた胸部外科専門の医師マイク・マックが、きみは肺水腫の発作を起こしていたのではないかと言ったのです。ベックは、自分に都合のよくないことにはあまり関心を払いません。そして軽い脱水状態を起こしただけだと答えていましたが、マイクは信じませんでした。


確かに肺から異常音は聞こえていた。だが、肺水腫にかかっていたとは夢にも思わなかった。

テリー・ホワイト

マッキンリーの後、私たち友人は本気で、ベックの登山について心配するようになりました。マッキンリー山中で四日間も足止めされ、ほとんど遭難しかけ、凍傷まで負ったのに、ベックはこたえているどころか、すぐにも次の登山の計画を立て始めたのです。彼の理性を疑わずにはいられませんでした。家族のことを、いったいどう考えているのだろうと思いました。

登山はしばしば、命懸けのスポーツとなる。だからこそ、のめり込むのだという人もいるようです。では、私もそういう人種だろうかと考えてみました。やはり、私は違います。でも、どうやら彼はそういうタイプの人間に属するようです。

登山は私にとって、ヨットセーリングのかわりにたまたま出現した一時的な趣味ではない。私の山に懸ける情熱は、ほかのものに簡単に乗り替えられるような一過性のものではなかった。登山については、もっと戦略的に考えていたのだ。

年齢を考慮すると、いま最優先すべきは何だろうかと思った。六〇歳でもセーリングはできる。だが、登山は無理だ。私はすでに四〇歳を超えていた。思うように体を動かせるのもせいぜいあと一〇年だと、痛いほど感じていた。登山のキャリアを積むなら、いま行動するしかない。

そこでセーリングは、一五年後、二〇年後のために取っておくことにしたのだ。じつは、登山に夢中になっている間もずっと、私はセーリングの本を読み続け、勉強を続けていた。

一九九〇年冬、私はメキシコにある二つの火山に遠征した。二つともメキシコシティーからタクシーで行けるくらいのところにあって、とにかく足の便がよかった。標高五四五二メートルのポポカテペトル山と、その近くにある標高五七〇〇メートルのピコ・デ・オリザバである。それほどむずかしい山ではないが、攻略するには氷河の経験が必要だ。マッキンリーのような大物に挑戦するときの足慣らしとして、ちょうどいいくらいの山だそうだ。というわけで私は、今度の登山はすんなりいくだろうとたかをくくっていた。

だが、どんな山であっても高山を舐《な》めてはいけない。たとえば、このポポカテペトル（略称エル・ポポ）は、私が登った四年後に突然噴火し、いまも無期限の入山禁止になっている。一九九六年五月には、噴火の模様をフィルムにおさめようとした登山者が五人も死んだ。

だが、私がエル・ポポから得たもっと深遠な教訓は、登山ではあらゆることがスムーズに進まない限り、けっして頂上には立てないということだ。山では、人間は偶然の要素に翻弄されるか弱い存在である。山の中ではあらゆることがあっさりと狂いだしてしまう。海抜ゼロメートルの地ではなんでもないことも、高山では思いもよらぬ大問題に発展する。胃腸に入り込んだ、ふだん無害のありふれた細菌ですら、一転、恐ろしい黴菌《ばいきん》に変わってしまうのだ。まさに、お手上げである。

私たちのグループは、エル・ポポ山腹で通常の高度順化プログラムを終えた後、拠点となる山小屋まで登った。そこに泊まり、翌朝、頂上攻撃に出る予定だった。しかしその夜、私は、腹の中で何匹ものネズミが駆け回っているような感じに襲われた。おなじみの感覚だ。大破局が近づいている、そう思った。

地獄のときは、真夜中にやってきた。すぐさま、私は便所に駆け込んだ。できるだけ汚れの少ない便器を選び、それを両手で抱きながら、夜明けまで騒々しいセレナーデに身をまかせていた。個室のドアに鍵を掛けるのも忘れなかった。ほかの人がいくら使いたくなっても、生きたまま私をそこから引きずり出すことは不可能だったろう。

便所には、私のほかにもう一人仲間がいて、やはり野蛮な音を立てていた。夜明け前になって、やっと吐き気もおさまり、私はそろそろとベッドに引き上げた。

回復を祈りつつ、その日の朝を迎えた。食べ物のことを考えただけで胸がむかついた。とうとう出発予定時刻がきて、同室の二〇代の若者が登山靴を履き、身支度を始めた。この体調では山登りなどとても無理だと私は思った。だが、こんな若造に置いていかれるなんて、死んでも嫌だった。

私はベッドから這《は》い出した。五〇〇メートルも歩かないうちにまた吐くかもしれない。そのときは、「男らしく断念する」と言って、山小屋に引き返してこよう。そう、心に決めた。だが驚いたことに、いったん歩き出すと、心配していたほど調子は悪くない。そのうち、同室のあの若者を含む数人が、山道で嘔吐し始めたのだ。今ごろになって、黴菌が威力を発揮しだしたのだろうか。結局、彼らは撤退した。私は残りのメンバーと行軍を続けた。気が遠くなるほど歩いて、やっと頂上に達した。

そのころには午後も遅くなっていたから、下山途中で真っ暗になった。下るにつれて、私はますます調子がよくなってきて、最後には、山小屋までガイドの一人とほとんど駆け足で歩いていった。山小屋ではお湯が使えるようになっていて、ありがたかった。

ポポカテペトルの後、私はたいした失敗もなく、ピコ・デ・オリザバにも登頂した。そしてテキサスに帰る道すがら、自分には思っていた以上の登山の才能があるのだという確信を抱いたのだった。登山というスポーツには、いろいろ素晴らしい点がある。まずその単純明快なところが気に入っていた。山は、日々生きていることの苦痛から私を別世界へと誘い、鬱の鈍い痛みから救い出してくれるのだ。

ダラスに戻ると、私はまた鬱の殻に引きこもったが、以前に比べれば、ずっとコントロールしやすくなっていた。どうすれば絶望的な気分から逃れられるのか、だんだんわかってきていたからだ。

さらに、強靭な体と強靭な精神の二つがそろえば、私より若くて屈強な、生まれつき運動神経に恵まれたクライマーでさえ登頂不可能な山でも登れるということを発見して、私は小躍りしたいような気分だった。といっても、自分と誰かを比べていたわけではない。再三言っているように、登山は人と競いあうスポーツではないからだ。

また、山では、他人と比べて自分のほうが偉いなどと思ったこともない。ただ仲間として迎え入れてもらえることがうれしかったし、困難な問題に直面したとき、うまく対処していける自分が誇らしかった。そんなとき、私はどんなにか精神の高揚を感じたことだろう。ほんの一握りの、屈強な肉体と鉄の意志を持ったスポーツマン中のスポーツマンだけに登ることが許された高み、そこになんとかして到達したい一心で、私は長い間おのれの限界と闘い続けてきたのだ。

そして登山には、自分のもっとも怖れているものと対決するという、ぞくぞくさせられる面もあった。私は山で怖じ気づいたことはあまりない。しかし、ロープ一本で体を支えているような場合は話が別だ。一度、岩盤に打ち込んだ登攀《とうはん》用具に止めたロープを体に巻きつけたまま、地上九〇メートルの高さで身動きが取れなくなったことがある。足元を鳥が飛んでいくほどの高さだ。

本当にあのときは、もう少しで気が狂いそうになった。

私はケン・ゾーンズとスティーブ・ヤングと共に、コロラドのある山に挑戦していた。かなり険しい岩壁をよじ登っていたとき、突然、稲妻が走り、激しい風が吹き、凍えるような冷たい雨が落ちてきた。私たちはTシャツに短パンという格好で、一センチほどの岩の割れ目《クラック》に足を掛けていた。スティーブは、この状況での登攀は危険すぎる、懸垂下降《ラベリング》で下りるしかないと決断した。確保支点は親指ぐらいの大きさの岩で、そこにスティーブが直径六ミリほどの編みロープを巻きつけ、まず自分の体にロープをまわし、それを繰り出しながら下降を開始した。ケンがそれに続いた。吹きすさぶ嵐のなか一人きりで残された私は、岩面にしがみつきながら、新聞の死亡記事にはなんと書かれるのだろうと思っていた。だが、もっとぶざまな死に方もあるさと、私は自分を慰めた。原付きにまたがっていて車にひき殺されるよりずっとましじゃないか。

あんなに恐ろしい思いをしたのは本当に生まれて初めてだった。高所という、自分がいちばん怖がっていたものと対決しなければならなかったのだ。私は下降を開始した。ロープが確保支点の岩から外れないように、あまりはずみをつけないで、スティーブとケンが岩盤にボルトを打って退避しているところまで下りていった。

どんなに怖かったかは、二人にはひとことも言わなかった。誰にも見られる心配がなくなるまで、体の震えも抑えていた。今ならわかる。私が求めていたのは、あの恐怖だったのだ。当時は認めようとしなかったが、私は疑いなく電気ショックのようなものを求めていた。とんでもなく恐ろしい目に遭わないと、生きていることを実感できない人間もいるのだ。

ピーチ

一九九一年の春、ベックと私は子どもたちを連れ、新婚時代を過ごしたボストンの家を訪ねました。ベックには会議の用事もあったので、それが終わった後、私たちはメグとバブをダラス行きの飛行機に乗せ、二人でホテルに戻りました。ベックは、話したいことがあると言いました。

「死にたいんだ」と彼は切り出しました。「原因はぼくたちの結婚だ。ぼくはとても不幸だ。それもみんなきみのせいだ」

当時の私たちの関係では、まだ私は言われたことをそのまま信じるところがありました。それまでの五年間というもの、彼のことで泣かなかった夜は一晩もなかったけど、私は彼を責めませんでした。二人がうまくいかないのは、何もかも私のせいだと思っていたのです。彼にちゃんと説明してほしいと言いました。

「きみはちっとも協力してくれない。ぼくの趣味をわかってくれない。愛情はまだあるかもしれないけど、きっとぼくのことが嫌いになったんだろう」

最後の言葉にはっとしました。もしかすると、そうかもしれないと思ったのです。

^　　^　　^

私は妻に、自分は精神的に参っている、このままではだめになりそうだと告げた。だからといって、鬱の責任を彼女になすりつけたつもりはない。人には言いにくいことを、なんとか妻にだけは聞いてもらおうと、私なりに必死だったのだ。

彼女が私のことで悩んでいるのは、彼女自身に原因があるからだ、などと思ったことはない。また、鬱の原因が、私たちの結婚にあると思ったことだって、もちろんない。だが、彼女の方で私の話をそんなふうに受け止めたとしても無理はないかもしれない。

自分がずっと苦しんでいたということを、私はひた隠しにしてきた。だが、「ぼくらの不和の原因はきみにある」とか、「ぼくの調子が悪いのはきみのせいだ」などと言ったつもりはけっしてない。

ピーチ
彼は、私たちを捨てる口実を探していたのだと思います。

^　　^　　^

違う！

ピーチ
あなたはこう言ったのよ、「自分は落ち込んでいる、それはきみのせいだ」と。

私は死にたかった。ピーチは専門家の助けを借りるべきだと言った。ずっと避けてきたことだが、今回はやってみることにした。病院の同僚の妻が精神科医だったので、彼女なら適当な医者を知っているだろうと思った。彼女は、ある男性精神科医を紹介してくれた。

ピーチ

あの精神科医は肝をつぶしたにちがいありません。ベックは医師に、自分が自殺したいと思っていること、血縁者では、いとこと大叔父が自殺していることを打ち明けました。もっとも、ベックは彼らの自殺を正当化しようとしていたようですが。

正当化なんかしていない。いとこは若年型糖尿病だった。大叔父の方は、誰かのやっかいになるのが嫌だったのだろう。大叔父には自分一人で暮らしていく自信がなかった。そこで彼は私の父に銃の手入れをするよう言いつけ、受け取った銃で自殺したのだ。私は精神科医に、自分には昔から自殺願望がある、と正直に告げた。

ピーチ

ベックは精神科医との面談から戻ってくると、私にもその医者に会いにいくように勧めました。うまくいかないのは、すべて二人の関係からきているからだと言うのです。精神科医を訪ねると、彼は断固とした口調で言いました、「ご主人は本気で自殺を考えている、ただちに家中の銃を始末しなさい」と。

私の家には、散弾銃、二二口径のライフル、三八口径のリボルバー、三五七マグナム、二二口径のピストル、小型のデリンジャー、そして空気銃《エア・ガン》があった。その全部を警察に引き取ってもらった。空気銃も提出した。それで自殺しようとは、もちろん考えもしなかったが。

ピーチ

それでも、私はまだ不安でした。もちろん、ベックが自殺したがっていることは本当に心配していましたが、それよりも胸が痛んだのは、彼には私たち家族の愛情が通じていないとわかったからです。ベックは自分自身が嫌いで、そのためいつも強がっていなければならなかった――こんな悲しいことってあるでしょうか。彼は太陽が昇ったり沈んだりするのを見て、幸せを感じられるタイプではありませんでした。ささやかなことに喜びを見いだすことができず、つねに何かに取り組み、前進していないと不安になるのです。そして、もっともっと不幸になっていくのでした。

20

自分のことを、注意深く用意周到な人間だと吹聴《ふいちょう》しているわりには、私の山の選び方は無計画だ。マッキンリー挑戦は、身のほど知らずの暴挙だった。ちょっと冷静に考えれば、ポポカテペトルとピコ・デ・オリザバの方を先に登るべきだとわかったはずだ。白状すると、私の山行計画は、自分の都合のいい時期に、これはと思われる高峰への遠征を募集しているプロガイド付き登山ツアーの日程によってほぼ決まっていたのだ。やはりそのやり方で、いろいろ考え合わせたうえ、一九九一年八月、私はコーカサス山脈のエルブルース山に挑戦することにした。

このころは、さすがの〝悪の帝国〟もすっかり落ちぶれ、夏だというのに、モスクワは寒く陰気で、なんとも侘《わび》しい顔つきをしていた。そして言うまでもなく、ソ連（現ロシア共和国）の状況はまさに奇々怪々だった。

たとえば、当時は外貨規制が厳しかったから、ちょっとした買い物をするのも一騒動だった。モスクワのオリンピックスタジアムを訪れたときのこと、一人の男が毛布の上に漆塗りの箱を並べて売っていた。お定まりの値段交渉が終わると、その男は私に塗りの箱とタバコの空箱をよこし、こうささやいた。「お客さん、とにかくすぐにここから離れてくれ。そしてその辺をぶらぶらして、代金の米ドルをタバコの空箱に入れてそばの繁みに捨ててほしいんだ。おれが後で拾いにいくから」

私の参加した遠征隊のリーダーは、セルジオ・フィッツ・ワトキンスという変わった男だった。自分の体にはメキシコ人とアパッチ族と、もう一つなんとかという血が流れているというのが自慢で、人付き合いが悪く、どういうわけか写真を撮られるのを嫌がり、チームメイトとも付き合おうとしなかった。それなのに、ことあるごとにいちばん偉いのは自分だとしつこく言い続け、みんなに認めてもらおうと躍起になっていた。

セルジオは毎日出発する前に、よくこんなことを言った。「今日は死ぬにはもってこいだ」

このセリフは、私の十八番《おはこ》だったはずだが。

私たちはモスクワからカバルディノ・バルカル共和国に飛び、そこからエルブルースの山麓近くにあるスキー場までバスに揺られた。標高五六四二メートルのエルブルース山は、ヨーロッパ大陸の最高峰である。もちろん、そうでなければ、こんなところまで来はしなかった。

途中で、私たちのバスは公衆便所らしいボロ家に立ち寄った。しかし公衆トイレとは名ばかりで、中にはむき出しの地面があるだけだった。

ホテルの食事は悲惨だった。ある日の昼食は、原形を留めていない色褪《あ》せた野菜らしきものの盛り合わせと、一切れの肉。といっても本物の肉ではなく、厚さ一センチ、長さ一〇センチの脂肪の薄切りだった。

そこに投宿した最初の夜、三階のバルコニーから外を眺めていると、子どもの売り子が歩道に立ち、アイスハーケンをさし出していた。近くに世界一のチタン鉱山があり、そこで採れたチタンで作ったものだという。

ホテルに落ち着いた私たちは、みんなで酒を探すことになった。アルコール好きの国なんだ、アルコールには不自由しないはずだ。

大当たり！

ホテルには、ウォッカを始め酒らしいものは何もなかったので、私たちは〝ピヴァ〟屋に駆けつけた。ピヴァとは、ロシア語でビールのことだ。この国の飛行機ではピヴァを無料でふるまってくれる。その理由は、誰も金を払わないからだそうだ。

その飲み屋には〝ワイン〟と呼ばれるものも置いてあったが、一口飲めば、腎臓に問題のある家畜の出したものではないかと疑われる代物だった。とにかく私たちはそこでおおいに飲み食いし、ロシアビールをしこたま買い込み、ホテルに戻った。

エルブルース登山は、ロープウェイで山腹を一・五キロ登ることから始まる。終点には、巨大な循環式送風機に似た鋼鉄張りの丸い山小屋があった。ロシア語で「避難所」を意味する〝ブリュット〟と呼ばれる形式の建物で、カスピ海のソビエト油田周辺で侵略の機会をうかがっていたドイツ軍に対抗するために、一九三九年に建てられたものだという。

私たちのブリュットは、不潔きわまりなかった。水は、（もし飲む勇気があるなら）ドアの外にある雪解け水の〝水溜まり〟から汲んでくるのだが、そのすぐ上には、糞尿が思い切り溢れ出している野外トイレがあるのだ。後にこの山小屋がガス爆発で吹き飛んだと聞いたときは、みんなほっとしたものである。

私たちは一度、高所順応を兼ねてハイキングに出かけ、翌日の夜、頂上アタックに向けて起床した。そこから先は雪深い道が続く。たいへん寒かった。四八〇〇メートルの鞍部までたどり着いたとき、ダラスから来た若い弁護士がいまにも気を失いそうになった。また、アトランタ出身の形成外科医もひどい頭痛に悩まされており、その二人は下山することになった。撤退のタイミングは申し分なかったが、その若い弁護士は、登山服の中に排泄物を垂れ流しながら歩かなければならなかった。

言うまでもなく、こんなことはツアー案内書には書かれていない。

残ったメンバーで頂上を目指して登っているとき、私はふと、ダラス出身の世界最初の七大陸最高峰征服者、ディック・バスの回想録『七つの最高峰』に載っていた一枚の写真を思い出した。レーニンの頭部のブロンズ像が、エルブルースの頂上から下界を見下ろしているものだ。自分の目でそれを見られると、私はわくわくしていたが、ついに山頂に立ったとき、ここはやはりソビエト連邦であったかとがっかりさせられた。台座はまだあったものの、レーニンの首はとうの昔になくなっていて、首のあった場所にはパイプレンチが落ちていた。

登山の後には、モスクワで恒例の登頂記念パーティーが開かれた。ヴェルサイユ宮殿の鏡の間を思わせるような広い会場だった。部屋の真ん中には大きなテーブルが置かれ、豪勢な料理が所狭しと並んでいた。ロシア製のシャンパン、ピッチャーに入ったウォッカ、白や黒の輝くキャビア。信じられないほどのご馳走だ。

ところで、その部屋の隅には、いくつも小さなテーブルが並べられていた。私は後でほかのお客が来るのだろうと思っていた。はたして、しばらくすると人が入ってきた。二人組の若い女性ばかりで、彼女らは小テーブルの椅子に腰かけると、アペリティフを注文した。

ほう、なかなかいいねえ、ロシア美女とご一緒できるとは！　私は無邪気に喜んでいたが、やがて、どのテーブルにも、必ず女の子が二人ずつ座っているのに気づいた。中央の大テーブルからは人がいなくなり、チームメイトはみんな、女の子の隣に移動し始めた。鈍い私にも、ようやくわかってきた。

このパーティーには第二ラウンドがあるのだ――つまり夜のコース。彼女らはそういう職業の女性だった。

人を疑わない若者が、この手の美女に首ったけになり、最後には物陰に連れ込まれて、ＫＧＢの殺し屋に棍棒で一撃されるといったストーリーがなかっただろうか？　だが、わがチームの仲間たちは、そんなことは全然心配しなかったらしい。ホテルに戻ってみると、私のルームメイトも任務遂行中で行方不明だった。

ピーチ

ベックが登山を始めてから、家族で旅行に行くことはほとんどなくなりました。それでも時々、海岸には出かけました。メキシコのリゾート地カンクーンに行ったとき、ベックは用事ができて先に帰ってしまいました。彼がいなくなると、せっかくの楽しい気分も台無しになり、残された私たちまで、結局一日早く切り上げて家に帰ることになりました。

その後、私と子どもたちの休暇には、私の長兄ハワード（ハーウィ）が、奥さんのパットと娘のローラと一緒に付き合ってくれるようなりました。兄はベックの代わりにきたのではありませんでしたが、ハーウィと話ができるのはとてもうれしいことでした。兄はいつも、子どもたちの遊び相手になってくれました。奇想天外なことを考え出し、一日中、子どもたちを夢中にさせるのです。ベックが一度もしてくれなかったことでした。ハーウィは、子どもたち、そして私にとって特別な存在だったのです。

メグ

ハーウィおじさんは、こちらに出張に来るときは必ず、ダラスのあたしたちの家に寄って、壊れているものを直してくれました。バスケットボールのバックボードやパパのシャワーを修理し、下水管まで取り付けてくれました。

おじさんは、あたしのよくないところには知らんぷりして、いつもいいところだけを探して励ましてくれました。八年生のときのミュージカルには、おばさんのパットと、いとこのローラを連れて、ジョージアからわざわざ来てくれました。ドミノの相手にもなってくれたし――本当を言うと、あたしにはゲームのことが全然わかっていなかったんだけど。〝ピクシー・スティック〟という、細長いチューブに入った、すごく色のきれいなキャンディーも買ってくれました。

バブ

ハーウィおじさんは、夕食後、ぼくと妹を引き受け、両親がぼくたちのことを気にしないで、二人だけで話し合ったりくつろいだりできるように、いつも気を使っていました。

ダラスに来たときは家のものを直してくれたし、時々ぼくはおじさんと、修理に必要な道具や材料を調達に行ったりしました。ぼくが九歳か一〇歳ごろのことです。ぼくたちは自動車の部品を買いに、スーパーの「ターゲット」に行くことになりました。おじさんは、うちの車の一台を修理しようと思っていたのです。

おじさんは店の場所を知らなかったけど、ぼくはわかっているつもりだったので、ぼくが案内するよと言いました。でも、あのころはまだダラスの地理はうろ覚えだったので、ぼくらはすぐに迷ってしまいました。

ずっと一方向に走ってしばらくしてから、ぼくはやっと店を通り過ぎたことに気づき、Uターンしてもらいました。こんなことが二、三回も続けば、たいていの大人は車を止めて、ママに電話して聞いてごらんと言うと思います。

でもおじさんは違いました。ぼくが自力で正しい道を見つけるのを、じっと待っていてくれたのです。Uターンを繰り返すたびに、おじさんは何か面白いことを言って笑わせながら、ぼくの言った方向に走ってくれました。そしてようやく「ターゲット」に着いたとき、ぼくは気づいたのです。おじさんは、ぼくならきっとここにたどり着けると信じてくれていたのだ、と。

ピーチ

ベックは、私たちがだんだん彼抜きで旅行に出かけるようになったことにもハーウィの家族がよく来てくれるようになっていたことにも、気づいていなかったと思います。自分のこと以外、何も目に入らない様子でした。

とても気分がふさいでいたときのことです。たまたま、ニューオーリンズまで往復で八八ドルという格安の航空チケットが手に入り、友達のケチャシド一家と一緒に行くことになりました。でもベックだけは、金曜日の午後の早い時間に仕事を抜けるのは無理だと言って来ませんでした。しかしその後、彼が私たちには内緒で、その週ずっと休暇を取っていたことがわかったのです。どれほど腹が立ったことか。

彼の頭にあるのはただ一つ、登山のことだけでした。ベックは変わりました。まるで「ぼくのことは構わないでくれ。子どものことであれなんであれ、ほっといてくれ」と言っているようでした。

〽　〽　〽

一九九二年一月、私は再び南に飛び、今回はアルゼンチンのアンデス山脈にあるアコンカグアを目指した。標高六九六〇メートルのアコンカグアは、欧米地域では最高峰だが、世界中で見ると六五位の高さにすぎない。超高山はアジア地方に集中しているのだ。

米国の作家トレヴェニアンは、その山岳冒険小説『アイガー・サンクション』でアコンカグアのことをけなしている。「この山は、もろい岩と氷でできた巨大な堆積にすぎない。アイガーやナンガパルバットが、優美なやり方で登山者を拒むのとは異なり、アコンカグアは人間の神経と肉体を蝕《むしば》み続け、ついには、よろめき、すすり泣くだけの廃人になるまで追い詰め、じわじわと殺すのだ」と。

トレヴェニアンは正しい。アコンカグアは嫌な山だ。誰もが、一回登ればたくさんだと思うようなところである。

アコンカグアには、エルブルース遠征のときに利用したカリフォルニアの旅行会社〝マウンテン・トラベル・ソベック〟のツアーで参加した。そこでまた、気難しいセルジオ・ワトキンス氏と再会することになった。しかしこのときの彼は、エルブルースのときとはうって変わってまったく精彩を欠いていた。きっとたちの悪い感染症にかかっていたのだろう。遠征隊を頂上まで案内する仕事は、とうていできそうには見えなかった。

アコンカグアに行くにはまずブエノスアイレスまで飛び、そこから山岳都市メンドーサへ入る。この街ではたいへんなカルチャーショックを受けた。体作りのトレーニングのために、私はそのころ朝四時に起床し、夜は七時三〇分に就寝していた。ところが、午後七時半のメンドーサでは、昼食さえ手に入らないのだ。地元の人たちは家族連れで深夜の二時、三時までふらふらと出歩いており、午後七時半は、まだ朝なのである。

私たちは小型トラックで、一部がスキー場になっている山麓に到着した。そこから装備をラバの背に乗せ、アコンカグアのベースキャンプまで約三〇キロの道程をトレッキングする。途中、登山者の共同墓地を通り過ぎた。みんなぎゅうぎゅう詰めで葬られていた。

その挨っぽい、むさくるしい登山道の終点に、プラザ・デ・ミュラスという集落がある。そこはさながら、アコンカグア版ロブジェといったところだ。ヤクの代わりにラバがいて、ラバのフンがそこらじゅうに落ちている。ただロブジェと違うのは、この村には永住用の建物がないという点だった。山について知っている者も知らない者も、本気でそこで暮らそうと思っている者も、そんなに深く考えていない者も、とにかく一〇〇人ほどの人たちがかたまって粗末なテント村を作っていた。その中に、ピンクの防寒服を着て、しゃなりしゃなりとちっちゃなプードルを散歩させていた女性がいたのには驚いた。

この村には、テキサスでは〝溜め池〟と呼ぶ小さな井戸があった。飲料用から排泄物を流すことまで、さまざまな用途に用いられていた。衛生的でないかもしれない、と考えている者など一人もいないようだった。またこの村では、口を開けたまま、風を顔に受けないように気をつけなければならない。〝アコンカグアの白い鳥〟として有名な、おびただしい量のトイレットペーパーが空中を舞っているから、うっかりしているとそれが口の中に入ってしまうのだ。

私たちはみな一刻も早く、この不潔な場所から出たかった。そうこうしているうちに、メンバーの一人が悪性の下痢を起こし、救急ヘリコプターで麓まで運ばれていった。

だが、私にとってこの村でいちばん印象的だったのは、不潔さにも病気にも関係がないことだった。あるとき、村をぶらついていた私たちの耳に、遠くから低い地鳴りのような音が聞こえてきた。ふと顔を上げると、ついさっきまで何もなかった山腹に、巨大な滝のようなものが見える。大きな水流が轟音《ごうおん》をたて、斜面を駆け下ってくるのだ。のたうつ水のうねりが、日差しを受けてきらきら輝いていた。

その激流を改めてよく見て、私は驚いた。それは水流ではなく、岩だったのだ！　白い土埃を上げながら、一枚の巨大な岩盤が、私たちの横わずか一〇〇メートルほどのところを猛烈な勢いで滑り落ちていったのである。

さて、セルジオが体調が悪くてもう歩けないと言いだしたとき、私たちはまだアコンカグアをそれほど登っていなかった。頂上まであと半分の地点にある、開けた平坦地に建つ小さな山小屋で、私たちは下山途中のパーティーに出会った。たまたまそのグループも、私たちと同じマウンテン・トラベル・ソベック主催の登山隊で、リーダーはリカルド・ノバロ・トレッツという、エベレスト登頂に成功した最初のメキシコ人として有名なガイドだった。

セルジオは、自分はここで下山する、遠征隊の後の面倒は部下にまかせると宣言した。まかされた男はオーガスト・オルテガというペルー人で、あまり英語も話せないし、ガイドとしての力量も疑われる。これを見ていたトレッツは、オルテガ一人でグループを率いて頂上に向かうのは無理だと考え、トレッツ自身、頂上から下りてきたばかりでかなり消耗していたのに、高所キャンプまでなら自分が案内しようと申し出てくれた。そこまで行けば、オルテガ一人でも、私たちを引き連れ、頂上を往復できるはずだと思ったのだ。

風が出てきて、気温が急激に下がってくると、登山歴の浅いチームメイトの中には、凍傷の心配をしたり、寒い、寒いと文句を言い出す者も現れた。私は、彼らのように寒くてたまらないとは感じなかった。荒天のためマッキンリー頂上近くに足止めされた経験から、山にはもっとずっと厳しい過酷な寒さがあることを知っていたからだ。あの程度の寒さなど、なんということはなかった。

いよいよ頂上アタックに移ると、ある程度予想はしていたが、グループのペースが急に落ちてきた。その調子では八人全員で登頂するのは無理だとわかったので、私たちは作戦を練り直すために高所キャンプに戻った。メンバーのうち半分は撤退を希望し、私を含めた四人がもう一度アタックに出たいと言った。結局、行きたい者だけで再度アタックすることになった。

登頂を断念して先に下山した連中の中に、同じテント仲間だった年輩の男がいた。彼がついうっかりと、食べ物をすくう唯一の私の道具、スプーンを持っていってしまった。この山での主食はドッグフードのような固い粥《かゆ》だったので、それを口に入れるには、なんとしてもすくうものが必要だ。私は代わりのものを探しにテントから出た。

あちこち見回していると、雪の中から、金属の取っ手のようなものがつき出しているのを発見した。私はそれに手をかけ、「これぞ、まさしくエクスカリバー!・（アーサー王の物語に出てくる魔法の剣）」と叫び、ぐっと引き抜いた。歯先の半分が欠けたフォークだったが、スプーンの代用としては申し分ない。脇の下でそれをぬぐい、ほくほくしながら、私は最終アタックのために残った三人のテントへ戻った。

翌日、天候は回復しなかったものの、私を含む四人とガイドのオルテガは頂上を目指して出発した。単純で面白みのない登攀《とうはん》が続いたが、カネレッタに着いたとき、私は、トレヴェニアンがなぜあんなにアコンカグアをこき下ろしたかを理解した。

カネレッタはおそらく、地球上でもっとも嫌な感じの難所だ。勾配がきつくて息が続かないから、その斜面を急いでかけ登ることはできない。だが表面がきわめてもろいので、悠長に登っていれば足場がすぐに崩れてしまう。

ここを突破するには、斜面にしっかりくっついている岩を探し出し、それを足がかりにして一歩ずつ登るしかない。びくともしない魔法の石を見つけたら、そこに足をのせ、胸いっぱいに空気を吸い込み、乱れた呼吸を整えてしばし休息し、また魔法の石を探すのだ。一歩進んで三歩ずり落ちるような登高だが、とにかく何時間でも粘るしかない。まったくしんどいところである。

アコンカグア征服には、プラザ・デ・ミュラスから高所キャンプまで三日間、そこから二回の頂上アタックのために一晩、下山にもう一日の時間がかかった。私はたいへん厳しいトレーニングを積んでここまで来たが、この遠征では、そういう努力がすべて報われていることを実感した。

登頂後も、下山中も私は元気いっぱいだった。帰路ではいつも、グループの先頭に立って歩いた。カネレッタの方向を指し示す細長い岩のある地点まで下りると、私は足を止めて、水を飲み、チョコレートのM&Mを食べた。

チームメイトのオーストラリア人が、私に追いつくと同時に、まるで息絶えたかのように背中からどさっと倒れた。やっと肘をついて起き上がると、私に言った。「あんたは本当に見かけ通り、まだぴんぴんしているのかい？　それとも、あんただけ、特別の強壮剤でも飲んでいるのかな？」

ピーチ

もし子どもがいなかったら、私たちはとっくに別れていたと思います。子どもには、両親の揃っていること、つまりふた親が揃っているというバランスが不可欠です。一緒に床をころげまわり、背中に乗せてくれる父親が必要なのです。子どもはそうやって遊び方を覚えていきます。私の子どもは二人とも、何をするにもとても慎重です。それは、大丈夫だから思い切ってやってごらんとか、もっと体を使いなさいと言ってくれる人がいなかったせいだと思います。

また、私の家系には、離婚経験者は誰もいないということもぜひ知っておいてほしいと思います。本当に、ただの一人もいません。離婚という言葉は私の辞書にはないのです。私はずっと離婚を人生の失敗、それも手痛い失敗だと思ってきました。

友達は私の大きなエネルギー源となりました。どんなときでもはっきりものを言うビクトリア・ブライハンを初めとして、パット・ホワイト、リンダ・グラベル、マリー・アン・ブリストー(彼女の実家もジョージアです)、マリアンヌ・ケチャシド、セシリア・ブーン。ほとんどがうちの子どもたちと同じ学校に通う子どもを持つ母親だったので、私たちはよく顔を合わせていました。こうして、女同士の友情が芽生えたのです。私には子どものころ姉妹がなかったし、大学ではソロリティ(女子学生クラブ)にも入っていなかったので、彼女たちにおおいに興味を引かれました。

私はこれらの友人たちに、徐々に心を開いていきました。本当に話を聞いてもらいたかったのです。迷いや怒りを外に放出する必要がありました。そのうち私は、みんなもまた問題を抱えていることに気づきました。それぞれに、辛い体験をしてきているのです。私たち女性は、少しずつ事情の違う物語を背負い、同じ道をとぼとぼ歩いていく仲間なのです。『パパはなんでも知っている』の世界なんて、私たちには存在しません。白馬に乗った王子さまだっていないのです。

私の知っているある女性は、離婚を経験していました。また別の女性は、深刻なノイローゼに苦しんでいました。彼女をとても強い人だと思っていたので、ひどく驚いたものです。夫がなんでもかんでも命令するという女性もいました。それに、あるレストランで、その人の夫が別の女性と逢い引きしているのを見かけたこともあります。長いあいだ夫の浮気に悩まされている女性もいましたが、私は彼女ほど立派な結婚生活を送っている人はいないと思っていました。またある人は、自分と夫で面倒をみている弟のことでとても困っていましたし、それほど親しい人ではありませんが、夫がアルコール依存症で、誰か他人の手を借りなければならないところまで追い込まれている人もいました。

おそらく、完璧な結婚など存在しないのです。子どもと同じで、結婚もまた、日頃から丁寧に面倒をみなければならないものなのです――それがいくら徒労のように思われようと、私のように絶望的な状態であろうと。私はいまも、まだそう信じています。なぜなら、同じように悩んでいる人たちに、すぐにあきらめてほしくないからです。

アコンカグア登頂後、メンドーサで祝勝会が開かれた。私たちはホテルの数ブロック先にある上等な店で、しこたまアルゼンチン・ビール（セルベサ）を飲んだ。仲間の一人がジャックダニエルの大瓶を持っていて、それもみんなで回し飲みした。

しかし、私にとってこの遠征における最大のハイライトは、メンドーサでのドンチャン騒ぎではなかった。その出来事は、その前の夜、スキーロッジで起きた。頂上から下山してきた私たちは、プラザ・デ・ミュラスからさらに三〇キロほど歩き、そのロッジに到着した。そこで豪勢な夕食を楽しみ、歯のエナメル質まで溶かされそうなメスカル酒（リュウゼツランから造られる蒸留発酵酒）を飲んだ。

その後みんなでサウナに入り、山の話で盛り上がった。ふと私は、臨時ガイドになってくれたリカルド・トレッツに訊いてみた。「エベレストに登るには、どんな能力が必要だろうか」彼はあっさり答えた。「そうだな、あんたみたいな人ならきっと登れるさ」

胸の奥にぱっと明りが灯《とも》った。運命の瞬間だった。

それまでも、私の登山に懸ける情熱は、単なるアマチュアの域を越えていた。厳しいトレーニングを積み、どの山にも十分用意してから登ってきた。しかしそのとき、思いもしなかったような大きな夢が、私の意識にどっと押し寄せてきたのだ。見方によるだろうが、このときがエベレスト病の始まりだったのだ、いや、終わりが始まったと言うべきかもしれない。

私の頭は、たちまち二つのことに占領された。まず、今後のトレーニングと山行は、すべて究極のゴール、エベレストに照準を合わせよう。そして最終的には、七大陸最高峰制覇《セブン・サミッツ・クエスト》を狙おうと。この偉業はこれまでディック・バスほか、ごく少数の登山家にしか成し遂げられていない。ディック・バスは四年かかっている。私は思った、もしも、もう少しだけ幸運に恵まれたら、この不可能のように見える夢だって現実のものとなり、私もエリート登山家の仲間入りができるかもしれない。

普通、私のように臆病な人間は、こんな野心的なことは考えないものだ。それなのになぜこの夢にのめり込んでいったのか。それはいろいろな点から説明できるだろう。第一に挙げられるのは、私の鬱が、そのころまでにはほとんど消えかかっていたことである。完全になくなったわけではなく、自宅にいるときはたいてい惨めな気分だったが、それでも以前ほどの破壊的な力はなくなっていた。これもすべて登山のおかげだと、私は信じていた。確かに私は鬱のせいで、家族を苦しめ、家族から遠ざかっていった。しかし、その一方で、登山をしていたからこそ自殺しないでいられたのだ。

第二に、私は、高山を専門に登っている人たちと一緒にいるのがとても楽しかった。こうした山仲間には、感心させられる共通の特徴があった。たとえば、高所登山では手ひどい目に遭うことが多い。それでも、彼らは泣きごとを言ったり、騒ぎ立てたりしない。また、あんなに山に入れ込んでいるのに、彼らのほとんどは、どんな仕事であれ、本業の方で成功しているのだ。

高山を極めるには不断の努力と精神的な成熟が必要だ。持って生まれたものだけでは足りない。苦労して技術を学ぶことが求められる。高山を目指す者には、報われないかもしれない状況に喜んで身を投じる覚悟が必要なのだ。それが高所登山家に欠かせない資質なのである。

どんなに優れた技量を持っていても、いつも実力が発揮できるとは限らない。山では、人はつねに試されているのだ。確かにみんな、登山家としての名声を得たい、途中で脱落することなく登り続け、最後まで勇気を失わず、持てる力を最大限に発揮したいと願っている。だが、いざ登ってみるまで本当のところはわからない。それに、自分は肝っ玉の小さい、ただの意気地なしだということがばれるのではないかと、内心びくびくしていたりもするのだ。

第三に、今回のアコンカグアが比較的楽に登れたということもあった。確かにこの山は大物だ。たとえばカネレッタでの出来事のように、多少手こずりはしたが、私にはまだ余裕が残っていた。力がついたと感じた。そのうえ七〇〇〇メートル地点くらいまでは、高所につきもののトラブルに悩まされることもなかった。いろいろ考え合わせてみた結果、リカルド・トレッツの言うように、自分にはエベレストに登るだけの素質・能力があるのではないかと思えてきたのだ。

第四に、男にはよくあるタイプだが、私は具体的かつはっきりと目に見えるもの、たとえば山のような存在によって、自分の持てる力を証明したいと思っていた。若いころは、学位や資格を集め、人生の成功者だと認めてもらえるような、物質的で派手なものばかり求め続けていた。だが、いまや私は、もっと豪胆で壮大な〝野心〟を内に秘めた人間になったのだ。

もしもそのとき私が精神的に健全だったら、この最後の文章がどれほど馬鹿げているかに気づいたはずだ。精神の高揚を求めて命懸けで山に登ることと、夫あるいは父親としての責任を果たすことは絶対に両立しない。こんな簡単な理屈は、ちょっと分別のある人間ならすぐにわかるはずだ。だが、もし父親であるという自然の摂理に気づかないふりをして、私のように、父親を求める家族の願いに耳をふさいでいられるなら、家族を見捨てるのはそれほどむずかしくない。臨時ガイドのリカルドの言葉に自尊心をくすぐられたとしても、もし私が真の意味でもっと自分に自信を持っていたら、あの時点で、もうどんな山にも登らないと宣言していたはずだ。

だが、私はその野望を捨てなかった。

それまでの私は、週に約一八時間をトレーニングに当てていたが、体作りの理想的な方法をじつはよくわかっていなかった。体にいいことと同時に、悪いこともやっていたのだろう。両肩がつねに痛み、とくに右肩を下にしては寝られなかった。また片方の膝は関節炎をわずらい、一〇キロ走るのがやっとだった。

私はしだいに、自分にはそれほどの力はないのではないかと疑い始めた。筋線維のせいだか骨格のせいだか知らないが、スポーツジムの誰よりも熱心にトレーニングしているのに、私の筋力は泣きたくなるようなレベルで急激に頭打ちとなった。ベンチプレスの最高が九五キロ。小さな女の子でも上げられそうな重さだ。私の骨はとてもきゃしゃなのである。

さらには、どう取り組めばいいのか見当もつかない難題にぶち当たってしまった。体重だ。人から聞いたり、本で読んで知ったのだが、エベレスト登攀では、ほとんどの登山者が約一四キロも体重を減らすという。そのころの私の体重は六八キロぐらいだったから、明らかに痩せすぎだった。なんとしても現在よりも体重の五分の一、そのすべてを筋肉として増やさなければならない。それができなければ、エベレストを征服するチャンスはない。さらに筋持久力も要求される。高山では、筋肉を酷使しても、翌日にはまたその筋肉が使えるようになっていなければならないのだ。

皮肉なことに、この難題に解決の道を開いてくれたのはピーチだった。

ピーチ

一九九〇年、私は骨粗鬆症《こっそしょうしょう》と診断されました。お医者さんの作ってくれた骨量を増やすための治療プログラムには、ウエイトトレーニングが含まれていました。こうして私は、パーソナルトレーナー(個人契約のトレーナー)のブレント・ブラックモアに出会い、彼の指導を受けるようになったのです。二年間で、骨密度は完全に回復しました。ブレントは細部まで行き届いた、とても優秀なトレーナーだったのです。

同じころ、ベックはだんだん体を悪くしていました。週に一八時間もトレーニングしているうちに、あちこちがおかしくなってきたのです。彼は苦しみなければ楽はなし、と思い込んでいましたが、そのやり方は結局「効果もなし」だったのです。

私はベックに、私のトレーナーに相談してみることを勧めました。彼はパーソナルトレーナーなんてめめしいとかなんとか言っていましたが、私があんまり勧めたので、ある日、嫌々ながらも、ついにブレントと会うことになりました。

ブレント・ブラックモア

トレーニングのとき、ピーチに頼まれました。「夫のベックのトレーニングを見てもらえないかしら?」と。

彼には会ったことがありませんでした。ピーチが土曜日の朝九時に会うように手配しました。ベックは見るからに嫌そうな顔でやってきました。

彼には、なぜ私のようなパーソナルトレーナーがピーチに必要なのか、理解できませんでした。気乗りしていないベックに向かって、ピーチはとうとう、「体を壊して痛い思いをしているのは私じゃないから、まあいいけど」とさじを投げました。そのときすでにベックは、両肩の回旋腱板をひどく痛めていました。おそらく間違った方法でリフトをやりすぎていたのでしょう。筋肉をつけようと、がむしゃらになっていたのです。

ベックは、自分はエベレスト遠征のためにトレーニングしているのだと言いました。登山家相手にトレーニングした経験はなかったし、また、それほど大きな夢に向かって真剣に努力している大人のスポーツマンを見たのも初めてでした。ぼくにとっても大きな挑戦でした。

とにかくぼくたちはその日一緒にトレーニングし、ベックはひと言も言わずに帰っていきました。

⩘　⩘　⩘

白状すれば、パーソナルトレーナーなんて、退屈している主婦のお相手にすぎないと思っていた。だが、ブレントとは気が合うような感じがした。自分の仕事に精通していて、見るからに有能そうだった。しかし私はまだ、本当にトレーナーが必要かどうか迷っていた。最初のトレーニングの終了後、私は車に戻ったとたんに、吐いてしまった。

ブレント・ブラックモア

翌週の中ごろ、ピーチにもう一度ベックのトレーニングをみてほしいと頼まれました。約束の日、ベックはやってきて、トレーニングをしましたが、やはりその間ひと言もしゃべりませんでした。ピーチが三回めのトレーニングの日程を決めたとき、初めてベック本人から、トレーナーになってもらいたいと言われました。

ベックの体の調子はあまりいいとは言えませんでした。右肩がとても痛くて、左肩を下にした姿勢でしか寝られない、体の横と右肘のあいだに枕をはさんでいる、この姿勢が崩れると痛くて目を覚ます、と言っていました。右膝のダメージもかなりのものでした。最初の段階では避けた方がいい運動をしていたせいです。

しばらくしてベックに頼まれました。「一週間に土曜日だけでは少なすぎる。週の半ばにもトレーニングしてくれるだろうか?」そこでぼくたちは、火曜日と木曜日の朝五時半にもスケジュールを入れました。

ベックにはかなり激しい訓練メニューを課しました。そして週一八時間の彼のトレーニングよりも、ぼくとの週三時間の方がずっと効果的だということを証明しました。火曜日にトレーニングすると、翌日の水曜日の朝は体中が痛くて、それまでのような自主トレーニングができなかったようです。それに彼は水曜日の夜の自主トレーニングも止めました。木曜の朝にぼくとのスケジュールが控えていたからです。

ぼくたちが採用した訓練法は、マッスル・セッティングと呼ばれるもので、まず、胸の筋肉と背筋を鍛えることから始めます。ウォーミングアップの後、筋力不足を克服するため、たとえば、プッシング（押し上げる動作）の一つとして、ベンチプレスをします。それから、プリング（引き寄せる動作）の一つとして、ボート漕ぎ運動をし、背筋を鍛えます。この運動をしているあいだは、先ほどプッシングで使っていた筋肉は弛緩《しかん》し、休んでいるので、痛める心配がありません。

プッシングとプリングの運動を何セットか繰り返した後、今度は上半身と同じように、下半身の訓練に移ります。マシンとマシンのあいだを走り回り、その合間にたとえばウエイトリフティングをはさみ、休みなくトレーニングを続けます。休憩は取りませんでした。彼は必死についてきました。ぼくはベックに、自分の筋肉がいまどうなっているかを思い描き、筋肉に意識を集中するように言いました。またゆっくりリフトをさせ、負荷の加わったときの筋肉の感じがわかるようにしました。

彼はいままでぼくが指導した人のなかで一番優秀です。何よりも固い意志を持っていました。

ガレット・ブーン

ベックはこの信じられないような過酷なトレーニングで、温厚な病理学者の体を世界に通用する登山家の肉体に改造しました。

かつては、研究所で組織片のスライドを見て一日の大半を過ごす、どこにでもいるような痩せっぽちだったのに、いつの間にか、その上半身や足腰を強靭《きょうじん》なものに作り変えたのです。あんなに一つのことに打ち込んでいる人間は見たことがありませんでした。

メグ

そのころのパパは毎日トレーニングに明け暮れ、ほとんど顔を合わせることもありませんでした。それから、何週間もどこかの山に遠征に行ってしまうのです。とっても悲しい毎日でした。あたしはパパに会いたかった、ただそばにいてもらいたかったのです。

バブ

パパが遠征に出かけても、ぼくは全然気づきませんでした。なぜって、パパは家にいたとしても、いないも同然だったからです。病院から六時半に戻ってくると、食事をして、ちょっと休んで、ベッドに直行していました。

ピーチ

ベックは毎朝四時に起き、トレーニングをし、夜の八時までにはベッドに入りました。退屈な生活。外とのお付き合いはまったくなくなりました。

21

セシリア・ブーン

ベックはこのころ、ピーチには情熱を傾けられる趣味が必要だとさかんに言い始めました。そういうものがないから、自分の登山にいい顔はしないし、彼女の人生もまったくつまらないのだと言うのです。ひどい言い方だと思いました。

ピーチ

ベックは、子どもたちや私がいてほしいと思うとき、いつもいませんでした。私たちのことはどうでもよかったのです。それから突然、私も趣味を持つべきだと言い始めました。まるで達成感のないことばかりしているから、私は不幸だと言うのです。

＾＾＾

私はケン・ゾーンズに相談してみた。もしもピーチが、私に理解できるような趣味を持てば、彼女自身もっと幸せになれるんじゃないだろうかと。ピーチはとても頭のいい、有能な人間だ。彼女が夢中になれる何かを見つければ、私もピーチの素晴らしさを再認識できるのではないかと思った。

私たちはうまくいっていなかった。もしも彼女が外で新しい刺激に触れるようになれば、それは私にとってもいいことなのだ。彼女にならその理屈がわかるだろうと思った。そうすれば私たちはまたうまくやれる、そう思っていた。

ピーチ

ベックが正気に戻らない限り、私たちはうまくいきっこありませんでした。

私は彼の言葉をよく考えてみました。子育てだけしていて幸せなはずがない、と言われたのです。そうかもしれない、私にも何か、心を浮き立たせてくれる趣味が必要なのかもしれないと思いました。でもある日、とても大切なことに気づきました――私は子どもたちの世話をしているだけで、とても満たされていると。そして、横からごちゃごちゃ言われたくない、と思いました。

それからは、彼が何か趣味を持てと言いだすたびに、私はこう言ってやりました。「放っといてちょうだい。私はいまのままで完璧に幸せなのよ。自分のことをつまらない、ちっぽけな人間だなんて全然思っていないわ」

^ ^ ^

私はますます登山にのめり込み、ほかのことはほとんど目に入らなくなっていった。まさに山に取り憑かれたのだ。

七つの最高峰のうち、すでに二つ、エルブルースとアコンカグアは制覇した。マッキンリーにはそのうち再挑戦することになるだろう。そうするとエベレストはさておき、残るは、南極のヴィンソン・マシフ、西ニューギニアにあるインドネシアの一州、イリアンジャヤのカルステンツ・ピラミッド、そしてアフリカのキリマンジャロの三座だ。

カルステンツ・ピラミッドがセブン・サミッツに加えられたのは、比較的最近のことである。ディック・バスが一九八〇年代に、七座全部を世界で初めて制覇したとき、オセアニアの最高峰として挙げられていたのは、オーストラリア大陸のニューサウスウェールズにあるコジアスコ山、標高わずか二二二八メートルの低山だった。この後、カナダ人の報道写真家パット・モローが、オセアニアという地域で見れば最高峰はコジアスコではなく、西ニューギニアのカルステンツ・ピラミッドだと主張し、結局オーストラリア政府もこれを認めるようになったのだ。ちなみに、このパット・モローは、カルステンツ・ピラミッドに登って七つの最高峰を究《きわ》めた人物である。

これから挑戦しなければならない五つの山のうち、エベレストが一番手ごわい相手であることははっきりしていたが、ヴィンソン・マシフとカルステンツ・ピラミッドにも、それぞれ一筋縄ではいかない問題があった。ヴィンソン・マシフの方は、七最高峰のうちで距離的にいちばん遠く、そこまで行くこと自体が非常にむずかしい。それに毎年一月あたりのごく短い時期にしか登頂のチャンスは巡ってこないし、南極ツアーを主催している旅行社はたった一つしかない。後にわかってくるが、南極ではいろいろなことがたちまちうまくいかなくなるのである。

カルステンツ・ピラミッドの問題は別の面にあった。ちょうどそのころ、インドネシア政府の圧政下にあったイリアンジャヤでは、住民がゲリラ活動を起こしており、地元で〝パンカック・ジャヤ（勝利の山）〟と呼ばれるカルステンツを訪れる外部の人間にとって、その一帯はかなり危険な状況になっていたのだ。

そこで私は、次は地球の底に行こうと決めた。

推定面積一三六〇万平方キロメートルの南極は、アジア大陸、アフリカ大陸、南北のアメリカ大陸に次ぐ世界第五位の大陸で、オーストラリア大陸の約二倍ある。そして南極はどの大陸より平均標高が高い。それは南極大陸の大部分が、約一八〇〇メートルの氷の下に埋もれているためである。場所によっては、氷の厚さは三二〇〇メートル以上にもなる。また言うまでもなく、南極はもっとも水の豊富な（もちろん凍った状態だが）大陸だ。もしもこの氷が全部溶けたら、一説によると、海面は四・

五メートルから六メートルも上昇するらしい。そうなれば、マイアミは海の底だ。

また、南極は世界中でもっとも乾燥した地域でもあり、サハラ砂漠よりずっと乾いている。顕微鏡のようなものを使わない限り、人間の目では、大陸の表面に生物の姿は見つけられない。南極は氷結した砂漠なのだ。

この大陸の最高峰が、エルズワース山地にある標高四八九七メートルのヴィンソン・マシフである。この名はジョージア出身の恐れを知らぬ下院議員、カール・G・ヴィンソンからつけられた。ヴィンソン・マシフは一九五七年までその存在自体が知られておらず、初登頂は一九六六年になってからだ。私が遠征した一九九三年一月までにその頂上に立ったのは、わずか一五の遠征隊、人数にしてもおそらく五〇人以下だったろう。

ツアー募集要項にはこう書いてある。「南極は、地球上でもっともサービスの悪い地域です。交通事情はきわめて悪く、天候もまったく予測不可能で、しばしば大嵐になります。ほかの陸地と遠く離れており、設備もほとんどありません。この遠征に際しては、個人レベルでの安全管理と十分な装備が求められます」

そこで、この遠征のために私が用意したもののリストは、次ページの表のとおりである。

遠征隊はまず、チリのサンティアゴから、南緯五四度にあるプンタアレナスという町まで飛行機で移動した。プンタアレナスはパタゴニア地方にある、マゼラン海峡に面した人口一〇万人ほどの都市で、しばしば世界最南端の町と呼ばれる。

民間人が南極に近づくことは厳しく制限されており、そこに行く唯一の方法といっていいのが、〝アドベンチャー・ネットワーク・インターナショナル（ANI）〟の南極ツアーなのだ。ANIは一九八

装備品リスト一例――最悪の条件に備えて
（一九九三年一月、南極最高峰ヴィンソン・マシフ遠征時）

【足用】
◎ポリプロピレン製の薄手の靴下、二足
◎ポリプロピレン製の厚手の靴下、二足
◎側面に布甲革のついたオーバーシューズ付きジェーナスクロスの登山靴、一足
◎ポーラーガードのトレッキングブーツ

【身体用】
◎ポリプロピレン製の薄手の下着、二組
◎ポリプロピレン製の遠征用厚手の下着、二組
◎ショート丈のバギーパンツ、一本
◎シンチラの胸当て付きズボン
◎マーモットのゴアテックスの胸当て付きズボン
◎レトロパイルのジャケット
◎ゴアテックスのセーター
◎マーモット・アルピニストのフード付きダウンパーカ

【頭部用】
◎厚手のシンチラの目出し帽
◎マフラー
◎スキー帽
◎バンダナ
◎間抜け帽（私のオリジナル。これをかぶって間抜けにふるまえば、間抜け以外の何者にも見えないこと請け合い）
◎日よけ帽
◎顔面保護用マスク
◎眼鏡、二組
◎紫外線カットのサングラス
◎紫外線と赤外線を一〇〇パーセントカットする二枚レンズのスキー用ゴーグル、二組
◎眼鏡の吊りひも、二組
◎眼鏡の曇り止め液
◎眼鏡拭き
◎耳栓

【手用】
◎ポリプロピレン製の遠征用厚手の手袋、二組
◎ライナーとひも付きのオーバー手袋、二組

【リュック装備】
◎遠征用大型リュックサック
◎マーモット・ペンギンの寝袋
◎ポリエチレン発泡体マット
◎サーマレストのマット
◎ベイパーバリアのライナー

【登山用具】
◎シットハーネス
◎十二爪のアイゼン
◎手首スリング付きピッケル
◎アイスハンマー
◎直径六ミリのプルージック・ループ、二本
◎ロック式のカラビナ、三つ
◎レギュラーのカラビナ、四つ
◎スキーストック、一組
◎大型ダッフルバッグ
◎懸垂下降の用具
◎スリング付き登高器（両足）
◎リュック用スリング

【個人的な持ち物】
◎医薬品各種（アスピリンと利尿剤のダイアモックスも）
◎汗よけバンド
◎リップクリーム（ＳＰＦ15＋）
◎日よけ止めクリーム（ＳＰＦ15＋）
◎モールスキンの服と着替え
◎大型のコップ
◎大型のボウル
◎スプーン、二本
◎断熱カバー付きの三つ口の水筒
◎スイス製アーミーナイフ
◎ハンドクリーム
◎パラシュート用のひも
◎強力布テープ
◎ビックのライター、二個
◎カメラとフィルム
◎ナイロンひも付き収納袋、数枚
◎暇つぶしの本
◎トイレットペーパー
◎短波ラジオ
◎洗面用具
◎アメ玉などの軽食
◎ゴミ袋
◎ハンドタオル
◎現金と航空機チケット
◎浄水用タブレット
◎感染症防止のサルファ剤バクトリウムDS
◎下痢止め用イモジウム
◎胃薬のペプトビズモル
◎催眠薬のダルメーン
◎フリーザーバッグ
◎メッシュバッグ

五年に作られたカナダ人の会社で、ニューメキシコのサンタフェ出身のマーティン・ウィリアムズは、この会社を前述のパット・モローと共に設立した。マーティンは、今回のツアーのガイドでもある。

ANIは、ヴィンソン・マシフに向かう私たちのグループを運ぶと同時に、すでに南極の氷上に上陸していた三つの遠征隊に物資の補給を行なっていた。

その遠征隊の一つに、〝アメリカンウィメンズ・トランスアンタークティック・エクスペディション（米国人女性南極遠征隊）〟というグループがあった。彼女らはパラシュートを持参しており、風向きがよければ、パラシュートを背負って氷雪面をスキーで軽快に滑ろうという計画を持っていたが、これは実現しなかった。南極点には到達したものの、パトリオット・ヒルズへすぐ撤退しなければならなかったのだ。

同様に、三人の日本人探検家も南極点を目指していたが、失敗し、頬を凍傷でやられて退却してきた。それこそ、あとでいやでもおなじみになる気候条件である。

それからエアリング・カーゲという三〇代のノルウェー人がいた。彼は南極の沿岸から南極点まで、一日四〇キロか五〇キロの距離を、なんのサポートもなく、クロスカントリースキーで単独横断するという大胆な計画を持っていた。その旅での主食は、生のベーコンだという。

確かに、ベーコンは食べ物の中でいちばん燃焼効率がいい。びっしり氷結した平原を、重さ一六〇キロのソリを引っぱって移動する者にとっては、少なくとも理論的には最適の食糧ということになろう。だが、ベーコンを選んだ本当の理由はつねに少しずつ口に入れることができるからだという。南極の氷原では、いくらそうしたくても、腰を落ち着けて腹いっぱい食べる暇などない。カーゲはウエストポーチにベーコンを入れ、スキーで走っているあいだ、ずっと食べ続けていたのだ。

よく知られているが、イヌイットが肉のあぶら身を食べて熱源とするように、彼もベーコンをエネルギー源に選んだのだ。二〇世紀も終わろうとしているこのハイテク時代、生ベーコンより、もっと風味のよいまともな食べ物があるはずだと思う人がいるかもしれない。それでも生ベーコンは、あの〝フーシュ〟というごった煮よりはずっとましなのである。この胸の悪くなるようなスープは、ここ数十年のあいだ、極点を訪れる者の定番メニューになっている。「ニューヨークタイムズ」に載っていたマルコム・ブラウンのレシピによると、フーシュは、ペンギンかアザラシの肉に、ラード、小麦粉、ココア、砂糖、塩、それに水を加えて煮こむシチューである。これに比べれば、私が幾多の山行で口にしてきた、フリーズドライになった園芸肥料風のものや、味のないボール紙状の食べ物はまさにご馳走と言えるだろう。

カーゲはみごと南極点に達した。彼はすでに北極点も制覇していた。そしてこの翌年の九四年には、ロブ・ホールと共にエベレスト登頂に成功し、そのときの地上でもっとも高い場所からの無線放送はちょっとした評判になったものである。

マーティン・ウィリアムズがガイドするのは、私と、セントルイスから来たバーバラ・ガートラーという、小柄で引き締まった体つきのおばあちゃんだった。登山が始まると、私たちは二人組のチーム二つと合流した。片方はシャーロット・フォックスとノラ・ロイスのグループ。ニューヨーク州北部出身のノラは、学校関係の行政官で、優秀な女性ボディビルダーとして知られていたこともあるという。彼女らをガイドするのはスキップ・ホーナー。モンタナ出身の男で、セブン・サミッツのすべてを案内した最初のガイドだ。もう一方は、サンディ・ピットマンと、彼女の男友達クリス・キネンのチーム。こちらのガイドはピート・アサンズだった。

プンタアレナスは遠い。だが、やっとそこに着いても、南極までさらに三二〇〇キロメートルを飛ばねばならない。そんな長距離の飛行機燃料を船で運ぶと莫大な経費がかかるので、ANIは、三二〇〇キロメートルの距離を往復するだけの油を積めるような飛行機を使っていた。

一九九三年一月、彼らが選んだのは大型旅客機のDC6で、天候に支障さえなければ、一二時間で南極のパトリオット・ヒルズとの間を往復できる。だが、この地域は地球上でも気象条件がもっとも劇的に変わりやすく、たとえいままったくの快晴だとしても、それが半日もつかどうか疑わしい場所なのだ。いよいよ南極へ発つ前、プンタアレナスに滞在したとき、このことが身にしみてよくわかった。

この遠征では、どんな些細なことでも、スケジュールが遅れたり長引いたりする原因になる。南極遠征の後、ピーチとのあいだで勃発した〝戦争〟も、似たような様相を呈することになるのだが……。

数日間プンタアレナスで足止めされ、ようやく長い時間をかけて、南極のパトリオット・ヒルズに到着した。DC6はそこに私たちを降ろすや、ただちにチリへ引き返した。さっさと出発して、大急ぎで引き返す――南極では、これが何より肝要だ。機体が南極に着陸しているあいだに嵐になれば、離陸できる可能性はきわめて少なくなる。また、チリに戻る途中、風向きの変化であれなんであれ一つでも問題が起きると、燃料はチリまでしかないのだから、マゼラン海峡へ墜落するおそれがすこぶる高くなる。

一九九三年一月、パトリオット・ヒルズではすでに、氷のトンネルや複数の大型テントが私たちを待っていた。天候によっては、到着して直ちに避難しなければならないこともあるからだ。そこには恒久的な地上建造物は一つもない。また、氷雪下のトンネルは装備品貯蔵のためにも使われている。到着したとき、天候は穏やかだったので、私たちは自分でテントを設営し、マッキンリーのときと同じように、そのまわりをぐるりと氷の壁で囲んだ。

翌朝というか、朝というべき時間帯に――地球のはじっこのここでは、夏の太陽は地平線に昇ったまま二四時間沈むことがない――私たちは双発機オター号に乗り込み、二時間飛んでヴィンソン・マシフの標高三〇〇〇メートル地点にあるベースキャンプに到着した。非常に寒かった。飛行機は上り斜面に着陸し、〈ヴィンソン・ビーチへようこそ！〉という看板を通り過ぎて停止した。

テントを設営した後、第一キャンプまで装備品を荷揚げすることになった。ところで、私の装備リストに、スキー板やカンジキが含まれていなかったことを思い出してもらいたい。私もバーバラ・ガードラーも必要ないと言われていた。南極の雪は固く締まっているから不要だと。

だが、そうではなかった。バーバラは小柄で体も軽いから、スキーがなくてもそれほど困らなかった。だが体重のある私は、雪原に一歩踏み出すごとに、膝の上まですっぽり埋まった。まったく悲惨だった。私たちはクレバスをいくつか越え、第一キャンプに荷を置き、引き返した。ほかのみんなはスキーに乗り、ものの数秒で斜面を滑り降りていったが、私には無限の時間がかかった。チリを発って三〇時間後、私たちはようやく夕食にありつき、眠ることができた。

翌朝、テントから這い出した私は、空にそっくり同じ太陽が三つ浮かんでいるのを見て、肝をつぶした。それまで知らなかったが、それが幻日《げんじつ》と呼ばれる現象である。大気中の氷の層に光が反射して、複数の太陽が見えるのだ。

二つの幻の太陽は、ただでさえこの世のものとは思われない南極の風景に、さらにシュールな感じを与えていた。『スター・ウォーズ』のオープニングにそっくりだと思った。ルーク・スカイウォーカーの〝故郷の惑星〟の上にも、いくつもの太陽が浮かんでいた。

ところで私がロブ・ホールに初めて出会ったのは、ごちゃごちゃした南極のテントの中でだった。といっても、ツアー募集のポスターの中で彼を見たのである。彼は登山のパートナーであり親友でもあるゲーリー・ボールと登山ガイド業を始めたばかりで、みずから〝ホール・アンド・ボール〟と名乗っていた。ロックバンドみたいだった。

この二人がわずか七ヵ月でセブン・サミッツを制覇したと知って、私は非常に感心した。七峰の最高峰の間の距離を考えても、偉業としか言いようがない。このヴィンソン・マシフには、七峰の最後として、一九九〇年一二月に登頂している。

一九九三年の一〇月、ゲーリー・ボールは、ヒマラヤにある世界第六位の高峰、標高八一七二メートルのダウラギリで高所性脳浮腫により倒れた。ロブ・ホールは昏睡状態に陥った友をテントで介抱し、翌日、彼の亡骸《なきがら》をクレバスに葬ることになる。

登山開始第一日め、私たちはTシャツ姿でテントを出発し、小さな氷原を元気よく突っ切り、高所キャンプに到着した。翌日はしかし、頂上に着く前に嵐を起こす気団の前線につかまり、どのグループも全員、高所キャンプまで退却しなければならなかった。それでも私たちは二度めのアタックをかけ、ヴィンソン・マシフの頂上に達した。

だが、登頂して拍子抜けした。そこにあったのは、氷雪面につき刺さったスキーストック一本だけだったのだ。頂上からの眺めは壮観だと聞いていたが、眼鏡が凍りついていて、私にはまったくわからなかった。周囲はすべて灰色の雲に覆われており、ほかの人たちにも何も見えなかった。

それから急速に天候が崩れ始めた。マッキンリーの帰路と同じように、私はほとんど目の見えない状態で、なんとかベースキャンプまでたどり着いた。その途中で何回もクレバスにはまり、落下数の世界記録を樹立した。その日だけで、私は五つのクレバスに落ちた。

ベースキャンプでは、オター号が予定通り私たちを待っていた。だが、この双発機が到着したころ、パトリオット・ヒルズの天候が荒れ模様になり、飛行機は戻れなくなった。パイロットと整備士は機内からベッドやテントを外に運び出し、私たちも外にテントを設けることにした。鋼鉄の機体の中にいる方が、外のテントにいるよりずっと寒く感じるのだ。こうしてパトリオット・ヒルズの天候の回復を待ったが、二、三日、嵐は収まらなかった。

その間に、私たちはベースキャンプに貯蔵されていた昔の食糧を掘り出すことにした。何年も前にしまい込んだ冷凍タマゴ、冷凍野菜などである。サンディ・ピットマンはリュックいっぱいにご馳走を持参していた――海藻サラダ、アヒルの燻製、等々。また彼女はビデオカメラも持ってきており、自分のテントで映画上映会を催した。サンディはご馳走を私たち仲間に分けてくれた。そのうえ彼女は、ジャックダニエルのボトルまで持っていたのだ！　サンディは優秀な登山家であり、また概して公平な人間だったが、そのウイスキーだけは私に恵んでくれなかった。小さなブリキのコップを片手に、テントの外でずっと待っていたのに。

この世の地の果てで待たされている間、そうたいしたことは起きなかったが、バーバラ・ガートラーが私たちのテントを焼き払おうとしたときは大いにあわてた。彼女はなんと、テントの中でストーブを焚《た》き始めたのである。ストーブの火はたちまちテントに燃え移り、ある者は雪原に飛び出し、ある者は必死に消火に努めた。バーバラはちょっと場違いで人騒がせなところもあったが、タフでかわいいおばあちゃんだった。

もうひとつ、その滞在中、私は今世紀最高の登山家ラインホルト・メスナーと知り合いになった。古い食糧を掘り出していたとき、メスナーの名前が刻まれたチョコレート・プディングを見つけたのである。ずっと以前、彼もここに来ていたのだ。私にとっては、世紀のアルピニストと一緒の食卓についたも同然だった。

極寒の地に足止めされて二日め、その日も遅くなってから、今度は私たちの頭上にぶ厚い雲が押し寄せてきた。やっかいな展開だった。同時にオター号がガチガチに固まっているのに気づいた。私たちは機体を揺らしたり、シャベルでまわりを浅く掘ったりした。周囲がほとんど見えなくなるころ、やっと飛行機が氷から自由になったので、私たちはそれに飛び乗り、大急ぎでパトリオット・ヒルズに戻った。そこでは、プンタアレナスまで飛ぶＤＣ６が待っているはずだった。少なくとも、予定はそうだった。

ところが、この大型飛行機は、離陸後エンジンの一基が故障して、チリに引き返したという。使用可能なＤＣ６のエンジンなど、簡単に手に入るようなものではない。その在庫のある一番近い場所は、フロリダだった。こうして私たちは、骨の髄まで冷え切りながら、再びＤＣ６がその大きな翼を広げてわれわれを迎えにくるまで、それからなんと一週間、ひたすら待つことになったのである。

ノラ・ロイス

パトリオット・ヒルズには太陽電池で動く無線セットがあり、それでプンタアレナスと交信できました。しばらく南極に足止めされそうだとわかって、私たちは各自、連絡してほしい相手の名を提出しました。予定通りに帰れない理由を伝えてもらいたい家族や友人たちの名前です。足止めの知らせは、プンタアレナスを中継点にして世界各地にリレーされるはずでした。直接話したくても、地球の果てには、そもそも電話自体がないのだということが理解できない人たちもいました。

どのくらい連絡が伝わったのかはわかりませんが、私の頼んだ伝言は届いていませんでした。ニューヨークにいる叔母は、予定を過ぎても南極から私が戻ってこないので、本当に半狂乱になりました。叔母へは、誰からも連絡がいかなかったのです。

ピーチ

ベックは遠くへ行っても、現地から電話を寄こして家族の様子を聞いてくれたことは一度もありません。何週間もまったく音沙汰なしです。

それには慣れていました。今回も私は、いつものように空港に迎えに行きました。しかし、予定の便に彼は乗っていなかったのです。まったく予想外のことで、ショックでした。

ツアー会社に電話しました。会社の人は、ご主人は無事だ、もし死んでいたら、その旨連絡が入っているはずだ、と言うではありませんか！　そこで次に旅行会社に勤めている友人に電話しました。その人は、ベックのダラス行きの予約がキャンセルされていることを調べてくれました。そのときはまだ、DC6のエンジントラブル、そしてベックが南極で無事でいることを私は知らされていなかったのです。

パット・ホワイト

ピーチがどれほど心配していたかは、今でもはっきり覚えています。何日もの間、ベックの所在も、彼の置かれている状況も、生死さえ不明だったのです。この後ベックがエベレストで死んだという連絡が入ることを考えると、これはピーチにとって、なんとも不吉な前触れでした。彼の消息がわかるまで、私は彼女に付き添っていました。私たちはみんな、胃にナイフを突きつけられているような気分でした。

そのときピーチは言いました。「二度とこんな思いはしたくない」と。彼女の口調には、怒りと共に、強い決意が感じられました。

〽　〽　〽

パトリオット・ヒルズでは、私たちの身に危険なことは何もなかった。問題はひとつだけ、DC6の修理が終わるまで何もすることがなく、ひたすら手持ちぶさただったことだ。そこで私たちは、大がかりな暇つぶしを考え出した。ANIがパトリオット・ヒルズに置きっぱなしにしていた単発式のセスナ機に、立派な格納庫を作ってやることにしたのだ。これまでは、氷雪に覆われた地面に穴を掘り、その穴に機首を下にしてセスナを入れ、翌年の夏どこに埋めたかわかるように、尾翼が少し見えるくらいまで機体を埋めていたという。

そこで私たちは氷面下に大きな氷室のような空間を作り、その中に尾翼から先にセスナ機を格納した。そして、氷室の天井に合板を貼り付け、氷でスロープを作った。これでセスナ機はもっと安全に氷雪から保護され、翌年にはまた元気に飛び出せるだろう。

ちょうどその氷室が完成したころ――私たちはすでに、パトリオット・ヒルズという流刑地に流された気分になっていた――DC6の雄姿が戻ってきて、私を親愛なるピーチのもとに送り届けてくれた。だが、やっとダラス空港に降り立ったとき、故郷は何年ぶりという大寒波に見舞われており、自宅へのドライブ中、ピーチはよそよそしかった。そして彼女はこう切りだしたのだ。これから結婚カウンセラーに会ってほしい、と。

22

ピーチ

今回のことで私がどれほど心配したか、ベックには少しもわかっていないようでした。髪が抜け始め、体重は三ヵ月で一八キロ減りました。

^^^

あれが会話と言えるだろうか。ピーチは終始、私を責め立てた。そもそも私はけんかに慣れていない。両親は一度もけんかをしたことがなかった。だから怒りをあらわに向かってくるピーチを前にすると、私はつい引いてしまう。それでますます彼女は腹を立て、さらに激しく突っかかってくるのだ。しまいには私も我慢できなくなり、言い返すこともあった。だが、ほとんどは黙っていた。彼女は私の気に入らないところをとうとうと並べ立てた。あんなことは、私には真似できない。それは、私のもっとも苦手なことだった。私にできるのはただ口を閉じ、引き下がることだけ。胃がよじれるような毎日だった。黙り込んだ私を、ピーチはののしり続けた。

メグ

幸いに、パパもママも、あたしたち兄妹をけんかに巻き込むことはありませんでした。ただ一つはっきり覚えているのは、登山について両親が言い合っていたときのことです。すごく険悪な感じでした。今度山に登ったら離婚するわ、というようなことをママが言ったとき、ちょうどあたしがその部屋のドアを開けたのです。両親はあたしに気づき、はっとして口をつぐみました。

バブ

両親は二人だけで話し合っていました。明らかにまずい雰囲気でしたが、ぼくはどちらの肩も持ちませんでした。それに両親も、ぼくたちを引き込むようなことはしませんでした。

リンダ・グラベル

ピーチもベックも、互いに一歩も譲りませんでした。友達と話したくなると、ピーチは私たちの家に来ましたが、ウェザーズ家に行っても、夫婦仲がまずくなっていることなどまったく感じられませんでした。ピーチはお客をもてなすのがとてもうまいのです。彼女は努めて明るくふるまい、ベックもそれに合わせていました。

ピーチ

ベックの両親と一緒に夕食に出かけたある晩、私は少し意地悪な質問をして彼をいじめました。「あなたはどんなことでも、絶対にご両親と違う意見を言わないけど、それはなぜなの？」

「愛情と尊敬があるから、反対なんかできない。そんなこと、できるはずないじゃないか」と彼は答えました。

私はさらに問い詰めました。「ねえ、ベック、それじゃ、ご両親は、どうやってあなたの本当の気持ちを知るのかしら？」

彼は答えませんでした。それから少しして、ベックはお母さんと政治的なことでとても激しく言い争いました。クリントン大統領のことだったと思います。私はその場から去りましたが、息子が聞いていて、後でこう言いました。「ママ、あれじゃ、ミミばあちゃんがかわいそうだよ」うちの子どもたちは、ウェザーズのおばあちゃんをミミと呼んでいます。「パパは、ミミにひどいことばかり言っていた」

私は答えました。「心配しなくても大丈夫。本当の気持ちが言えなくて、パパはあんなふうに当たっているだけよ。パパをそういう人間に育てたのは、なんたっておばあちゃんなんだから」

^^　^^　^^

表面上なんの問題もないのに、どうしてもっと幸せに暮らせないのか、私には理解できなかった。素晴らしい子どもたちに恵まれ、仕事は順調にいっていたし、大きな借金も抱えていない。いがみ合いたくなるようなはっきりした原因は、私にはどこにも見当たらなかった。

ピーチ

二人めの結婚カウンセラーも、最初の人と同じく無能でした。

何週間もかけてあれほど詳しく、ベックが精神的にも物理的にも家族を避け、自分の殻に閉じこもっているという話をしたのに、そのカウンセラーはこう言うのです。「まあ、世の中には他人に構われたくない、一人でいたいという人もいるものです。お宅のご主人もそのタイプなんでしょう」

そんなことを言われても、なんの役にも立ちません。いちばんの問題は、他人を避ける人たちにはどこか健全でないところがあるということなのに。なぜそのカウンセラーが、ベックが精神的に落ち込んでいることに気づかないのか、不思議で仕方ありませんでした。

こちらは髪の毛が抜けるほど心配しているというのに、そのカウンセラーは言い続けるのです。「分かち合うんですよ。互いに分かち合い、互いの重荷を降ろしてあげるのです」デスク越しにその男をにらみながら、私は思っていました。「あんたはきっと、よその星から来たのね」

ᄊ　ᄊ　ᄊ

なんにしろ、そのカウンセラーは私の味方だった。好きなことをしてもいいと請け合ってくれたのだ。「思うところに従って進みなさい！　夢に向かって突っ走りなさい！」そうこなくっちゃ！

ピーチ

ベックの安否がわからず、ただただ心配していたあの日々は、まさに、私にとって、いろいろな意味で大きな分かれ目となりました。登山は「嫌いなもの」から、「呪《のろ》うべきもの」に変わりました。私は心のどこかで、いつも疑問に感じていたのです。もし彼が本当に子どもたちや私のことを思っているなら、なぜこんなことができるのだろうか。ベックはいつも家族を愛していると言い張っているけど、確かに子どもたちへの愛情は疑う余地はない。とすると、きっと彼が愛しているのは子どもだけで、私は違うのだ、と思い始めました。

私は変わりました。自分を責めるのはやめ、問題を引き起こした当人に怒りをぶつけるようになったのです。やがて、ベックの行動がどんなに間違っているかがわかってきました。彼は誰も信じない人です。そして皮肉にも、私はずっと人を信じてきました。疑う理由などなかったからです。でも、それも南極遠征後、変わりました。誰も気にかけてくれないのなら、自分の面倒だけみていればいいんだ、と私は思うようになりました。

それからはなんでも自分一人でするようになりました。さほどむずかしいことはありませんでした。自分の都合だけ考えて予定を組めばいいからです。

⋀⋀　⋀⋀　⋀⋀

私の最大の思い違いは、ピーチとの仲がどれほど悪化していようと、エベレストにさえ登ることができれば、そんな状況に終止符が打てると思い込んでいたことだ。登頂できるかどうかはさておき、少なくとも私は無事下山してくる、そうしたらすべてが元の鞘《さや》に収まるだろうと信じていた。白状すれば、エベレストを征服できたら、急いでヒマラヤから戻って、すぐさまマッキンリーに駆けつけ、そこもさっさと片づけてしまうつもりだった。七大陸最高峰制覇《セブン・サミッツ・クエスト》は途中であきらめられるものではなかった。事実、あともう少しのところまできていたのだ。

しかしあの時点で、私は二度と山に登るべきではなかったのだろう。にもかかわらず、私はクライマーとしての自分の能力を過信していた。結婚だってやり直せると思っていた。彼女の方には十分にその気があったかもしれないが、ピーチと別れることなど一度も考えたことはなかった。私はずっと彼女を愛していた。そして、子どもたちを手放すつもりも毛頭なかった。

23

ピーチ

ベックが山に登る理由の一つには、人から注目されたいという気持ちがありました。何かをやるにしても、誰にも知らせずにそっとやる人もいます。そういう人たちの心の内はなかなかわからないものですが、ベックの場合は、山の話ばかりしていたので明らかでした。

自分のしているトレーニング、次の遠征、計画中の訓練、計画中の山行……。パーティーのような人の集まる場所に出ると、彼は誰かれかまわず会話に割り込み、次はどの山に登るつもりだと勝手に話題を変えました。すると、その場にいた人たちはたいていい目を丸くして、顔をしかめ、たちまち逃げ腰になるのです。

自分のことばかりしゃべっている人の話は退屈です。ベックにはそれがわかりませんでした。彼には人の気持ちが理解できません。他人がどう思っているか、わからないのです。

テリー・ホワイト

ベックが山のことを話しだすと、なかには本当に興味を引かれて、耳を傾ける人たちもいました。でも、そんな状態が一時間持つかどうかは疑問です。登山に限らず、どんなことでも、ベックは少なくとも三〇分はしゃべりっぱなしだからです。たとえば、パップテスト（剥離細胞から悪性かどうか調べる検査法）のことなら、たぶん永遠に話し続けていられるでしょう。

パット・ホワイト

登山家としての自分の素晴らしさを自慢したかったのではなく、ベックは本当に、山に入れ上げていただけなのだと思います。あるパーティーに出席したとき、あまりにもはた迷惑な彼のふるまいに、私はとても腹を立てていました。でも、実際に彼の口から山の話を聞くと、すっかり夢中になってしまいました。私たちのような普通の人間では、まず経験することのできないことばかりなのです。それに話し方がとても上手なので、たちまち心を奪われて、つい真剣に聞き入ってしまいました。彼がどれほど山に夢中で、どれほど本気で打ち込んでいるのかよくわかりました。彼のことを少しだけ許してあげたい気になったほどです。

カルステンツ・ピラミッドという名前は、最初に登頂を試みたオランダ人の冒険家の名から来ている。頂上付近には三〇ピッチ（ルートにおける確保できる支点から支点までの距離）の岩盤があるが、技術的にはそれほどむずかしい山ではない。

ただ、その岩盤には大きな割れ目がある。コロラドのロングズピーク頂上付近と同じだ。しかし、ここを突破して次の壁に飛びつくためには、覚悟を決めて、かなりの距離をジャンプしなければならない。それ以外に問題があるとすれば、それは雨だけだ。雨が降ると、どんな山でも、とたんに難易度がはね上がる。

一九六〇年代にインドネシアの一州となったイリアンジャヤは、今でも未踏の地の一つである。イリアンジャヤ州のあるニューギニア高地の大部分は、地図ではただ〝雲に隠れてはっきりしない〟と表わされているし、カルステンツ・ピラミッドの標高が、多少の誤差はあるにせよ、五〇三〇メートルだと認知されたのはつい最近のことだ。

一九九四年一一月、私の参加した遠征隊のリーダーは、スキップ・ホーナーだった。私たちはイリアンジャヤ近くの小島ビアクへ飛んでから、ニューギニア本島に入り、ナビレという町で一晩過ごした。海抜はゼロに近く、赤道から緯度で数度しか離れていないからとても暑かったが、カトマンズのむし暑さとは違っていた。

ナビレの宿泊施設は、言うまでもなく近代的とはほど遠い。水道水らしきものはあっても、水道栓は一つしかなく、そこからバスルームに備え付けの大桶に自分で水を汲み、たまった水を手桶で体にかけてシャワー代わりにする。使った水は、床の穴から外の下水管に流れ、その同じ穴をまたトイレとして使用した。

米ドルの現地通貨への両替は、なかなか興味深い経験だった。どうやらこの地域では、ニセ金造りがはびこっているらしく、金融業者は偽造紙幣をつかまされるのではないかとピリピリしていた。

私たちが利用した地元銀行は、手の切れるような新札しか受け取ろうとしなかった。もしも両替のためにさし出された紙幣が少しでも怪しいとなったら、頑として受け取りを拒否される。たった五〇ドルを細かくしてもらうのに、一時間も辛抱強く待たねばならなかった。いろんな人たちが入れ代わり立ち代わり部屋に入ってきては、その紙幣をためつすがめつして、真正かどうかを調べるのだ。

私たちは予定通り、ナビレからチャーター機で、高地のジャングルの中、ダニ族の村の近くにある小さな飛行場イラガに飛んだ。ダニ族はニューギニア石器時代からの部族のひとつで、裸足《はだし》で、ペニスにはヒョウタンをかぶせ、あるいは腰蓑《こしみの》をまとい、骨の鼻飾りを付けていた。一説では、むかし食人の習慣があったと言われている。また部族民の間でしばしば近親婚が行なわれているようだった。

この村を訪れる外部の人間は少ないようで、私たち一行は珍しがられ、歓迎された。ダニ族の人々はとくに電気機器に興味を示し、彼らにとって液晶のデジタル腕時計などは、スーパーボウルのチケットにも等しいらしい。子どもたちはかたまって近づいてきては、私の腕時計をちらっと見るなり、ぱっと散った。こんなにかっこいいものは見たことない、というわけだ。

約四〇人のダニ族が、私たちの装備を頭に載せて、すでに先行していた。ほとんど未開のジャングルを通り抜け、山麓に到着するのに、彼らの足で約一週間かかる。私たちは同じ距離を、ヘリコプターで一度に三人ずつ飛んだ。このヘリは、合流したロブ・ホールの遠征隊と共同で借りたものだ。

南極でポスターを見ていたので、そのひょろりとしたニュージーランド人が彼だということはすぐにわかった。そしてすぐに、私は感服した。彼のやり方は荷揚げの仕方ひとつを取っても、じつによく考え抜かれていて、計画的だった。ロブ・ホールの全面的な采配の下、今回の遠征は万事がスムーズに運んだ。普通なら三週間か四週間はかかるはずなのに、私たちはたった二週間でピラミッドの頂上に達した。宅配便並みの速さと正確さである。

だが後に、ロブ・ホールがたえず安全に配慮していたことを知って、私はもっと感激することになる。私たちのルートを選定するにも、彼は細心の注意を払っていた。私はこうして、ロブ・ホールのリーダーシップに全幅の信頼を寄せるようになった。

この遠征で一緒になったのが難波康子《なんばやすこ》だった。言葉の壁があり、通りいっぺんのことしか話せなかったものの、彼女はしっかりした、経験豊富なクライマーのようだった。

ベースキャンプから、本格的に登山を開始する標高三〇〇〇メートル地点まで、二日間トレッキングした。最初の晩は、小さな美しい草原でキャンプした。ダニ族のポーターたちは洞穴を見つけると、木を何本か切り倒し、穴の入り口でそれを燃やし始めた。穴はまるで肉の燻製器のようになったが、彼らがあそこで何をしていたのか、なぜあんなにひどい煙を立てたのか、今もって私には謎だ。

その翌日、面白いことが二つ起きた。まず山道に突然、オオカミが飛び出してきた。ダニ族の一人が、持っていた弓矢を引きしぼり、なんと、ただの一矢でそれを仕留めた。それから彼らはその獲物に飛びかかり、生のままでオオカミを食ったのである。もちろん、オオカミの肉片をくわえてあっちこっちに走り出したわけではない。彼らはまさにその場で、ガツガツとオオカミを平らげたのだ。ウルフ・ダウンとはこのことであろう（むさぼり食うことを、英語ではオオカミのように食べると言う）。

しだいに私にも、ダニ族がどれほどタフであるかがわかってきた。彼らは自分たちを取り巻く厳しい自然を知り尽くし、まぶしい笑顔のほかにはちょっぴりの衣類しか身につけていない。対照的にこの私は、文明という重いよろいで固めた、頭でっかちの弱々しい人間だ。ハイテクを駆使した登山装備にもかかわらず、私たちはいつまでたってもその土地に順応できなかった。

ところで、ダニ族にうろうろしてもらいたくないと思っているのは、当のインドネシア人である。ジャカルタ政府は、イリアンジャヤ州に自国の人間を入植させ、同時に地元民の抵抗を厳しく取り締まっているが、いずれにせよ先住の部族は脇に追いやられ、ダニ族の村々はずっと迫害に苦しんできた。当然、インドネシア人は地元でよく思われていない。この遠征には一人のインドネシア人がガイドとして同行していたが、この前の遠征では、うっかりして、一人でいるところを、ダニ族に取り囲まれてしまったという。ダニ族は彼を八キロも追いかけた。彼らはみんなナイフを持っているので、もし捕まっていたら、そのガイドが心配していたような目に遭ったのは間違いないだろう。

その日、もう一つの〝事件〟は、私たちが森林限界を超え、峠の頂上に出たときに起こった。山道の脇に、人間の頭蓋骨が飾ってあったのだ。あれは誰の骨だったのだろう？　ダニ族か、それとも逃げ足の遅かったインドネシア人か？　私たちにとってそれはまたとない教訓になった。つまり、生きてこの道を下ることのできない者もいるということだ。

ロブ・ホールのグループが先に登頂し、次いで私たちが登った。四二〇〇メートル地点付近で、私は軽いショックを受けた。視野がゆがんだのだ。それほどひどいものではなかった。突如として私の眼鏡は役立たずになったが、視力自体は落ちなかった。いつもとちょっと勝手が違うだけだ。

じつは、私はこの遠征の前に、視力矯正のため、レーザーによる角膜手術を受けていた。しかし、後でこんな症状が出るとはまったく聞いてなかった。したがって視野のゆがみは、手術のごく軽い副作用のようなものだろうと思った。エベレストという超高山で、しかも光の乏しい状況で、いずれ出合うことになる危険について、そのときの私はまったく予想もしていなかった。

視力の矯正手術に踏み切ったのは、ニューハンプシャーでスティーブ・ヤングと氷の壁を登攀《とうはん》していたときの出来事がきっかけだった。それまでに私は、自分の目に関してあらゆることを試みていた——特別あつらえのゴーグル、ハード・コンタクトレンズ、小型の送風機の付いたゴーグル、ソフト・コンタクト、セミソフト・コンタクト。どれも役に立たなかった。

ニューハンプシャーで登ろうとしていたのは、ほとんど垂直といっていい約九メートルの氷壁だった。必死に格闘しているうち、汗が出始めた。そのうち顔から噴き出した汗のせいで眼鏡が凍りつき、ついに前方がまったく見えなくなった。とうとう私は壁から落下し、手首に巻いていた補助ロープ一本で宙吊りになった。顔は切り立った氷壁に強打するし、どこに足を置いていいかもわからない。

私は、自由がきく方の手でピッケルを握り直した。凍った壁に何度も突き刺し、やっとそれを打ち込んでから、アイゼンのフロントスパイクを突き立て、壁に取りついた。一歩登るたびにうなりながら、ようやく岩のてっぺんにたどり着いた。私を確保していたヤングは笑っていた。そのとき、決心したのだ——よし、もう目の手術を受けるしかない、と。

ピーチ

ベックはそもそも、あんな手術を受けるべきではありませんでした。メディカル・シティの病院には、そんな手術ができる医者はいませんでした。彼のような強度の近視では、一般的なケースよりも角膜にずっと深い切り込みを入れなければなりません。当然ながら、高山のような環境では、それだけ目の機能は不安定になるはずです。でも、彼は手術に踏み切りました。

レーザーを使った手術はまだ緒《ちょ》についたばかりでした。私はこの点をベックに確認しました。「もう半年待ってみたら？ 技術もずっと進歩しているだろうし、必要以上に目にダメージを与える心配もないと思うけど」彼はただ「待てない」と言っただけでした。
今なら、もう二度と手術はごめんだと言うでしょう。

⩕　⩕　⩕

登頂後、高所キャンプまで下りてきたとき、カルステンツ・ピラミッド一帯をどしゃ降りの雨が襲った。私たちの後方で装備を運んでいたガイドのスキップ・ホーナーが、この豪雨につかまった。頂上付近の岩盤からは、水が滝のように流れ落ちてきたという。しかし幸いにも、彼はキャンプまで無事戻ってきた。

それから私たちはベースキャンプへ続く山道を下った。ベースキャンプからヘリコプターでダニ族の村まで飛び、村の草ぶきの小屋で一晩を過ごした。そんな場所に泊まるのは、たとえ一晩でも健康に悪いのではと心配して、外にテントを張って寝た者もいた。

翌日チャーター機が迎えにくる前に、私はダニ族の子どもたちがサッカーのようなボール遊びをしているのを見かけた。ゴールはないし、サッカーボールの代わりに蹴っていたのはぼろぼろのテニスボールだ。大人と同じく、子どもたちもほとんど裸同然だった。

子どもたちの中に、脚が片方しかなく、棒切れを松葉杖代わりにしている男の子がいた。しかしその子は必死にボールに食らいつき、ほかの子たちにつけいるすきを見せない。みんな、とても楽しそうだった。笑いさざめきながら、どろんこになって走り回っている。かわいい子どもたちだった。そのときふと思った、北ダラスでは、こんな無邪気な風景はけっして見られないだろうと。

24

キリマンジャロに登る気になったのは、エベレストを最終目標とするセブン・サミッツ制覇を真剣に考えるようになってからだった。キリマンジャロは、世界中でもっとも知られた山のひとつだろう。標高五八九五メートルの高山は準備不足では登れないし、とくに十分な高度順化を必要とするが、技術的にはそれほどむずかしい山ではない。いわば、ちょっと手ごわいトレッキング程度だ。だから、登山道には素人《しろうと》がうようよしている。

一九九五年一二月の終わりごろ、私はまたスキップ・ホーナーがガイドを務めるツアーに申し込み、アフリカに向かった。飛行機でナイロビまで行き、そこからタンザニアの登山道の起点まで車に揺られた。私たちはそこで、地元民のポーターと合流した。ほとんどが男性だが、少数ながら女性も交じっており、一団はジェネシスという名の陽気な男に率いられていた。

私たちの装備の揚げ降ろし、キャンプの設営、撤退という普通のポーターの仕事はもちろん、彼のグループは歌も歌った。私の知る限り、彼らは世界で唯一の歌うポーターである（もっとも、イリアンジャヤのダニ族はお祈りを唱えながら歩いていたが）。彼らは広い声域を巧みに使い分け、まったくの伴奏なしで、スワヒリ語らしい自分たち民族の歌や、オリジナルの曲を歌う。日中のコンサートで、彼らはたびたびその素晴らしい歌声を披露してくれた。

だが、歌以外には、これといった楽しみはなかった。キリマンジャロの山腹に向かって、ゆるやかに高度を上げていくだだっ広い草原を横切っていたとき、私は登山者によくある原因不明の体調不良に襲われた。吐き気や頭痛などである。あの原因は今でもよくわかっていないが、おそらく出された食べ物のせいだったと思う。

幸運にもその遠征には医師が同行していて、強い抗嘔吐《おうと》剤を持っていた。ひとことで言えば、それは強力な鎮静剤だった。飲んだとたんに、抵抗できない睡魔に襲われ、やがて、あまりの気分の悪さに目を覚ますのである。

ある朝身支度をしていると、スキップ・ホーナーがやってきて、山岳ガイド特有の穏やかな口調でこう言った。「今は楽しくないだろうな。だけど、山頂には確実に近づいているんだから」彼は正しかった。ゆるい勾配を三日間登った後で休養を取り、恒例の真夜中の頂上アタックをかけ、私たちはキリマンジャロの頂上ウフル・ピークに達した。

さあ、いよいよエベレスト登山の準備だ。私はその年、九六年の春に遠征するつもりでいた。アコンカグア以来、エベレストを狙い始めてすでに四年ほどたっていたが、私は準備に万全を期したかった。ちょっと寄り道してマッキンリーに登り、さらにもう一つ別の山に行ってからエベレストにアタックするなどというのは、いかにも不遜《ふそん》なやり方のように思われた。セブン・サミッツは単なる頂上の寄せ集めではないのだ。私にとってそれは、目標達成のための努力、人々との出会い、そして世界の登山界でいっぱしの者になることを意味していた。

一九九四年のカルステンツ・ピラミッド遠征後、私はスキップ・ホーナーに、エベレストに行きたいのだが、ガイドとしていちばん適任なのは誰だろうかと訊ねた。あの山でもっとも経験豊富なのはロブ・ホールだ、それが彼の答えだった。私はロブと連絡を取り、一九九六年の遠征に加えてほしいと言った。彼は喜んで私を迎え入れてくれた。

一九九六年は節目の年だった。私は五〇歳になった。その年齢になったら、もう超高山はあきらめるべきだと何かに書いてあった。体が高所についていけなくなるからだという。クライマーとしての力は下り坂に入ったのだ。確かに自分でも、毎年少しずつ、以前の精彩を失っていることには気づいていた。筋力も筋持久力も、以前のレベルを維持していけなかった。チャンスの窓はじりじりと閉じられつつあった。

仕事と睡眠のほか、私がこの五年間してきたことは、トレーニングと山行だけだった。そのころの生活は、修道院並みに厳格で禁欲的なものだった。エベレスト遠征を五ヵ月後に控え、私は最後の調整段階に入っていった。

ピーチ

エベレスト遠征のことを初めて知ったのは、ダラスのレストランでベックとハンバーガーを食べているときでした。知り合いのジョン・ヘイズルトンが私たちのテーブルにやってきて、エベレスト行きが決まっておめでとうと彼に言ったのです。さっと血の気が引いていくようでした。そんなことは一言も聞いていなかったし、遠征参加費が六万五〇〇〇ドル(約七〇〇万円)もするなんて、もちろん知りませんでした。

ショックが大きかった理由は、もうひとつあります。ちょうどそのころ、息子のバブが学校の旅行で西テキサスの山へ行く予定だったのです。私はその旅行がとても心配でした。学校の恒例行事でしたが、最近、一人の生徒が登山中に肺水腫《はいすいしゅ》になったのです。マッキンリーで、ベックも同じ症状を起こしていたと私は思っています。その病気の恐ろしさをよく知っていたので、引率する先生たちが、このような緊急事態に対して万全の準備をしているのかどうか不安でたまらなかったのです。

南極遠征から三年近くたち、そのころには、自分の人生をベックと切り離して過ごすことにすっかり慣れていました。少なくとも彼がダラスにいる間は、私たちはまだ同じ屋根の下に住んでいましたが、いまや彼とは、仲良しの他人の関係でした。

彼が遠征に出かけると、私も家にじっとしてはいませんでした。登山未亡人とその子どもたちなんて、まっぴらごめんです。ベックがキリマンジャロに行けば、私は子どもたちを連れてニューヨークに行き、おおいに楽しみました。友達が同情して、私たちを家に招いてくれるのを待つなんてことはしませんでした。

⋀⋀　⋀⋀　⋀⋀

週に六日の訓練を欠かしたことは一度もなかった。トレーニングのために毎朝四時か四時半に起床、一週間に六日間は体を鍛えて過ごすという生活を始めて、五年がたっていた。トレーナーのブレントの指導に従い、一セット一時間の筋力トレーニングを週に三回、その合間に、筋持久力と有酸素運動中心のセッションを週三回入れていた。筋持久力をつけるためのメニューは、下半身を鍛えるクロストレーニング・マシンからスタートした。その後三〇分間、階段式のトレッドミルをやり、さらに三〇分間のエアロバイクで仕上げをした。ただ、日曜日だけは休養を取った。

従来のこのスケジュールに加え、私はエベレスト対策として、エアロビクスの時間を上乗せした。筋力トレーニングの日に一時間、エアロビクスの日の午前に三〇分、午後にさらに一時間。このため、新たに二つのジムに通うことになった。

私はビタミンもミネラルも栄養補助食品も使わなかったし、特別な食餌療法もしなかった。食べたいものを食べた。目に入ったものを食べていた。こうして、登山を始めたとき六八キロだった体重は、ついに理想の八二キロになった。

パット・ホワイト

ピーチはベックのエベレスト行きに反対でした。私の夫もほかの友達も、ベックがまた凍傷にかかるのではないかと心配していました。でも一方ではこんな冗談も言っていました。「凍傷なんてたいしたことないわ。彼がエベレストから戻ってきたら、ピーチがバカな旦那様のお尻にいやっていうほど噛みつくんだから」

ピーチ

私はベックに、子どもたちには自分で説明してほしいと頼みました。「もしも何かが起こって戻ってこられない場合のことを考えて、あの子たちにはちゃんと話していってちょうだい」でも彼はそうしませんでした。私が法律上の代理委任権のことを訊くと、彼は激怒して、「そんな必要はない」と声を荒らげました。

メグ

パパがエベレストに行くとわかったとき、少し裏切られたように感じました。あたしはキリマンジャロから戻ってきたパパに、真剣にお願いしていました。「約束してパパ、エベレストにだけは絶対に行かないって。危なすぎるわ！」

するとパパは、「エベレストでの死亡率はそんなに高くないんだよ」と言いました。

ベースキャンプより上に行かない人たちは、確かにそうかもしれません。でも、登頂に成功しても、かなりたくさんの人たちが無事に下山できないと、何かで読んだことがありました。だから、どうしても行ってほしくなかったのです。でも、パパはその点をちゃんと説明してくれませんでした。

自分の身に何か起こるかもしれないなどとは、夢にも思わなかった。ただ、ほんの数週間遠征に出かけ、無事に戻ってくるだけだ。そのとき、家庭内の不和もすべて解消するはずだった。危険なことは何もないと信じていたから、メグの心配もまったく気にかけなかった。

セシリア・ブーン

ベックがエベレストに発つ前の晩、私たちはベックの家に行き、お別れの挨拶をし、成功を祈っていると言いました。ピーチは寝室にこもったきりで、出てきませんでした。

ガレット・ブーン

そばには二人の子どももいました。私たちの前でベックは、心配はいらないと言い続けました。危険なことなんて少しもない、あそこを知り尽くしている最高のガイド、ロブ・ホールがついていて、何もかも完璧に準備してくれている、とにかく大丈夫なんだと繰り返していました。話の内容より、どうしてベックはその話ばかりするのだろうと思いました。子どもたちは見るからに不安そうでした。父親はエベレストに行ってしまうし、母親はとても怒っていたからです。

セシリア・ブーン

ベックは私たちの顔を見て話していましたが、その言葉は、明らかに子どもたちに向けられたものでした。

パット・ホワイト

ベックがエベレストに出発する直前、私とピーチは一緒にコーヒーを飲みました。彼女はひどく迷っていて、とうとう、彼を見送りに空港に行くのは無理だと言いだしました。「確かに私は腹を立てているわ。でも、ひどく胸騒ぎがして、どうしようもないの。大切な人がわざわざ危険な目に遭おうとしているのよ。それを黙って見送るなんて、できっこないわ。本当は、ただ抱きしめて、愛してるって言ってあげたいのに」

テリー・ホワイト

ベックを知っている人間は誰も、彼が立派な登山家になって、尊敬できる特別な友人になってもらいたいなどとは望んでいませんでした。そう思っていたのはわれわれ友人ではなく、ベック本人だけです。そんな必要などありませんでした。エベレストに出発する六週間前、私は彼のオフィスで、膝を突き合わせてこう話しました。友情の証《あかし》としてだったら、こんなことはしなくてもいいんだ、行ってくれない方が、むしろ友人としてはうれしいのだと。彼は驚き、そして感謝したと思います。しかしそれで彼の気持ちを変えられたとは思っていません。もっと早くに言うべきでした。

⋀⋀　⋀⋀　⋀⋀

テリーになんと答えたかははっきり覚えていない。ただ、心配してくれてありがとう、だがぼくは行きたい、その用意もできている、というようなことを言ったと思う。私はテリーの言葉にとても感動した。面と向かって、「そんな無謀な夢は捨てろ。誰もおまえを非難したりしないから」と言ってくれる人はそうそういるものではないだろう。

私はひとつには、自分自身に対して、おのれの力を証明したかったのだ。だがあの時点ではもう、崖から飛び降りたも同然だった。落ちていく途中で考え直しても、元には戻れないのだ。

1999年、秋、
メグ、ベック、ピーチ、
ベック二世

1968年、ベックとピーチ

ピーチの長兄、
ハワード(ハーウィ)・オルソン

Ⅳ　〝奇跡〟の代償

25

エベレストから下山したばかりのときは、自分がいったい誰で、いまどこにいるのかを把握するだけで精一杯だった。今回の悲劇の皮肉なところは、私の凍傷がいかに深刻だったかということに、誰も——私本人でさえ——気づいていなかった点だ。まず最初に私は死に、次に甦《よみがえ》り、また死んだも同然の状態になり、それからマダン中佐がヘリコプターで救出してくれた。こうして数週間、私は自分の負傷がいかにひどいものか、まったく知らずに過ごした。

私がいままでに写真で見た凍傷の手は、どれもひどく腫れ上がり、水ぶくれになっていたのに、カトマンズの診療所で見た私の両手は、灰色で冷え切っていただけだった。まるで、空気の漏れるフリーザーバッグに入れられ、二、三年放っておかれた肉塊のようだったが、むくみも、ひどい変色も、水ぶくれも見られなかった。そもそも、私はすでに凍傷の経験をしている。マッキンリーで指先を凍傷にやられたときは、耐えがたいほどの激痛を感じた。しかし今回は、痛みもまったくなかったのだ。

そのときはまだ、肉体的には実感がなかったものの、精神的には明らかに大きな打撃を受けていた。ホテル「ヤク&イェティ」で、必要ならお尻も拭いてあげますよと、ドアの前に手伝いの者を置かれたときは、さすがに情けなかった。そんな面倒はかけたくないと思ったら、することは一つ、何も食べないことだ。実際に私は、一週間ほとんど何も口にする気にならなかった。

幸いなことに、弟のダンが駆けつけてくれた。さっそく、私たちは食事に出かけた。ホテルには小《こ》綺麗《ぎれい》なレストランがあり、食器類も素晴らしかった。だが私は、はたと気づいた。いったいどうやって食事をすればいいのか？　この洒落た店で、私にいったいどんなサービスをしてくれるというのか？私は、メニューから、スプーンで食べられる料理を選んだが、それでもスプーンを口まで運ぶには、ダンに手伝ってもらわなければならなかった。この初体験は、当然ながら、気分のいいものではなかった。

さらに、まわりの人たちの反応にも傷ついた。ネパール政府の高官たちは私をじろじろ眺め回し、ホテルの掃除婦は、私を見るなりびっくりして持っていたモップを取り落としたのだ。私はしだいに、化け物の気持ちがわかるようになった。

だがまだ、本当の苦しみは始まっていなかった。

ダラスでは、テリー・ホワイトが医師の手配をしてくれていて、私は早速、手の専門医マイク・ドイルに会った。彼はまず、私に指を広げたり、こぶしを作ったり、両手を組んでみるようにと言った。私にはその動作が全部できた。

マイクは「右手の指ほぼ全部と、左手の指先は切断することになると思う。とにかく、血管の様子をくわしく診《み》てからにしよう」と言った。

その日遅く、またマイクに呼ばれた。彼が激しく動揺しているのが一目でわかった。「こんなことを言うのは辛いのだが……」と彼は切りだした。「きみの右手には一滴の血も流れていない。血液循環は手首の上で止まっている。左手もほとんど同じ状態だ。本当になんて言ったらいいか……」

凍傷がひどすぎて、手のすべての血管が機能を停止していた。血管自体が凍りついてしまったので、その中には凝固した内容物がいっぱい詰まっていた。むくみや水ぶくれがまったく見られなかったのは、血管が完全に壊死《えし》していたからだ。血管がなければ、当然ながら血液もない。

ショックだった。私の手首から先に付いていたのは、生命を持たない、文字通りの「指人形」だったのである。それでもまだ、一時的にではあるが、腱《けん》を使って指先を動かすことができた。腱が指と前腕部をつないでいるからだ。しかし、手自体は死んでいるも同然だった。

その冷厳な事実を知った瞬間、私の頭に浮かんだのは、かなりくだらないことだった。ハンバーガーを両手に持ってパクつくことは、もうできないのか、と思ったのだ。ハンバーガーは私の大好物である。これから先、お粥《かゆ》とか、病人食とか、食器を直接なめるようなものしか食べられなくなるのだろうか？　考えるだけで気が滅入った。

息子のバブと、息子の親友のチャールズ・ホワイトが、テレビのリモコンボタンにそれぞれ小さな木のチップを貼り付けてくれたので、私は一人でリモコン操作ができるようになった。それを押す自分の動作に私は感激すると同時に、なんとも悲しい気分になった。

ヨランダ・ブルックスという優秀な人物と知り合いになった。彼女の仕事は、ハンディキャップを持った人たちのための快適な環境づくりをすすめるコンサルタントだ。彼女はカタログを持ってきて、私に歯でタイプを打つ方法を説明し、肢体不自由者用のさまざまな器具を見せてくれた。ページを繰るたびに、ああ、自分で自分のことさえできない体になるのだ、という実感がこみあげてきた。

ある日、滑稽《こっけい》で悲しいことが起きた。椅子に腰かけていると、手の中に、右目の上の皮膚が、眉毛が付いたまま落ちてきたのだ。その後、廊下を歩いているとき、左足の親指がもげ、床を転がっていった。

もう一つ、驚いたことがある。私の家の照明は、手で触れると点灯するタッチセンサー式になっているが、私の〝死んだ〟両手で触ると、作動しなかったのである。

両手の機能が少しでも回復してくれないかと願って、私はまず、水治療というのを試してみた。一日に二回、一週間続けて診療所に通った。いろいろな運動療法にもトライしてみた。しかし、何をやっても、死んだ指人形は生き返らなかった。

こうしているうちにも、指は一本ずつ石化し始めた。ある日、ある一本の指は下まで完全に動く。翌日、半分までは動く。その次の日は、ちょっとしか動かず、あくる日、反応がなくなる。こうして、一本また一本と指は固くなって動かなくなり、やがて皮膚が縮みだし、ミイラ化し始める。

手首のところで、死んだ組織と生きている組織が明確に分かれて境界線をつくっていた。体はその境目から先の死んだ部分をふり落とそうとしていた。小さい部位、たとえば手や足の指くらいなら、自然に脱落していくこともあるだろう。しかし手首や手全体となると、手術で切断するしかない。

当然ながら、鼻もひどい凍傷にやられていたので、きっとそのうち落ちていくだろうと思った。しかし、私は顔のことはそれほど気にしていなかった。鼻に関しては、最悪の場合でも、この世のものとは思われないほどみっともない顔になる程度だろう。しかし、手となると話は違う。

ある日兄のキットがやってきて、水治療に付き合ってくれた。「なあ、これは面白いぞ」とキットは言いだした。「おもちゃの手をまっ黒に塗って、こっそり水の中に落としとくんだ。そしてみんなの前で、自分の手をわきの下に隠して叫ぶんだよ、手がもげちゃったって！」それは面白そうだと思った。もしもキットがおもちゃの手を見つけてきたら、きっとやっていただろう。

私は、身の回りのことぐらいは自分でやりたいと奮闘していた。少しずつ何もできなくなっていく悲しい現実には逆らいようもなかったが、ダンにお尻を拭いてもらっていい気分がしなかったように、ピーチにそうしてもらうのはさらに嫌でならなかった。
ピーチは入浴の面倒もみてくれた。私は一度だけ、バスタブに全身を浸してみた。途中まではすべてうまくいっていたが、最後に、バスタブから出られなくなった。あまりにも体力が消耗していて、バスタブのへりをひとまたぎすることができなかったのだ。一瞬、考えた。お湯を抜き、友達に電話して、バスタブから引っぱり上げてもらおうかと。
だがしばらく休むと、なんとか自分の足で立ち上がれるようになった。それ以降、洗髪してもらいたいときは、小さなスツールを踏み台にしてキッチンシンク横のカウンターに上り、頭をさし出すことにした。これなら、万が一のとき、カウンターから転げ落ちてしまえば、少なくとも床には下りられる。

ピーチ
口には出しませんでしたが、このころの私の態度には、「それ見たことか」という気持ちが溢れ出ていたと思います。

^ ^ ^

私は自分を厳しく責めた。エベレストに行ったこと自体ではない。それはもう過去のことになった。そうではなく、おかしな話だが、私があのような有名な場所で死にかけたのは、結局、以前から私が望んでいたこと、つまり自殺の代償行為だったのではないか、と気づいたのだ。場所がエベレストだったから、それがやりやすかったのである。なんといっても、職務中、機械に巻き込まれたり、家で電球のソケットに指をつっ込んで感電するのとは、イメージが全然違うではないか。

私は生き残った。それが現実だ。だが、命を落とした仲間もいる。だからこそ、私は生きていかねばならない。今回の事故に関する私の講演を聴いてくれた、ある著名な米国人宇宙飛行士にこう言われた。「その日、あなたは魔除けのお守りを身に着けていたにちがいない」と。その通り。自分でもそれはわかっている。

両手をまだ包帯でぐるぐる巻きにされているとき、私はアイマックス隊の遠征映画製作の手助けをした。それもまた、結局は、治療の一つとして役立ったのだと思う。ただ部屋に閉じこもって、座ったままじっと壁を見つめていることから逃れられたのだ。

それでも、思いがけないときに、私は自分の置かれている状況の悲惨さを思い知らされた。家の近くのアーケード街で、メグのためにパーティーをしたときのことだ。同じ場所で、七歳か八歳くらいの小さな子どもたちのための催しが行なわれていた。子どもたちは元気にそこいらじゅうを駆け回っていたが、私を見ると、誰もがはっとして、口をあけたまま棒立ちになった。

そんなことが起きるたびに、私は自分がどんなに変わったか、普通の人とどんなに違う容貌になったかを、つくづく思い知らされた。

そのころ体で痛みを感じていたのは、感染症に侵された右腕だけだった。赤く腫れ上がった右腕を見ると、日ごとに感染箇所が上へ上へとはい上がってくるのがはっきりわかった。この細菌に効果のある抗生物質を見つけるまで、何十種類もの薬を試さなければならなかった。

それでも、本当の苦痛はまだ始まっていなかったのだ。やがて私は、体のあちこちに感染症を併発し、一年以上ずっと抗生物質の投与を受けることになった。

マイク・ドイルは私のために、グレッグ・アニギャンという再生手術専門の外科医を見つけてくれた。グレッグは、ほとんど死にかけている左手を、できるだけ多くの部分を残すように手術し、その後、鼻も再生してくれた。このような再生手術——仲間うちでは〝切り貼り整形手術〟と呼ぶ——は、通常の美容整形手術とは全然違うものだ。再生手術の医師たちは、外見だけをよくして虚栄心を満足させる技術者ではない。彼らの水準はトップクラスであり、信じられないような離れ業をやってのける。腕のいい医師だった。オナラと月の光でさえ縫い合わせられるだろう。グレッグ・アニギャンはテキサス農工大出身だったが、疑いなく、彼もそうした腕ききの医師の一人だった。

われわれは、相談の結果、手術の段取りを決めた。私が全身麻酔で一六時間寝ている間、マイクとグレッグが手の切断などの処置をすることになった。マイクの分担する仕事は、比較的単純だ。もし私の右手首にまだ使いものになる部分が残っていれば、そこにハイテクのパーツを取りつけて動くようにし、それが無理なら、将来、生体工学が大進歩する日を待って、できるだけ多くの組織を保存する、というのである。

だが、右手首には救えるような部分はなかった。決断は簡単だった。義手の長さに合わせて手首を切り落とす、それだけだった。いま付けているのがそのローテク義手である。私はこれを〝一九世紀もの〟あるいは〝南北戦争もの〟と呼んでいる。もちろん、私の受けた手術の中で唯一、時代遅れの部分だ。基本的には、戦場での応急手術と大差なかろう。

しかし、もう一方の手には、時代を先取りした、まさに二一世紀の大手術が施された。まず、全体として非常に大胆な試みであったのは言うまでもない。さらに、グレッグ・アニギャンは、数々の複雑な手順を踏み、たっぷり時間をかけ、顕微鏡越しに細い血管をつなぎ合わせ、あらゆる手を尽くして私の左手を可能な限り救ってくれたのだ。

さて、私の左手だが、アニギャンが残してくれたのは、親指の一部と手のひらだけである。彼はまず、原材料として、私の左の頭部から筋膜を一筋、背中の左側から広背筋の一部と血管、上半身の左横から帯状に皮膚を採取した。それから、指の切断面に背中の筋肉組織を接合し、その筋肉に付いている血管を前腕部の橈骨《とうこつ》動脈とつないだ。さらにわずかに残った親指の先には筋膜をつけ、その血管も動脈に縫い合わせた。最後に、体の横から取った皮膚でこの肉のかたまりをくるみ、ミット状の手らしきものを作りだしたのである。

ダン

手術後、私は回復室でベックを待っていました。彼はすでに抜管されていました。呼吸を助けるために気管に挿入されていたチューブは全部抜かれていました。

あんなにひどく痛がっている人間を見たことがありません。激痛のせいで、全身がびくびく震えていました。まだ麻酔は効いていましたが、彼の痛みはすでに我慢の限界を超えているようでした。

麻酔医が、ベックにモルヒネを追加投与することにしたのですが、ひとつ問題がありました。というのは、すでに大量にモルヒネを投与されている場合は、そこにほんの少量でもあらたにモルヒネが入ってくると、自発呼吸ができなくなるという心配があるからです。そこで、麻酔医がベックにモルヒネを投与しているあいだ、私はベッドの頭側で、〝アンブ・バッグ（救急袋）〟と呼ばれるゴム球を動かすことにしました。これで肺に空気を送り込み、機械的に呼吸を助けるのです。その装置を、私は一時間ぐらい押し続けていたと思います。

手術のあと、目を覚ましたとき、体が激しく震えていた。拷問にかけられているような壮絶な痛み！　体中のどこもかしこも痛かった。体のどこかが、ほんのちょっと何かに触れただけでも、体全体に大釘が打ち込まれるような感じがした。何か致命的な発作でも起こったのかと思ったが、頭は働いている。意識にかかわる発作ではない。体中の筋肉がのたうち、痙攣《けいれん》し、めちゃくちゃに火を噴いていたのだ。それは、ちょっとした引きつけなどというものではなかった。筋肉がへとへとになるほどの痙攣だった。全身が、すさまじい声で悲鳴を上げていた。

バブ

エベレストから戻ってきたパパは、容貌はともかくとして、体の具合はそれほど悪いようには見えませんでした。手の切断手術のときまで、ぼくはパパがどんなにひどい傷を負っていたか、まったくわかっていませんでした。

回復室で、パパがまわりを見るために頭を上げようとしているところを目撃しました。なんとか持ち上げようとして震えている頭を見たとき、突然、ぼくにパパの痛みが伝わってきたのです。

移植のために皮膚を切り取った上半身の左側の創傷面は、密閉度の高い薄い膜でぴったり覆われていた。空気を通さないフィルム状の膜で、伸縮性がある。この絆創膏《ばんそうこう》が傷口をしっかり覆い、外からの菌の侵入を防いでいれば、何も問題はない。しかし、もし、それがちょっとでもズレたりすると、むき出しの皮膚を空気が直撃し、相当にひどいことになる。

私の場合は、その不運なほうのケースだった。傷口のかなりの部分が空気にさらされ、そこは早速、薬に耐性のあるブドウ球菌の棲《す》み家《か》となった。こうなると、痛いだけではない。じつに汚らしいのだ。傷口からねっとりしたものがにじみ出てきて、フィルムに覆われた左半身は全体が黄緑色に変わった。ウミとバクテリアだ。ひどい臭いもする。やつらを完全に追い出すため、私はまた手術室送りとなった。

その傷口にはドレーン（排膿管）が通され、六週間だか八週間だか、外してもらえなかった。

一方、筋肉の神経回路をいきなり遮断したことからくる全身の激痛は、両手の切断部分の傷が治るまで、ついに収まらなかった。このように広範囲の神経を切断すると、体全体が痛みだし、止めようもなくなるのだ。激痛は一年間続き、私にしぶとく付きまとった。上腕骨の内側を、たえず何かで叩かれているような感じだ。両腕まで引き裂かれそうな強烈な不快感と痛みが続いた。

そんな痛みがなんとか鎮まってくると、今度はまったく別の感覚が私を襲った。肉体的な隔離感である。両手を失って何より辛いのは、同時に感覚の大きな部分を失ってしまうことだ。人間の全感覚の四〇パーセントは、両手から入ってくると言われている。手は、外の情報を取り込む要《かなめ》の部位なのである。

もっとわかりやすい困った問題は――当然、物をつかんだり、いじったりできなくなったことだ。ところで、私がエベレストにお手玉などの曲芸の道具を持っていったことを覚えておいでだろうか？　エベレストへ持っていった物はほとんど持ち帰ることができなかったが、ダラスに送り返されてきた荷物を開けてみると、曲芸の本と小さなボールが三つ出てきた。笑うしかなかった。

指を失って初めて体験できる驚きもある。そのひとつが夢だ。どういうわけか切断手術以降、私の夢は非常に鮮明になった。夢の中で、味や匂いを感じられるのだ。映像はすべてカラーで、くっきり鮮やか。その感じは、言葉ではなかなか言い表わせるものではない。

また、自分がいま夢を見ているとわかっているのも特徴だ。たとえば、夢の中で私は自転車に乗って、田舎道を走っている。見下ろすと、両手はちゃんとハンドルを握り締め、変速ギアを切り替えたり、ブレーキをかけたりしている。私は猛スピードを出すことなく、のんびりとサイクリングを楽しんでいる。

面白いものだ。一日の三分の一、つまり、眠って夢を見ているときはいつでも、私は手をなくした障害者ではないということになる。夢の中の私は、一〇歳の子どもらしい速度でペダルを漕ぎ、痛いところはどこにもないし、疲れもいっさい感じない。〃バーチャル・ベック〃である。だが、時々手のない自分の出てくる夢も見る。そんなとき、私ははっとして自分に言い聞かせる。「大丈夫だ。これは夢なんだから。手はちゃんとあるさ！」

グレッグ・アニギャンはその後、ミット形の手に二回修整を加え、もっと手らしく見えるものに直してくれた。まず、指の切断面につけた肉のかたまりと親指のあいだに、もう少し深い切り込みを入れた。すると私の手は、親指だけ別になったミトン形の手袋のようになった。もちろん、そこにはまた新しい皮膚が必要だった。彼は私の股から取ったのだ——なんの断わりもなく。

手術から目覚めた私は、脚の付け根に皮膚を取られた跡を発見し、思わず叫んでいた。「まったく。ぼくの体に聖域はないのかい？」

二回めの仕上げの手術では、肉のかたまりに一つ切り込みを入れてくれた。これでミトン形の手は、ほころびかけたユリの花のようになった。この手術のため、彼らはまたもや体の左側の皮膚をはぎ取った。

この手術後、私は体中の皮膚を調べて、まだ取られていない箇所を点検してみた。そう多くはなかった。結局、右足の大腿部だけが手付かずだとわかった。そこにはまだ注射一本の跡もない。だから、余計気になった。ここはいったいなんの手術のために残してあるのだろう？　私はすっかり疑い深くなっていた。

一連の大手術の最後を飾ったのは、鼻の再建だった。

私の鼻は、軟骨部と硬骨部のかなり奥まで凍傷に冒されていたので、生かせる部分はあまりなかった。切り落とす前に、医師たちはチューインガム状のもので、オリジナルの鼻の型を取った。その型を使って、グレッグ・アニギャンが鼻の輪郭を作り直してくれることになったのだ。

新しい鼻ができるまでの間、鼻の穴の粘膜を湿らせておく必要があった。どうすればいいのか、その場しのぎで出てきたアイデアが、スプレーで水をかけることだった。だが、私にはすでに両手がない。この小さなランの花のような鼻に、いったいどうやって適度な湿り気を与えればいいのだ？　かくて、私の次なる難行苦行《なんぎょうくぎょう》が始まったのである。

医師たちは、新しい鼻を育てることにした。まず、額の中央の皮膚に切り込みを入れ、上下さかさまの鼻の形を作った。次に、両耳の軟骨と首の皮膚を使って鼻の穴らしきものを作り、それを額の切り込みにくっ付けると、穴のあいた鼻らしきものができた。こうして、鼻孔が上にある鼻状の肉のかたまりが、額のまんなかで育てられることになった。私は、子どもたちにこの顔の写真を撮られないように注意した。ゴシップ誌の「ナショナル・エンクワイアラー」に売りつけられたら大変だ。

また、世にもユニークなこの鼻は、誰が本物の友達かを見分けるのにとても役立った。本当の友達は、私の顔を見るなり腹を抱えて笑い転げた。だがそうでない人たちは、神妙な顔をして、笑いをこらえていた。

この再建手術のポイントは、新しい鼻が完全に血管を再生させるまで、じっと待つことだった。ようやく鼻がアニギャンの満足のいく状態まで育ったとき、彼は額の鼻の上にゆるく切り込みを入れ、鼻孔部分が外れるようにした。そして、その肉をぐるりと回転させて下向きにし、顔の真ん中のオリジナルの鼻のあった場所に縫い付け、額の傷痕を閉じた。

このころの私の顔は、ペチャンコにつぶれて平たく、パグ犬のようだった。額の鼻を回転させたためにできた、眉間の皮膚の奇妙な渦巻き模様も、その下の、できそこないのパンのような平べったい鼻も、まさにパグそっくりだった。最後の仕上げに、彼らは私の右の肋骨を一本取り、それを鼻と口蓋《こうがい》のあいだに入れて高さを出し、新しい〝鼻筋〟を作った。

こうして鼻の再建が終わった、復元してくれた鼻は本当に素晴らしい。私はこの新しい鼻に満足している。だが、一つだけ困ったことがある。鼻に額の神経が一緒に移植されてしまったので、額にシャワーがかかると鼻がムズムズするのだ。

ピーチ

一連の大手術が続いているあいだ、ベックとは彼の健康状態とか、ごく日常的な問題以外はとくに何も話し合いませんでした。第一、時間がありませんでした。私は疲れ、苛立《いらだ》っていましたし、ベックの状態も非常に深刻でした。しかし、これだけは確かでした。私には、子どもたちをどこかへ預けたり、ベックをリハビリ用の施設に入れる気はまったくなかった、ということです。少なくともあの段階では、そうするつもりは毛頭ありませんでした。

確かに、ベックはどこか変わりました。以前とは違うところがいくつかあるのです。たとえば、カトマンズのシュリム医師のところから家に電話をくれたことです。それまでの彼でしたら、およそ考えられない行為です。彼は私と話したがっていましたが、まもなくその理由がわかりました。エベレスト山中での、あの神秘的な体験のせいです。彼はあのとき、自己啓発を受けたのです。ベックは、それまで自分が周りの者に苦痛を与えてきたことを、心から後悔している様子でした。さらに彼は、私と子どもたちを、これまでとはまったく違う目で見るようになったようです。きっと、エベレストで彼を目覚めさせたあの光の中に、私たちの姿を見ていたのでしょう。ここに至って、ようやく彼は逃れようにも逃れられない現実に直面したわけですが、彼にはもう、逃げ出す気はないようでした。

でも私は、それまでの八年、九年にわたり、ずっと深く傷つけられ、苦しめられてきたのです。彼をもう一度信じるなんて、絶対に不可能ではないかもしれないけれど、たいへんむずかしいと思いました。いくらベックが、自分は生まれ変わったのだと私に誓っても、それは言葉だけかもしれないし、すぐには信じられるものではありません。口には出しませんでしたが、いや、そのときは考えもつきませんでしたが、それを実際に証明してほしいと、心のどこかで思っていました。彼は、行動で示す必要があったのです。そして、私たちがもしやり直すとしたら、その方向転換は、ゆるやかなカーブではなく、一八〇度のUターンになるはずでした。

再び私たちを結びつけてくれたのは、兄のハーウィでした。ハーウィは、昔から人に頼られるタイプでした。偏見をまったく持たない、人の気持ちがよくわかる人です。

みなでジャマイカに旅行したときのことです。ハーウィは、ヘドリーという見るからにうさんくさそうな男と意気投合し、たちまち友達になりました。ヘドリーが麻薬をやっていること、ホテルの警備員が彼をホテルに近づけないようにしていることにも、兄はまったく頓着せず、二人はますます親しくなりました。少なくとも最初は、あわよくばいくらかせしめてやろうと近づいてきたヘドリーでしたが、ハーウィの温かい心に感化されたのでしょう。ハーウィは彼にクレジットカードまで預けていましたが、何も悪いことは起きませんでした。

あの土曜日、ベックがエベレストで死んだという連絡を聞くと、ただちに兄は葬式用の礼装でダラス行きの飛行機に飛び乗りました。そして、ベックが生きているという知らせが来たすぐ後には、もう私たちの家に着いていました。兄はそれから子どもたちを連れ出し、ハンバーガーを食べさせ、私の友人たちが私を支えてくれることを見届けてから、人の大勢いるところは苦手なのでと言づてして、シカゴの家族のもとに帰っていったのです。

ベックの大手術が続いているあいだ、兄はずっと私たちを励ましてくれました。一九九六年八月、手の切断手術から二ヵ月後、ベックがかなり回復してきたころ、私たちは久々に一家そろって短い旅行に出かけました。ドクター・アニギャンが、ベックの左手の手術の予定を三日遅らせてくれたのです。私たちはサウスカロライナの、ヒルトン岬の近くにあるフリップ・アイランドに行きました。ハーウィ、妻のパット、娘のローラとそこで合流しました。

ところが到着して一日もたたないうちに、急にハーウィの具合がおかしくなったのです。死人のように青ざめて、浜から上がってきた兄の姿が、今でもはっきり目に浮かびます。「すごく気分が悪いんだ」ひどい汗をかきながら、蒼白な顔で兄は言い、胸の痛みを訴えました。

私の家系には心臓病の者が多いうえ、ハーウィは太りすぎだし、ずっと喫煙していました。だからベックと私は、てっきり心臓発作だと思いました。

^^ ^^ ^^

ハワードは、血の気のひいた顔で私の方に歩いてきた。明らかに差し迫った症状だった。ぐっしょりと汗をかいていた。私の頭の中の錆《さ》びついた医学書にでさえ、これはほぼ間違いなく心臓発作だと書いてある。私は思った、ハワード、こんなところで死んじゃだめだ、もしもそんなことになったら、私は海に飛び込んで、きっと溺れ死んでしまうぞ、と。

ピーチ

私たちは彼を近くの病院に運びました。医師の診断もまた、心臓発作を起こしたのだろうというものでした。でも調べていくうちに、超音波検査で、ハーウィの肝臓に腫瘍が発見されたのです。翌日のCTスキャンでもそれは確認されました。原発性の肝臓癌でした。腫瘍はかなり大きくて、海藻のように成長するタイプのものでした。

それを知ったときの私の反応は、ベックがエベレストで凍死したと聞かされたときと同じでした。何も感じることができなかったのです。事実をまったく受け入れられませんでした。悲しい知らせを受け止める力は、私にはもう残っていなかったのです。

ハワードの余命が短いことはすぐわかった。私は彼に、こう言ってやりたかった――死ぬこと自体は、そんなにむずかしいことではない。私は一度経験している。少しはわかっているつもりだ。もし自分だったら、きっとずっと楽に直面できるだろう。死を前にした場合、死ぬことへの恐怖の方が、死という現実そのものよりも大きいのだ。もし死を目前にして不安になったら、西テキサスの馬鹿な義弟のことを思い出してほしい。そいつは、なかなか死ぬコツが掴めず、結局、死ねない身になってしまったのだから、と。

しかしもちろん私は、こんなことは一切ハワードに言わなかった。彼は取り乱すこともなく、立派な態度で死病の宣告を受け入れた。

ピーチ

ベックのときは、私たちは、自分たちがほとんど不可能なことをしようとしていることにも気づかないまま、一丸となって彼を救出しようとしました。いま私は、第二の奇跡、第二の救出劇を求めていました。でも、愛情も希望も、癌の前にはあまりにも無力でした。ハーウィを助けることはできなかったのです。その代わり、まったく思いがけない形で、私と私の家族が救われることになりました。

信じられないことに、ベックが、ハーウィのためにがんばってくれたのです。

エベレスト以降、ずっと私の心にあったのが、自分のそれまでの行為に対するきちんとした償いということだ。だが、ハーウィの力になりたいと思ったのは、けっして罪滅ぼしのためではない。何より彼を愛していたから、それが最大の理由だ。ずっと自問してきて、やっと気づいたのだ――おまえにとっていちばん大切なのは誰か？　それは、私の家族、そして今まで私を支えてくれた周りの人たちだ。だから、その人たちのためになりたいと思ったのだ。いまや、達成すべき目的を盾に身を守る必要もなくなり、まして自分自身から逃げ出したりする必要もまったくなくなると、自然にそのような気持ちになったのである。

またハーウィと関われば、自分が実際に別人になったかどうかを、なんとか確かめられるのではないかと思ったのだ。ピーチと子どもたちは、私にとってつねにかけがえのない存在だったが、私はその気持ちを行動で表わしたことがなかった。ハーウィのことにしても、昔の自分だったら、同情はしても具体的なことはすべてピーチに任せきりだったろう。しかし今回、私は心の底からハーウィのためになりたいと思った。手をこまねいて、黙って見てはいられなかった。知らん顔はしていたくないと思ったのだ。

ピーチ

ハーウィが浜辺で突然具合が悪くなったときから、ベックは献身的に働いてくれました。彼はハーウィの隣に座り、具合を尋ねていました。すでにあの瞬間から、ベックはハーウィの世話に没頭してくれていたのです。以前のベックだったら、きっとこう言っていたでしょう。「ぼくでは力になれない。

そんな時間もないし」でもそのときの彼は、力強く、「ぼくがついているよ」と言いました。

ハーウィの病状は絶望的だった。彼の悪性の腫瘍は、行きつけの成人病予防機関「カイザー・パーマネント」にとっても、まったくのお手あげだった。ハーウィが助かるという望みは私もほとんど持っていなかったが、ここで私たちが早急に何か手を打たなければ、それこそ何も起こらないだろう。ハーウィのような状況にいる人間を助けることができるのは、自分のような立場の人間しかいないと、少なくとも私は思っていた。しかし、実際には、私はなんの力にもなれなかったのだ。どうしようもない苛立ちに、私はさいなまれていた。

ハーウィの生死について、病院に知らん顔されては困る。私はカイザー・パーマネントの責任者に何度も何度も電話した。だが、秘書にも取り次いでもらえなかったし、当然ながら折り返しの連絡ももらえなかった。それでもやっと、そこのスタッフの一人と話ができたが、電話口での向こうの応対は、「聞いてますよ、ええ、聞こえてます。用件は伺ってます。それで、いったいどうしろと言うのですか?」の一点張りだった。

もちろん、その人間は何もしてくれなかった。対応マニュアルを棒読みしているだけだ。そもそもなんの権限も持っていないのだ。「私に折り返し電話をくださるように、上の人に伝えていただきたいのです」私がそう言うと、「それで、いったいどうしろと?」と繰り返すだけだった。

私は何十回何百回と電話し、電話し続けた。血も涙もないやつらめ! 思いやりのかけらさえない。なんて非人間的なんだ。ここに死にかけている人がいるというのに、連絡ひとつ返して寄こさないとは。

ピーチ

ベックは、今まで一度も、私や子どもたちのためにお医者の予約を取ってくれたことはありません。でも、ハーウィのためには大奮闘してくれました。電話口で相手をこっぴどく叱《しか》っていたこともあります。ベックは受話器に向かってこの人でなしと叫び、相手が怒ろうと何しようと気にもしませんでした。

* * *

テリー・ホワイトと私が真っ先に話し合ったのは、肝臓移植だった。カイザーがやっと手配してくれた腫瘍の専門医は、何ひとつ、ハーウィのレントゲン写真さえ検討しなかった。その医者は部屋に入ってくるなり、ハーウィのカルテを見てこう言ったのだ。「ああ、肝臓癌ですね。五センチ以上になってます。この大きさだともう移植手術はできません」さらに追い討ちをかけるように、「手遅れですね。治療はできますが、たいして効果はないと思いますよ。なんたって、もう手遅れなんですから」カイザーはそんな調子で、数ヵ月、ハーウィの命をもてあそんだ。あれでは、ろくな治療は受けられなかったことだろう。しかし、たとえ医師を替えていたとしても、違う結果が出ていたと断言はできないが。

ピーチ

彼がこんなに一生懸命やってくれるのは、私と家族への愛情のあかしだとわかっていましたが……。

家族の人生をいい方向に変える力が私にはまだある、それを証明したかった。

ピーチ

……それでも、私から彼を叱咤激励してやらなければならないことが幾度もありました。ベックとテリーが「だめだ、もう打つ手がない」と言いだすと、私はよくこう言って励ましました。「そんなこと言わないでちょうだい。いいこと、私は一度死んだ人と暮らしているんですからね」

テリーと私はハーウィを救う方法はないかと、必死に頭をひねっていた。希望の光はまったく見えてこなかった。だが、私もエベレストでは、あのまま死ぬのだと一時は覚悟したではないか？　それなのに、こうして生きているのだ。だとしたら、試していないことがある以上、あきらめるのはまだ早い。

肝臓移植が可能なら、その費用は、ピーチと私で出すつもりだった。だが、それを待っているだけの時間がなかった。

次に考えたのは、肝臓の大部分の切除だった。私たちはこの方法も詳細に検討した。しかし、非常に大きな手術になりそうで、結局不可能だろうという結論になった。

三番めの選択肢は、根本的な治療でなく延命策にすぎなかったが、腫瘍の血管を閉じることだった。つまり、腫瘍部位への血流を断って、癌を弱らせようというのだ。このやり方で成功した例もいくつか報告されていた。私たちは二度この方法を試みたが、効果はなく、とうとう最後の手段に出ることになった。化学療法である。

ピーチ

ハーウィは、一九九六年八月に癌の宣告を受けてから、その四ヵ月後、つまり翌年の一月に亡くなりました。非常に進行の早い腫瘍のわりには、痛みでそれほど苦しまなかったのが、せめてもの救いでした。この四ヵ月の前半を、兄はダラスのわが家で過ごしました。ベックはお医者に会いにいくとき、必ず付き添いました。あのころ、私の家は重病人でいっぱいのような感じがしたものです。

ハーウィおじさんが家にしばらく滞在すると知ると、バブは気持ちよく自分の部屋を明け渡して、庭にテントを張って暮らし始めました。息子はそれまで、誰にも自分の部屋を貸したことはありません。でも、「おじさんがここに来るなら、ぼくの部屋を使ってよ。ぼくは別の場所に移動するから」と言ってくれたのです。

その秋、メグが本格的なデートに出かけたときのことも思い出します。ハイスクールの一年生になったばかりで、彼女は生まれて初めて大人っぽいミニの黒いドレスを着ました。しかしハーウィは、相手の男の子に会うために下に降りてきませんでした。

兄はメグに、自分のいるバブの部屋まで来てほしいと言いました。そしてメグを見るなり、大声で泣きだしたのです。メグがドレスアップしている姿を見るのは、それが最初で最後だと兄にはわかっていたのでしょう。デートの相手の前で、取り乱した様子を見せたくなかったのだと思います。

ハーウィは威厳ある態度で癌と向き合った。正確な日付けは覚えていないが、ある日みんなでリビングルームに集まった。ピーチ、私、ロッキングチェアに座ったハーウィ、妻のパット、娘のローラ。まさにそのとき、もう自分にはほとんど時間は残っていないのだと、ハーウィは自覚した。それまでは拒絶していた思いだ。同時に、私たちもその瞬間、彼の死がもう避けられないことを悟ったのだった。残された道は延命策だけ、前途に希望はなかった。

あまりにも悲しい瞬間だった。ハーウィは明らかにショックを受けていた。だが、すぐに気を持ち直した。妻と娘のために、もう一度強くならなければならないと思ったのだろう。辛い瞬間だった。

ピーチ

ハーウィが最後に望みを懸けたのは、テリー・ホワイトがイリノイで見つけてきた治療法でした。まだたった六人ほどしか受けていない実験的なもので、望み薄だとはわかっていました。

ハーウィの容態が急変したとシカゴから連絡が入ったとき、ベックはまた私を驚かせました。昔だったら、あっさりと、「きみが一人で行っておいで。ぼくは子どもたちと待っているから」と言ったと思います。しかし彼はすぐにこう答えたのです。「わかった。ぼくも行こう」

病院で顕微鏡を覗いていたとき、ピーチから、ハーウィは明日の朝までもたないだろうという電話がきた。私は「シカゴには何時に出発するんだ?」と訊いた。「一時間以内に出られるかしら?」と彼女は答えた。私はデスクから立ち上がり、事務室に行き、同僚に事情を打ち明けた。それから病院を抜け、シカゴに飛んだ。

　機内で、ピーチと私はほとんど話をしなかった。シカゴは刺すような寒さだった。風が体中を吹き抜け、悪寒がした。街は灰色の濃淡の中にくすみ、ほかの色はほとんど目立たなかった。

　病院では、ハーウィの病室にたどり着くまでに、いくつものセキュリティチェックを通り抜けなければならなかった。それでも私たちは間に合った。ハーウィの意識はしっかりしていた。必ず駆けつけてくるかわいい妹を最後に一目見ようと、かろうじて持ちこたえていたのだ。パットとローラが付き添っていた。ピーチも私も、それぞれハーウィに別れの言葉をかけた。彼が私たちにとって、どれほど大切な存在だったかを告げることができた。私は感謝せずにいられなかった。ハーウィは、私がなれなかった素晴らしい父親の代わりとして、いつも私の家族を見守ってくれていたのだ。

　心から大切に思っていると言って、私はハーウィを抱きしめ、その額にキスした。

　いまにも息絶えそうな、ぎりぎりの瀕死状態であっても、どうしても心残りなことがあると、人は意志の力だけで生にしがみついていられる、と聞いたことがある。それは真実だ。さっきまであれほどしっかりしていたハーウィは、別れを交わしたあと、いまや旅立とうとしていた。彼が力尽きていくのがわかった。ハーウィは目を閉じ、しだいに意識を失っていった。呼吸がだんだん荒く、ますます不規則になる。そして彼は逝《い》った。

　ピーチと私は朝四時に病院を出て、ホテルに戻った。世界中の、いくつもの高山に登ったが、これほど寒いと思ったことは一度もなかった。

　その朝遅く、私たちはダラスに戻った。私は飛行機の窓側の席に座っていた。隣に座ったピーチは私の肩に頭を預け、私の腕の中に手を滑り込ませてきた。南に向かって飛ぶ飛行機の窓から、いくつもの湖や川が見えた。朝の光が反射して、その水面は、ゴールドからシルバーへと目のくらむようなまぶしさで輝いていた。

　そしてそのきらめきは、まるで踊っているように水面を駆け抜け、私たちの飛行機にどこまでもぴったりと尾《つ》いてくる。二人で身を乗りだし、その光景を見ていたとき、私の顔にピーチの頬が押し付けられるのを感じた。

「あれがなんだかわかるかい?」私は訊いた。

「ええ、わかるわ。ハーウィなのね」彼女は答えた。

　私も同じことを思っていた。朝の光の中に、確かにハーウィの姿が見えた。いとしい妹を無事、家まで送っていこうと、最後に彼はまた、兄らしいことをしてくれているのだ。

　ダラスに戻ると、アトランタで行なわれるハーウィの葬儀で追悼の言葉を述べてほしいと、ピーチに頼まれた。いつもなら人前で話す機会は逃さない私だが、今回はその気になれなかった。あんなに愛していた人の葬儀で、取り乱すことなく話す自信がなかったのだ。だが、それこそが私の務めだということもわかっていた。

ピーチ

　一九九六年五月、ベックのエベレスト遭難のとき、わが家に駆けつけてくれた友人たちのほとんどが、それから八ヵ月後のハーウィのお葬式に花を贈ってくれました。このような機会に贈られる花には、亡くなった人への尊敬と愛情の印というだけでなく、それ以上の深い意味があるということを、私は初めて知りました。

添えられたカードの送り主の名を読み、美しい花の数々を眺めているうちに、私たちはこれらの友達に優しく抱きしめられ、力強く支えられていることに気づいたのです。

ハーウィの葬儀では、兄が私の人生の大切なときには、いつも必ずそばにいてくれたことを思い出し、ますます悲しくなりました。私の二人の子どもたちにも、同じようにしてくれたのです。ハーウィは私の大学の卒業式にも出席してくれました。卒業式といっても、本当に形式的な、とくに私にとっては意味のないものでした。それなのに、兄は、まだよちよち歩きだった二歳に満たない娘ローラを連れ、パットと何時間も車を運転し、私の卒業式を見にきてくれたのです。

ハーウィにとって、その行事が盛大であるとか重要であるということは問題ではありませんでした。たとえば兄は、バブが小学校二年生のとき、バブの〝ショー・アンド・テル〟（生徒が珍しいものを学校に持ってきて、みんなに説明する発表会）を見に来ると約束しました。ところが、ダラスの天候が急に崩れ始めました。ハーウィにはその翌日、カリフォルニアで仕事の予定があり、すぐに、ダラスを発つべきだったのに、バブとの約束だからと、息子の発表をちゃんと見てくれました。

ハーウィは、私たちの誰よりもよくわかっていたのです。華やかで立派なセレモニーより、毎日の小さな出来事、ちょっとした家族行事、家に伝わってきたものを大事にすることの方がずっと素晴らしいのだ、と。大切なのは、どこに到達するかではなく、その道程をいかに過ごすかなのです。だからこそ私たちは、結婚式よりお葬式に多く出席するのでしょう。

ピーチはメグに、ハーウィの葬儀で歌を歌ってくれるように頼んだ。私でさえ追悼の言葉を述べるのは大変だと感じていたぐらいだから、大好きだったおじさんの葬儀で、しかも何百人という人たちの前で歌うのは、メグにはもっとむずかしいだろうと思われた。ピーチの友達も、そんな大役はメグには無理だと言ったが、ピーチは、「大丈夫、あの子ならやってくれるわ。大好きなハーウィおじさんのためなんだから」と主張した。

ハーウィが私たち家族にとってどれほど大切だったか、葬儀であらためて思い知らされた。追悼の言葉で、ハーウィの学術的成功や獲得した賞の数々について話すのは楽だった。しかし、ハーウィ自身について語るところにくると、私はとても辛くなった。家族のそれぞれの目に、在りし日のハーウィの姿が浮かんでいるのがわかった。メグが主役をした『ピーターパン』を見に、飛行機で飛んできてくれたときのハーウィ。そしてバブがその大きな懐に包み込み、私よりずっと優れた父親像を見せてくれたハーウィ。

ハーウィは、普通の人と変わらない外見の内側に、知性と理性の両方を兼ね備えた希有《けう》な人だった。私の子どもたちにとって、彼は最高の人生の師だったが、結局私にとってもそういう人だったのだ。気持ちが乱れ、時々言葉を詰まらせながらも、私はなんとか最後まで追悼文を読んだ。そのあいだ、いちばん前の席に静かに座っていたメグの両目からは、しきりに涙がこぼれ落ちていた。しかし、私の話が終わり、順番がくると、彼女はすっと立ち上がった。そして涙をぬぐって歩きだし、祭壇の中央に立つと、澄み切った力強い声で、「アメイジング・グレース」を歌い始めた。

教会にいた誰もが、その歌声に深く感動した。

「自分を失いかけたこともある。しかし、いま、私は見いだされた」

ピーチは二度めの奇跡を望んだ。そしてその願いは聞き届けられた。ただ、それは彼女の思っていたようなものではなかった。すでに、やり直しのための猶予期間としてピーチがくれた一年間のほとんどが過ぎ去っていた。そしていまや、私は完全に違う人間に生まれ変わっていた。ハーウィが病に倒れてからの数ヵ月が、私に起死回生のチャンスを、私自身を救う機会を与えてくれたのだ。

ありがとう、ハワード。あなたは永遠に私たちの心の中で生き続ける。私はやっと気づいたのだ。あなたの心の中にいる人たち、そしてあなたを心の中で思っている人たちこそが、この世でもっとも大切なのだということに。

エピローグ――それは、私のすぐそばにあった

うれしいことに、私の脳細胞は、怖れていたほどにはエベレストで破壊されていなかったらしい。やっと病理医の仕事に復帰できたとき、私は自分のした仕事のすべてを、パートナーの病理医にチェックしてもらった。まだ仕事を続けるだけの能力があるかどうか、長い時間をかけてテストすることにしたのだ。そして、この見習い期間を無事終えることができた。

肝心かなめの両目と脳は、以前と同じように働いている。足で合図したり、声の調子を変えることで、ある程度は切断した両手を補うこともできる。本当に細かい手仕事は、まだ機械ではできないので、いまのところはアシスタントのキム・レッドフォードにお願いしている。

こうしてエベレスト以降、身体的にはだいたい復調したが、精神面で受けた影響は当然、もっとずっと複雑だ。

たくさんの人たちから、エベレストでの体験で、精神的・宗教的なものに対する考え方は変わったか、またエベレストでは神に祈ったかと質問された。

私は宗教的な家庭で育てられたものの、若いころは、教義に対する否定とか反感よりもむしろ、単に関心が持てなかったという理由で宗教から少しずつ遠ざかっていった。あのころは、歳をとったら、またそういう問題を考えるかもしれない、ぐらいにしか思っていなかったが、この短い間に、私はびっくりするほど歳をとってしまった。

さっきの質問に対し、これまでは、エベレストでは祈らなかったと答えてきた。生き残ることに必死で、そんな暇はなかったと。だがよく考えてみると、その答えで本当によかったのだろうか？　私にとっての祈りとは、「前置き」、「感動的な聖書からの引用」、「まとめ」から成る一連の言葉を、なるべくならひざまずいて唱えることだった。

だが、もしも祈りが単に言葉の問題でなく、自分の存在を懸け、全身全霊で何かを信じることだとすれば、私は確かに祈ったと思う。エベレスト山中で、私は生まれて初めて、何が自分にとって大切なのか、本当にかけがえのないものはなんなのかに気づいたのだ。

また、米国中から、あるいは世界中の人たちから、私と私の家族のために祈ってもらい、どれほど励まされたことだろう。私は再び、祈りの力をつくづく感じた――祈りは祈る人のために、そして祈ってもらう者のためにある。

さらに私は、この世に奇跡はあるのだということも学んだ。いまでは、奇跡はしばしば起こりうるものだと思っている。

そして、地球上に人間ほどたくましい生き物はいないということも実感できた。食物連鎖の頂点に立っていて、ゴキブリよりやや賢いという理由からではない。私たち人間には、闘志、信念、そして気力といったものがあるからだ。

だが今日、こうした持ち前の資質を最大限に発揮しなければならないような場面に遭遇する人間は少ない。荒野を切りひらいた開拓者、辺境の地に分け入った冒険家に比べれば、私たちの生活はずっと安穏としている。彼らの勇気と不屈の精神には頭が下がるばかりだが、だからといって、彼らの方がつねに私たちより強くてタフだったわけではない。ただ、それが彼らの生き方だったのだ。

もしもあなたの身に私のような苦難が降りかかったら、切り抜けるには心のよりどころが必要だ。それは友達かもしれないし、仕事仲間、あるいは信仰かもしれない。そして私の場合はおそらく、それは家族だった。
宗教的なことに話を戻すと、私はいまだ模索中だが、今回の経験からいくつか学んだことがある。エベレストに行けば、仏教徒であるシェルパの気高い精神性に出会い、誰でも感動せずにいられないだろう。毎朝、山中に、山での安全を願ってシェルパたちの唱える祈りの声が響き渡る。夜になって暖かい寝袋に潜り込んでいると、祭壇に供えたネズの木を燃やす匂いがあたり一面にたちこめたものだ。

彼らは信仰と共に生きている。つまり、信仰は生活の隅々にまで行き渡っているのだ。日曜の朝と水曜の夜を除き、彼らはいつでも神に祈りを捧げている。宗教が私にとってなんらかの意味を持つとしたら、それはこのような高い精神性抜きには考えられない。ヒンズー教、仏教、ユダヤ教、イスラム教、キリスト教、その他どんな宗教であれ、核となるものは、私の考えているものと同じだろう。

信仰においてもっとも大切なことは、どの神を信じるかではなく、その教えをどのように生きていくかだと思う。私はひどく現実的な人間であり、たとえ人生が残り少なくなった時点で、神はいない、ただ空《くう》しか見つけられないとわかっても、喪失感は持たないだろう。むしろ、よりよい人間になろうと努力することで――たとえ失敗ばかりしていても――何かを得ているはずだ。

リハビリの日々で、私の元気の源になってくれたものに、ユーモア精神がある。傷もかなり癒えてしばらくしたとき、私は飛行機に乗った。通路に立っていると、隣の若い女性が、頭上の荷物入れにバッグを入れようと格闘していた。その女性は私をちらっと見るなり言った。「荷物を上げるのを手伝ってくれませんか?」

ちょっと待ってくれ! 私は言葉に詰まった。こんなときなんと答えるべきなのだろう?「いま手が離せないんです(原文の直訳は、手が短くてそこまで届かないんです)」か、「事情をお察しください(原文の直訳は、病院で切られたんです)」か、あるいは「本当にどうしたらよいやら。私も困っているんです（原文の直訳は、手を寸詰まりにされたんです）」だろうか。

エベレスト山中で起こったこと、それでいかに人生が変わったかを人前で話すようになってから、私の話を聞いた人たちが何かを得るのと同じように、私自身、多くのことを学んだ。だがたとえそれが私の体験のように、どんなに神秘的なものであれ、たった一瞬で、五十数年も頑固にやってきたオンボロ機関車を方向転換させることはできない。むしろその話を繰り返し語ることで、私は自分にとって何が大切なのかに気づかされているのである。手に入れるのはむずかしいが、かけがえのないものがなんであるかに気づいてきたのだ。

もうひとつよく訊かれるのが、登山はもうやめたのかという質問だ。なんて馬鹿なことを訊くのだ、そんなことは当たり前ではないかと思っていた。だが、よくよく考えてみると、これもおいそれとは答えられない問題だった。だから今ならこう答えよう——もしもエベレストで、あの日とまったく同じことがもう一度起こると請け合ってくれるなら、私はまた登ろうと。あの日あの山で、両手と引き換えに、私は家族と自分の将来を得たのだ。こんな有利な交換条件はまたとあるまい。

私はいま、生まれて初めて心の平安を感じている。もう外に向かって、自分はこういう人間なんだと言い続ける必要はない。高い目標も、立派な業績も、高価な物を所有することも必要がなくなった。私はいま、あるがままの自分に心の底から安らぎを感じている。自分を満たしてくれるものを求めて、私は世界中をさまよった。そしてやっと、それがすぐそばにあることに気づいたのだ。

何はともあれ、私は恵まれた人間だ。そのうえ、それを自分でわかっているのだから、ますます幸せである。

ベックと私は、以前とは違うふうに互いを理解するようになりました。昔のベックとピーチの関係は終わったのです。でも私は、いまだにそれに代わる新しい関係を見つけられずにいます。何を信じたらいいのでしょう？　傷つけられるかもしれないのに、また心をひらくことができるのでしょうか？

ベックの入院中、一人の看護婦さんがやってきて、彼にこんな話をしました。自分の夫がコロラドのある山に登っていて、とても心配だというのです。ベックは「あの頂上からの眺めは最高だよ！」と答えました。

私は思わず言いました。「私の前で二度とそんな話はしないでちょうだい。山はたくさん。こりごりよ。もう十分だわ」

一九九七年の夏、私たちは、乳癌を克服した人たちが南極で登山を計画しているので、ぜひ寄付してほしいという趣旨の手紙を受け取りました。この話を聞いた友達は、こう言いました。「返事を書いてやりなさいよ。私たち家族は、もう自分たちのぶんの寄付はしました、夫の両手と人生の一部分を捧げましたって」

いまではベックとの関係に不安を感じることもないし、また、自分が怒りを募らせたり、爆発させたりするのではないかと心配になることもありません。私の怒りは悲しみに変わったのだと思います、それも以前にはなかったような……。私たち二人の関係はさておき、何よりベックは、子どもたちがぐんぐん成長する時期を見届けることができませんでした。彼は両手を失いましたが、見えないところで、もっと失ったものもあるのです。

メグ

昔は、パパが近くにいてくれないと悲しくてたまりませんでした。見捨てられたように思っていたのかもしれません。でもあたしも少し大人になって、駄々をこねることもなくなりました。パパはひどいことをしたかもしれないけど、許してあげたいと思います。あんなふうに何かに取り憑かれた人たちは、自分のやっていることがわからなくなってしまうものなのでしょう。取り返しのつかなくなる前に、パパが目を覚ましてくれて、本当によかったと思います。

バブ

パパの忍耐力と信念、そしてユーモアのセンスを忘れないところは、さすがだなと思います。ぼくも大人になったので、パパと一緒に楽しめるものがずいぶん増えました。たとえば、性的なジョークとか準成人指定の映画とかです。

いまやパパは時の人になりましたが、パパにはちゃんとわかっています。愛している人には、愛していると口に出して言うべきだと。明日のことは誰にもわからないのだから。いまではパパは、ちょっと変な父親として有名です。

「ああ、息子よ、パパは本当にきみを愛しているよ!」

「わかってるよ、パパ。じゃあ、今日中には帰るからね」ぼくはいま、そう答えています。

パット・ホワイト

ベックは本当にとてもいい人です。まわりの人たちのことをいつも考えています。まあ、その表現の仕方には多少問題はありますが。彼は体にひどい傷を負ったものの、観察眼の鋭さには変わりがありません。辛いことでも、笑い話に置き換えてしまうのです。

どんな困難にも負けなかった大きな愛がそこにあります。マダン中佐は真に勇敢な魂の持ち主です。だとしたら、ベックは偉大な魂を持っていると言えないでしょうか？　そしてピーチも、ある意味で、たいへん勇敢です。

彼女もまた、ベックを見殺しにしなかったのですから。

著者あとがき

エベレストから下山したばかりのころ、私は、妻ピーチと私のそれぞれの視点から、今回のことをまとめて本にしたいと思っていた。だが、あの悲劇からまだ数ヵ月もたっていないときにそんなことを考えるのは、明らかに時機尚早だった。私がまずしなければならなかったのは、精神的カタルシスが得られる冒険物語を書くことではなく、目の前にある数々の肉体的・精神的苦痛とひとつずつ対決していくことだった。それに何より、その話がどういう結末になるのか、その時点で、私自身わかっていなかったのだ。

日がたつにつれ、エベレストについて書こうという気持ちは萎えていった。ジョン・クラカワーの『空へ』と、デビッド・ブレシャーズの『ハイ・エクスポージャー』（日本語版未刊）で、あの事件はすべて語り尽くされていると思ったのだ。

しかし、以前の生活に戻り、妻との関係も修復されてくるにしたがって、本を書きたいという思いが再び強くなってきたのである。

この本では、エベレスト遠征の数日間を書いた部分に興味が集まるだろうが、私にとっては、生還して人生をやり直すことになった後半部分——つまり、新しい人間に生まれ変わる過程——の方に、物語の中心がある。

苦難の時期を楽に乗り越える方法はない。だが、どれほど絶望的な状況であっても、希望が残されているとわかっていれば元気は出てくる。試練の向こうには、素晴らしいことが待っているからだ。

困難に直面している私を助け、全身全霊で支えてくれたたくさんの人たちには、いくら感謝しても感謝しきれるものではない。まず、ピーチ、ベック二世、メグにありがとうと言いたい。いつもそばにいて、私を愛し、私が生まれ変わるのを見守っていてくれた。次に、三人の息子を精一杯育ててくれて、いまも変わらぬ愛情を注いでくれる両親に感謝する。兄のキット、弟のダンにも礼を言いたい。とりわけダンは、私が途方に暮れていたとき、ネパールまですぐさま駆けつけてくれた。

この話に出てくる多くの勇気ある人々にも感謝を捧げたい。みずからの命を危険にさらして、エベレスト山中で私とロープを結び合ってくれた、マイク・グルーム、デビッド・ブレシャーズ、ロベルト・シャウアー、エド・ヴィースチャーズ、ピート・アサンズ、トッド・バールソン。そして、マダン・KC中佐。彼の見せてくれた勇気は、いまも変わらず、私の心に深く刻まれている。

エベレスト遠征の私のガイド、ロブ・ホール、マイク・グルーム、アンディ・ハリスは、その身を犠牲にして、山岳ガイドとはどうあるべきかを、世界中に具体的に示してくれた。

私のチームメイト、ダグ・ハンセン、難波康子、スチュアート・ハッチスン、フランク・フィシュベック、ルー・カシスキ、ジョン・タスキ、ジョン・クラカワー。彼らとの友情は一生大切にしたい。

遠征隊のシェルパたち、アン・ツェリン・シェルパ、アン・ドルジェ・シェルパ、ラクパ・チリ・シェルパ、カミ・シェルパ、テンジン・シェルパ、アリタ・シェルパ、ナワン・ノルブ・シェルパ、チュルダム・シェルパ、チョンバ・シェルパ、ペンバ・シェルパ、テンディ・シェルパ。彼らの勤勉な働きと勇敢な行為がなければ、あの遠征は不可能だった。

遠征隊のサポートメンバーでベースキャンプ・マネージャーのヘレン・ウィルトンは、隊医キャロライン・マッケンジーと共に、そして彼女の優秀なアシスタントとして、私の凍りついた手を洗い、清潔に保ってくれた。

上院議員のケイ・ベイリー・ハッチスンとトム・ダシール、並びに大使サンドラ・フォーフェルゲサング、デビッド・シェンステッド、イニュ・KCにもお礼を言いたい。

長期間にわたり、懸命に私の治療に尽力してくれた医師・看護婦・セラピストの人たち、ドクター・グレッグ・アニギャン、ドクター・マイク・ドイル、ドクター・ジョー・サンプル、ドクター・ジェームズ・ブロドスキー、ドクター・アラン・ファロー・ギレスピー、そしてエベレストで私を治療してくれたドクター・ケン・カムラー、ドクター・ヘンリク・ハンセンに感謝する。

仕事の同僚ドクター・ジョン・エスバー、ドクター・チャールズ・クレーマー、ドクター・ウェイン・タイラーには本当にお世話になった。私が職場に戻れるように奔走し、実際に仕事に復帰できるまでの数ヵ月間、私と私の家族の支えとなってくれた。

それから、ときには私を叱りつけ、あるいは救援作戦を指揮し、いちばん辛いときにずっと励まし続けてくれた友人たち、ジムとマリアンヌのケチャシド夫妻、テリーとパットのホワイト夫妻、ジョンとサリーのエスバー夫妻、本当にありがとう。

ダン・ルイスと彼の息子たち、そしてディーナ・キリングスワース、ジョニー・ローバーは、マスコミへの対応について専門的な助力をしてくれた。

ケン・ゾーンズは、毎週日曜日の朝、ドーナツのいっぱい入った箱を持って、私を訪ねてくれた。そのおかげで、ブレント・ブラックモアとのトレーニングで増やし、エベレストで失った一四キロの体重を取りもどすことができた。そして、大好きな民主党員、キャピーとジャニーのマクガブ夫妻にもありがとうを言いたい。

私を故郷に帰らせるため、雄々しく奮闘してくれたノース・ダラスの元気なママさんグループ、マリー・アン・ブリストー、セシリア・ブーン、リンダ・グラベル、ビクトリア・ブライハン、モード・セイハード、ボビー・ロング、ビッキー・サムラート、マリー・エレン・マロン、アン・アバーネーシー、キャロライン・アレン、パット・ホワイト、ヨランダ・ブルックス、リズ・ゾーンズ、ジーン・サダーズ、マルセラ・ガーバー、リザ・キャンプ、スー・ワシントン、サンドラ・バー、バーバラ・リン、キャロライン・コビー。みんな本当にどうもありがとう。

そして、私たち家族のことを心配し、祈ってくれた、何千、何万という人たちに感謝する。みなさんの心遣いはみなさんが思っている以上に、私たちにとって大きな励ましとなった。

最後に、ハワード・オルソンへ。あなたは、大きな愛を残し、大切なことを教えてくれた。そして、二番めの奇跡、おそらくエベレスト生還よりずっと素晴らしい奇跡を私に与えてくれた。心から感謝を捧げたい。

訳者あとがき

数年前、写真家の故星野道夫氏から原著を手渡されたことが縁で、私は『エンデュアランス号漂流』を翻訳した。お読みくださった方もあるかもしれない。同書は南極探検に乗り出したシャクルトン船長以下二十数名の乗組員が、一年半に及ぶ絶望的な漂流の揚げ句、奇跡の生還を遂げるまでのノンフィクションである。

そして今回、エベレストからの奇跡の生還を扱った本書、*Left for Dead* を翻訳する機会に恵まれ、二〇〇四年には、やはり光文社から、アラスカ北辺の地ノームで発生したジフテリア蔓延の危機に対処すべく、血清を運ぶ犬橇チームの決死の活躍を描いた感動作、『ユーコンの疾走』の翻訳を依頼された。これもまた何かの縁なのだろうと思っている。

『エンデュアランス号漂流』の扉には、「人間に不可能なことを成し遂げさせる何ものかに感謝を捧げて」とあるが、本書の扉にもこの文言《もんごん》ほどぴったりくるものはないだろう。私は実は、冒険というものにさして興味がない。冒険するのはその人の勝手だし、どれだけ命懸けだろうと、相手が好きでやっていることにこちらが感情移入するのは困難なのである。たとえば、日本の無頼派と呼ばれる私小説作家たちの何人かが、自分の凄まじい「実生活」を題材にして小説を書くうちに、無頼が高じて生活そのものが破綻し、自殺に追いやられてしまったように、冒険家もしだいにその冒険の中身よりも、危険度、希少度を上げることに熱中せざるをえず、それは本来の冒険とは違っているのではないかという気がしていたのだ。

だが、本書を訳しているうちに、私は自分の思い違いに気づかされた。著者ベック・ウェザーズには、エベレストに登らなければならない必然性があったのだ。そして、奇跡の生還を遂げるための精神的な理由があったのだ。本書はあくまでも、すぐれて人間ドラマなのである。本書に、登山関係の書物にありがちな、難攻不落の絶壁をよじ登った苦心談や、山頂を極めたときの爽快感だけを期待する読者は肩透かしを食うことだろう。一介の医師であり、とてつもない鬱病に悩まされていた著者が、登山に取り憑かれ、世界七大陸の最高峰登頂を夢み、最後にエベレストを目指したものの遭難し、九死に一生を得て帰還する。ここまではハラハラドキドキの登山がテーマの感動的なノンフィクションだが、それは本書の前半部分にすぎない。

そして私にとってより興味があったのは、凍傷で両手を失い、鼻ももげてしまった著者が、現実世界に復帰するまでを描いた後半部分である。エベレストで凍死したと聞かされた家族の悲しみ、夫を救出するために奔走する妻ピーチや友人たちの活躍、協力を要請されたテキサス州知事（つまり後のアメリカ大統領）がにべもなくそれを断わったというエピソード、主人（ベック）はエベレストで死にたかったのだと思います、というピーチの衝撃的な発言、登山に熱中する夫に愛想を尽かし、離婚を決意していた妻や子どもたちとの和解、そして一年にも及んだ――ときには抱腹絶倒の――再生手術の模様など、私はかえってこの部分によって、著者の生還がいかに奇跡的であったかを実感できたのである。

いずれにしても、本書は登山の書であると同時に、愛の書である。人生へのオマージュである。本書を読んで、身につまされる男性も多いことだろう。私などは、あのような絶体絶命の経験をしたことによって、著者の宿痾《しゅくあ》の鬱病が完治したというところにもっとも興味を引かれた。医学的・科学的にそういうことがあり得るのかどうか、ぜひとも究明してもらいたいものである。

二〇〇六年　初春

山本　光伸

[著者]
ベック・ウェザーズ　Beck Weathers
1946年、米国ジョージア州アトランタ生まれ。
エベレスト奇跡の生還で一躍時の人になって以降、山での体験、家族、人生などについて全米各地で講演を続けている。ダラスに家族と共に在住。長いリハビリの後、現在も医師として働いている。執筆協力のステファン・G・ミショーには、本書のほかに“The Evil That Men Do”など9冊の著作がある。

[訳者]
山本光伸（やまもと　みつのぶ）
1941年、東京生まれ、国際基督教大学卒。訳書にR・ラドラム『暗殺者』（新潮社）、P・マース『アンダーボス』、B・グリーン『DUTY』、R・ヴァイア『イスラムはなぜアメリカを憎むのか』（以上、光文社）など多数。

生還《せいかん》

2015年10月20日　第1刷発行

著　者　ベック・ウェザーズ
　　　　ステファン・G・ミショー
訳　者　山本光伸
発行者　河村季里
発行所　株式会社 K&Bパブリッシャーズ
〒101-0054　東京都千代田区神田錦町2-7 戸田ビル3F
電話 03-3294-2771　FAX 03-3294-2772
E-Mail info@kb-p.co.jp
URL http://www.kb-p.co.jp

印刷・製本　中央精版印刷 株式会社

2001年 光文社刊『死者として残されて―エヴェレスト零下51度からの生還』を改題し復刊したものです。
落丁・乱丁本は送料負担でお取り替えいたします。

ISBN978-4-902800-29-6 C0098

K&B
PUBLISHERS